21世纪工程管理新形态教材

综合能源商业模式及风控管理

主　编◎司军艳　樊功成

副主编◎李　军　张文智　丁　凡

参　编◎瞿世鹏　钱晓雪　邢哲瑄

　　　　刘浩然　周一凡　高　军

　　　　俞晓燕　顾丹妮　阙子璇

U0360414

清华大学出版社

北京

内 容 简 介

为了进一步研究和探讨综合能源的发展趋势，深入了解综合能源商业模式及特点、剖析相关法律风险，本书基于2030年碳达峰、2060年碳中和的政策背景，以综合能源服务商业模式概述、综合能源立法解读为切入点，以综合能源项目中可能涉及的各类法律法规、多种协议架构为载体，循序渐进地分析了综合能源项目投资开发全过程的法律风险及风控措施，并结合综合能源项目典型案例，对综合能源的未来发展作出展望、提出建议。

本书可作为高等院校能源相关课程教材，也可作为业内人士投资、开发、建设综合能源项目，探索综合能源商业模式的实务参考用书。

图书在版编目（CIP）数据

综合能源商业模式及风控管理 / 司军艳，樊功成主编 . —北京：清华大学出版社，2022.9
21世纪工程管理新形态教材
ISBN 978-7-302-61785-3

Ⅰ . ①综…　Ⅱ . ①司… ②樊…　Ⅲ . ①能源经济－商业模式－中国－教材　Ⅳ . ① F426.2

中国版本图书馆 CIP 数据核字 (2022) 第 170824 号

责任编辑：刘志彬
封面设计：汉风唐韵
版式设计：方加青
责任校对：王荣静
责任印制：曹婉颖

出版发行：清华大学出版社
　　　　网　　　址：http：//www.tup.com.cn，http：//www.wqbook.com
　　　　地　　　址：北京清华大学学研大厦 A 座　　　　邮　　　编：100084
　　　　社 总 机：010-83470000　　　　邮　　　购：010-62786544
　　　　投稿与读者服务：010-62776969，c-service@tup.tsinghua.edu.cn
　　　　质 量 反 馈：010-62772015，zhiliang@tup.tsinghua.edu.cn
印 装 者：大厂回族自治县彩虹印刷有限公司
经　　　销：全国新华书店
开　　　本：185mm×260mm　　　印　　　张：14.5　　　字　　　数：267 千字
版　　　次：2022 年 10 月第 1 版　　　印　　　次：2022 年 10 月第 1 次印刷
定　　　价：59.00 元

产品编号：095735-01

前言

　　为了进一步研究和探讨综合能源的发展趋势，深入了解综合能源商业模式及特点、剖析相关法律风险，本书基于2030年碳达峰、2060年碳中和的政策背景，以综合能源服务商业模式概述、综合能源立法解读为切入点，以综合能源项目中可能涉及的各类法律法规、多种商业模式及协议架构为载体，循序渐进地分析了综合能源项目投资开发建设全过程的法律风险及风控措施，并结合综合能源项目典型案例，对综合能源的未来发展作出展望、提出建议。

　　本书共计8章内容，第1章首先对综合能源商业模式的概念、特点及现状进行全面阐述，第2章及第7章介绍综合能源相关立法及政策，并就此进行详细解读。第3章则通过理论和项目经济性分析，引导对读者对综合能源服务市场及项目开发流程进行初步了解。第4章、第5章、第6章用三章的篇幅，系统梳理了综合能源项目在开发阶段、建设阶段、运营阶段及招标签署过程中的法律风险，在此基础上，第8章列举了国内外各种典型综合能源项目案例，并对其商业模式及风控管理进行解读，以期加深读者对综合能源项目的理解。

　　同时，为了更好地服务于教学，本书在编制过程中力图将艰深晦涩的理论知识通过通俗易懂的语言进行论述，做到深入浅出，并注重选取典型性、趣味性、新颖性的案例进行补充性分析，并每章结束配以习题加深理解，让读者可以将理论学习和实际工作有机结合，在思辨的过程中进行理解与学习。

　　本书结构清晰，内容翔实，既可作为高等院校能源相关课程教材，也可作为综合能源业内人士学习项目投资、开发、建设的经验以及探索综合能源商业模式和风控管理的实务参考用书。

本书副主编为国网综合能源服务集团有限公司的李军、张文智、丁凡，参编人员为国网综合能源服务集团有限公司瞿世鹏、钱晓雪、邢哲瑄、刘浩然、周一凡、高军，及北京大成（上海）律师事务所的俞晓燕、顾丹妮、阙子璇律师。在本书编写和修订过程中，国网综合能源服务集团有限公司提供了大量经济性实务案例及参考数据，北京大成（上海）律师事务所研究并分析了近年来国内外综合能源理论和实务界的商业模式、法律政策、风控管理经验；并且邀请了业内众多能源及法律专家就本书编著与修订提出建议。在此，谨再次向学界师友和行业先行者致以衷心的感谢！

由于作者水平所限，难免存在不足之处，诚请批评指正。

司军艳　樊功成

第1章

综合能源服务商业模式概述

2021 年 9 月 13 日上午，习近平总书记考察国家能源集团榆林化工有限公司时强调，能源产业要继续发展，否则不足以支撑国家现代化。随着全球碳中和趋势的形成，能源的低碳化、清洁化转型已成为不可阻挡的趋势和潮流。能源转型的本质是一场资源依赖向技术依赖的变革，能源企业内部的界限越来越模糊，同时能源企业和非能源企业之间的界限越来越模糊，综合能源服务将成为企业生存与发展的重要支柱。而在商业化市场化发展的模式下，理解综合能源商业模式是应用实践综合能源的关键之处。

1.1 综合能源服务及商业模式概念

1.1.1 综合能源服务

在当前双碳背景下，伴随着新型电力系统的日渐成熟，我国能源市场正发生着深刻的调整和变化，能源结构正加速向低碳化、市场化和数字化方向演变，大力发展新能源与可再生能源已经成为国家能源转型的重点。

而综合能源项目作为面向能源系统终端，以满足客户需求为导向，通过能源品种组合或系统集成、能源技术或商业模式创新等方式，使客户收益或满足感得到提升的能源项目[①]，是能源市场的焦点和未来发展的一大方向。其实际包括了综合能源供应＋综合能源服务，主要特征为：①综合能源，即涵盖了电力、天然气、太阳能、风力等多种能源；②完整产业链，即涵盖了能源生产、传输、消费、存储等多个环节；③全过程服务，即涵盖了能源投资、设计、建设、运维等多种服务。

综合能源服务虽然被冠以"综合"名义导致项目整体呈现出创新且复杂的样态，但综合能源本质上仍由多个新能源项目（包括分布式光伏、分散式风电、储能等）及节能改造项目组合而成，且其中的光伏、风电等子项目依然需要单独备案和核准，多个子项目通过智慧能源系统等数字化平台紧密联结为新能源技术。

自 2015 年以来，我国公布了多项与综合能源有关的政策措施，确定了一批"互联网＋"、多能互补集成优化和微电网示范工程项目。

截至 2020 年 8 月，我国批复建设多能互补集成优化示范工程 23 项，其中终端一体化集成供能系统 17 个、风光水火储多能互补系统 6 个；首批"互联网＋"智慧能源（能源互联网）示范项目 55 个；增量配电业务分四批在全国范围内批复了 483 个试点。[②]

2021 年 2 月 25 日，国家发展改革委、国家能源局发布《国家发展改革委 国家能源局关于推进电力源网荷储一体化和多能互补发展的指导意见》，持续推动源网荷储一体化和多能互补的发展，为综合能源服务产业带来新动力。

2021 年 3 月 15 日，习近平总书记在中央财经第九次会议中明确强调，把"碳达峰"、"碳中和"纳入生态文明建设整体布局，构建清洁低碳安全高效的能源体系，控制化石能源总量，着力提高利用效能，实施可再生能源替代行动。工业领域要推进绿色制造，建筑领域要提升节能标准。

在碳达峰、碳中和背景下，综合能源服务将继续高速推进，行业迎来了新的发展机遇。同时，综合能源服务通过提供节能服务，提升能源效率，是推动碳减排和实现碳中和的有效路径之一。

在具体的综合能源项目中，主要有综合能源服务单位、用能单位、融资单位、运维单位、施工及供货单位五方参与，并随之形成相应能源服务合同法律关系、融资法律关系、运维法律关系、建设工程／设备买卖合同法律关系。如图 1-1 所示。

---

① 汤芳．"物联网＋"推动综合能源服务新变革 [J]．能源，2019（4）：88-90.
② 袁家海，徐燕，纳春宁．煤电清洁高效利用现状与展望 [J]．煤炭经济研究，2017，37（12）：18-24.

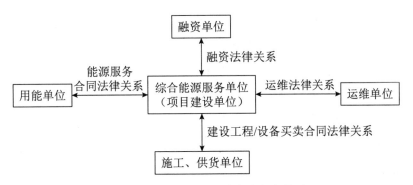

图 1-1　综合能源项目中各参与方关系

1.1.2　商业模式

近年来，"商业模式"这个词频繁出现在大众视野中。"商业模式"与"公司战略"类似，但是有大量经济学家或学者研究"战略"，而对"商业模式"鲜有人深入研究。对于商业模式的具体定义，有人认为"商业模式就是赚钱的方法"，有观点认为："商业模式是商人在从事商品的生产和产品的交换活动中日积月累所总结出来的能够解决特定的商业问题的方式、方法。"① 还有些观点认为："商业模式是广义的概念，既包含抽象的经营策略也包含为这些策略而提出的具体的解决方案；同样地，商业模式也不局限于经营策略的具体方案选择，也包括抽象意义上的商业策略。"② 对此，国家知识产权局发布的《专利审查指南》中规定："涉及商业模式的权利要求，既包含商业规则和商业方法的内容，又包含技术特征。"魏炜和朱武祥两位学者认为商业模式核心概念——"利益相关者的交易结构"，构建了包括业务系统、定位、盈利模式、关键资源能力、现金流结构和企业价值等在内的"魏朱六要素商业模式"模型。他们认为交易结构的设计需要考虑交易价值、交易成本和交易风险三个重要因素。③

现如今，商业模式是一个广义的概念，它不仅是指借助现代互联网技术，实现商业运营，而且还需要具有明显技术性特征以及社会贡献性的商业运营整体方案。本书中，商业模式不再是纯粹的技术方案或者是商业规则、方法，而是虚实结合的，具有整体性，不可独立分割的企业运营模式。它是随着互联网时代的到来而产生的，不可逆的、信息化时代的产物。④

---

① Business Method Patent Improvement Act of 2000 H.R.5364.106th Cong（2000）.
② 韩潇宇. 互联网时代商业模式的专利保护 [D]. 长春：吉林大学，2017.
③ 魏炜，朱武祥，林桂平. 商业模式的经济解释 [M]. 北京：机械工业出版社，2020.
④ 高冲. 商业模式的专利保护研究 [D]. 南昌：南昌大学，2020.

商业模式的核心三要素是顾客、价值和利润，即一个好的商业模式必须先回答三个基本问题：第一，客户在哪里？第二，能为客户提供怎样的服务和价值？第三，如何通过给客户提供服务和价值获得合理利润？

商业模式具体应当以何种形式存在，至今未有准确的定义或规定。因为企业的种类繁多，其所经营的商业模式也千差万别，但商业模式作为互联网时代的新产物具有其自身的特殊性和共通性，大多数商业模式的运营需要计算机软、硬件等多方面协助完成，这也使得现代商业模式具备了不同于传统商业方法的几个特点。[①]

第一，抽象性。商业模式的本质是理念上的，是对传统商业方法的总结与升华。首先，现代商业模式运转的核心系统是云计算，云计算的广泛应用完全颠覆了传统的商业思维方法，从传统的面对面买卖交换产品的方式转变为现代互联网上虚拟的商品与货币的置换方式，这都需要互联网结合现有的计算机技术进行数据的计算和整合。商业模式的抽象性主要表现在其运转必须借助互联网技术的应用，其对数据的采集、整理、分析、转换以及应用的整个过程是我们无法直接感知的。其次，商业模式的发展与创新的理论基础并不是自然科学原理，而是商人们通过代代相传的经验，总结归纳出此类商业领域的运行规律，这些商业元素适当结合与创新排列，形成新的商业卖点，进而推出新的商业模式，使得投资人也会获得经济收益。这些商业元素的运用并没有固定的顺序，投资人会适当调整资源的配置来减少成本，这种对商业元素合理运用的思维方法正是商业模式运行必不可少的一部分。[①]

第二，广泛性。商业模式可以广泛存在于生产、银行、金融、税务、保险及电子商务等各领域。我们正处于"互联网+"的信息时代，有网络的地方就有可能产生商业模式的应用。地球村的到来也使得商业模式的应用领域更加广泛，覆盖了整个网络空间。商业模式可以以多种形式存在，它可能是企业创新的经营管理策略，也可能是为了销售产品独创的销售模式，还有可能是商品与服务的优化组合等。例如星巴克作为全球最大的咖啡连锁店，其将独特的产品与优质的服务紧密结合，让顾客消费的不仅仅是产品还有全新的消费体验，从而让顾客记住自己的品牌。商业模式也能够突破产业限制，一般来说，每种产业都有其固有的运行模式，但优质的商业模式则能够适用于不同的产业领域。例如"直销模式"不仅在戴尔的电子产品销售中可以使用，在农副产品的销售中也有很多企业家采取"原产地直销"的商业模式。一个成功的商业模式，它会突破当地的经济发展水平，甚至带动经济向更好的方向发展，因为其运营的各环节是通过网络技术来连接并实现的。例如戴尔公司的直销模式，无论你在世界的哪个角落，只要通过戴尔的电子商务平台下单定制产品，

---

① 高冲.商业模式的专利保护研究[D].南昌：南昌大学，2020.

戴尔公司直接就根据顾客的需求订单来完成产品的私人化定制，并且由公司专门的配送人员直接送货上门。[①]

第三，技术性。现代商业模式的技术性特征也是其与传统的商业方法最显著的区分点，同时商业模式通过客观物质展现其具有的技术性，使得其实现了从不可专利到可专利的转变。商业模式需要依附技术手段才能准确表达并发挥作用，商业模式的构成是"商业方法＋特定装置"，此处的"特定装置"即技术的载体，其具体表现在，商业方法的运行与实现，必须借助计算机软件、硬件的技术性来实现其预期的效果。虽然商业模式所要保护的主体是"方法或思想"，但是商业模式外化的表现形式与其依靠计算机软件、硬件的密不可分性，使得"方法与软硬件"一起作为有机的整体受专利权保护。技术应用商业模式与数学方法、智力活动规则等具有明显的界限，不能将其以"纯粹的商业方法"来对待，从而应将其纳入可专利的范围内。例如共享单车的运行模式，通过计算机软件实时掌握用户位置信息，为其提供到达距离最近的单车的最优化路线，并且可以同步预约。也是由于商业模式与计算机软硬件结合的原因，它推陈出新的速度远远超过普通的商业方法。随着计算机软硬件的不断升级，商业模式的运营也会不断优化更新。[①]

从微观角度看，商业模式和企业生死存亡息息相关，企业只有进行商业模式创新才能在社会中有一席之地。现代管理学家彼得·德鲁克曾说过："当今企业之间的竞争，不是产品之间的竞争，而是商业模式之间的竞争。"[②]另外，在技术、服务、制度等创新之中，商业模式的创新是企业最本源的创新，它是企业管理创新、技术创新等的基础。离开商业模式的创新，其他的创新将失去可持续发展的可能和盈利的基础。[③]

1.1.3　传统能源服务与综合能源服务商业模式的区别

传统能源领域的能源服务经营主要集中在具体产品的营销上，电力、热力和燃气公司等基本上都是单独规划、独立运营的，它们各自提供的能源服务方向主要是基于具体产品的销售，以及针对已建项目的节能改造、节能设备推广等来提供能源服务，主要的商业模式为合同能源管理。合同能源管理可以高效地实现节能改造项目的经济和社会效益，为用户提供一种社会化的服务。

在研究综合能源服务商业模式前，必须清楚，综合能源服务涉及的利益相关者不同于任何一种具体产品或一个具体企业，因为一个常规的综合能源服务项目至少

① 高冲.商业模式的专利保护研究[D].南昌：南昌大学，2020.
② 孙晓萍.大型煤炭企业商业模式创新研究[D].北京：首都经济贸易大学，2015.
③ 卢彦."互联网＋"时代商业模式创新路径[J].互联网经济，2017（7）：86-91.

与投资（开发）单位、用能单位、融资单位、运维单位、施工及供货单位五方紧密相关，这导致综合能源服务相关的交易价值、交易成本和交易风险也相对复杂多变。

导致综合能源服务商业模式与传统能源领域的服务以及分布式能源领域的服务所涉及的商业模式有较大差别的另外一个原因是互联网技术的应用。综合能源服务商业模式是利用互联网技术，针对多场景的能源用户，有效提升主体间的合作积极性，使供给侧和需求侧共同获利，同时实现多能互补、多能耦合。常见模式有能源服务公司采用能源合同管理模式来作为市场化服务机制，以共同分享投资所带来的利润，达到减少能源费用、实现节能改造的最终目标[1]；以及采用 BOT（建设－运营－转让）、PPP（政府和社会资本合作）和 DBFO（设计－建设－融资－运营）等面向大型公共设施建设来有效控制资金、保证资源有效利用；此外，我国目前仍在开展系统性的商业模式创新，商业模式将经历从系统服务到平台服务再到生态服务三个过程，有设备融资租赁模式、配售一体化等模式。

1.2 我国综合能源服务商业模式现状及特点

目前，我国综合能源服务仍处于初步发展阶段，由于经验不足，各企业都在探索先行。近年来，综合能源领域呈现出新的商业模式，也逐渐形成了两个投资方阵。

第一，国有企业仍保留有以资产为基础的投资模式。示范项目通常装备景观蓄冷、蓄光、充电等供电、供冷、供热要素，另外还包括由多种热泵、蓄冷装置组成的供能系统，以及作为监控系统的综合能源管控平台。国有企业具备雄厚的资金实力，能够承担相应的战略投资风险，有能力通过示范项目的测试来积累经验，待掌握信息和技术较为全面时进行进一步扩张。例如国家电网客户服务中心、苏州同里镇综合能源服务项目、南网东莞松山湖综合能源服务示范项目等。[2] 2020 年，国家电力投资集团在此行业形势下投运了北京"宝之谷"综合智慧能源示范项目。

然而，由于现阶段相关国有企业对用户服务意识和用户实际需求的了解还十分匮乏，推广综合能源服务正面临艰难境地。特别是用户侧的综合能源服务，尚未形成成熟的商业模式，目前部分商业形态还处于示范阶段，未能大规模复制推广。经营压力的逐渐加大导致大型电力集团回归传统领域，如供暖和制冷以及新能源开发，辅之以新业务板块的开发。例如，在供热制冷领域，过渡到电热泵供冷供热、谷电

① 闫庆友，米乐乐.综合能源服务商业模式分析——基于商业模式画布 [J]. 技术经济，2019，38（5）：126-132.
② 封红丽.综合能源服务的演进形态及发展策略 [J]. 电器工业，2020（11）：48-50.

蓄冷蓄热，或在不同领域，投资风电、光伏等可再生能源等。

第二，中小企业以平台业务为主。中小企业较国有企业具有融资成本高、抗风险能力低等特点。它们对大批量投资综合能源系统更加谨慎，而忽视了资产模式的重要性。因此，为加快能源综合服务转型，市场上涌现出许多提供用能解决方案和技术装备的企业，特别是那些开发能源平台建设的企业，而这些企业中，中小企业占绝大部分，原因有：一是平台建设属于轻资产业务，中小企业进入门槛相对较低；二是一旦这些项目成功实施，它们可以在短期内以较小的风险获得收益；三是利用数字经济的大趋势，用数字产业转型预算资金准确锚定一些项目可及性高的高能耗企业，如水泥、钢铁等高能耗龙头企业。[①]

目前众多中小型企业纷纷转型综合能源服务，它们之所以能在市场中生存下来，是通过在原有销售领域销售设备或开展合同能源管理总承包；或是通过技术支持承接平台建设，开展节能、运维等简单好上手的业务。这些企业提供综合能源服务管控平台和能源管理平台项目，合同金额从数百万元到数千万元不等。其功能大部分为能源监测、控制、优化、预测、运行和维护等基本功能。一些平台功能理念先进，甚至提前预设了电力现货交易功能，但实际应用仅停留在监控层面，核心技术控制和优化功能不尽如人意，预测精度也存在疑问，在多功能优化和互补性方面难以突破。即便如此，它实际上也给这些平台运营企业带来了一定的帮助。

1.3　综合能源服务商业模式简述

1.3.1　综合能源服务商分类

综合能源服务商无疑是综合能源市场中的核心主体，其负责综合能源项目的整体协调和管理，保证综合能源系统的正常、持续运行。对于服务商来说，技术、资质、资本、客户四项资源缺一不可。目前，国内的综合能源服务商可以大致分为以下两类。

1. 能源生产与供应企业

能源生产与供应企业主要指大型电网企业、发电企业等，该类企业既具备相应的资质、资本及客户积累，又拥有相对成熟的技术体系和市场经验，大幅度提升了综合能源系统的运营效率。但由于我国电网及发电企业多为国有企业，且受限于国内目前尚无明确的综合能源开发优惠政策，亦无针对综合能源发展与规制的政策性

---

① 封红丽.综合能源服务的演进形态及发展策略 [J].电器工业，2020（11）：48-50.

文件，该类企业往往会因为内部审批制度严格、运营方式严谨而缺乏面对竞争市场的灵活性。

2. 能源相关服务企业

能源相关服务企业主要指节能服务单位、能源设备供应商、能源相关设计与施工单位等，在成功运营大量合同能源管理项目的基础上，此类企业（尤其是节能服务单位）已经具备了丰富的设备设计 / 安装、建设施工及节能改造经验，且拥有大量的专业人才和技术储备。

但由于此类企业尚不具备独立开展综合能源服务业务的能力，通常情况下，它们往往会考虑与能源生产和供应企业进行战略合作，以顺利进入综合能源服务市场。

由于综合能源项目开发成本和技术要求都较高，除了上述两类服务商外，综合能源项目的各个阶段还需要部分非能源相关服务企业的介入，主要包括互联网企业、金融企业等，这些企业深谙市场发展的潮流趋势，也拥有较为完备的技术体系和产业链，在投融资、互联网信息服务及平台开发等领域积累了大量实践经验。基于"互联网＋"智慧能源发展的宏观思路，这些企业能够充分发挥自身优势，助力开发综合能源新型服务模式，但同时，由于缺乏能源相关的技术、资质及资源，此类企业往往同样无法独立开展或以主导形式开展综合能源服务。

1.3.2　常见商业模式种类

1. 投资模式

1）独立投资

目前，国内的综合能源服务商多为大型电网公司及能源分销商（如国网、南网、国电投、华电等），此类企业往往不存在融资障碍，也具备单独出资建立综合能源项目的能力，通常会采用自有资金附加银行贷款、融资租赁或是通过集团财务公司融资的模式进行综合能源项目的开发，这些企业对项目享有绝对控制权，负责项目的整体管理并从中获取收益。

2）公私合营（PPP）模式

PPP 模式下，综合能源服务商与政府建立合作关系，狭义的 PPP 框架内，双方会共同参股组建项目公司，对综合能源项目的融资、建设和运营承担责任，但目前的常见模式仍是通过项目公司取得特许经营权的方式进行开发，此种模式下，项目公司通过政府承诺能够更为顺利地获得银行贷款，也有权分享运营收益和政府补贴，但贷款的数量和形式也将受相应项目预期收益以及政府扶持力度的直接影响。

2. 建设模式

1）建设 - 运营 - 转让（BOT）模式

BOT 模式与实践中常见的设计 - 建造 - 融资 - 运营（DBFO）模式同属于广义公私合营模式中的特许经营权类，指政府就某个基建项目向综合能源服务商出具特许经营证明，由服务商在一定时间内完成项目建设，并在特许经营期限内负责项目的运维和管理，获取收益。待特许经营期间届满，服务商应向政府移交该项目。BOT 与 DBFO 模式的区别在于，后者的项目公司可能并不具备独立开发能力，而需要委托第三方进行项目的设计、建设和运营（如上海莘庄工业区燃气三联供改造项目）。

采用 BOT 模式的综合能源服务商通常会设立专门的项目公司作为项目建设方及资产所有权人，再加上政府开发背景，这使得综合能源项目能够充分利用多种融资模式开展建设。但在实践中，由于 BOT 模式下的合同文件及流程较为繁杂，同时也较难控制融资成本和项目收益的平衡，采用 BOT 模式的综合能源服务商也面临较大的法律风险。

2）建设 - 移交（BT）模式

BT 模式由 BOT 模式衍生而来，同样衍生而来的模式还有建造 - 拥有 - 运营 - 移交（BOOT）模式，以及无须移交项目的建设 - 拥有 - 运营（BOO）模式。

BT 模式下，综合能源服务商也会设立项目公司，并负责项目的融资和施工，相当于在建设期内行使业主（综合能源用户）职能。待项目竣工验收后，服务商应将项目移交至政府，再由政府根据约定偿还融资及建设费用。

站在综合能源服务商的角度，BT 模式下综合能源项目的社会效益远高于经济效益，服务商仅在建设阶段对项目享有短暂的控制权，其在合同签订阶段的议价能力有限，所能获得的利润也有限，且 BT 模式下项目受政治和社会风险的影响较大，综合能源服务商面临的不确定因素也会更多。

3. 运营模式

1）合同能源管理（EMC）模式

EMC 模式是一种新兴的市场化节能机制，其含义为以减少的能源费用来支付节能项目全部成本的节能投资方式。综合能源服务公司通过与用户签订能源管理合同，为用户提供包括能源审计、项目设计、项目融资、设备采购、工程施工、设备安装调试、人员培训、节能量检测、改造系统的运行、维护和管理等能源服务，并从用户进行能源改造后获得的节能效益中收回投资和取得利润。《合同能源管理技术通则》将 EMC 模式分为五种模式，即节能效益分享型、能源费用托管型、节能量保证型、

融资租赁型以及混合型五种模式。^①

（1）节能效益分享型：在项目期内综合能源服务公司提供资金和全过程服务，项目建设施工完成后，经双方共同确认节能量后，双方按合同约定比例分享节能效益。项目合同结束后，节能设备所有权无偿移交给用户，以后所产生的节能收益全归用户。节能效益分享型是我国政府大力支持的模式类型。^②

（2）能源费用托管型：用户委托综合能源服务公司出资进行能源系统的节能改造和运行管理，并按照双方约定将该能源系统的能源费用交由综合能源服务公司管理，系统节约的能源费用归综合能源服务公司的合同类型。

项目合同结束后，节能公司改造的节能设备无偿移交给用户使用，以后所产生的节能收益全归用户。目前，一部分省区市的政府大楼已经开始采用能源费用托管模式，委托综合能源服务公司开展服务。如果效果良好，将会得到大面积推广。

（3）节能量保证型：用户进行项目投资，综合能源服务公司向用户提供节能服务并承诺保证项目节能效益的合同类型。项目实施完毕，经双方确认达到承诺的节能量，用户一次性或分次向综合能源服务公司支付服务费，如达不到承诺的节能量，差额部分由综合能源服务公司承担。如果节能量超额完成，综合能源服务公司与客户按照约定的比例分享额外节能效益。^③

（4）融资租赁型：融资公司投资购买综合能源服务公司的节能设备和服务，并租赁给用户使用，根据协议定期向用户收取租赁费用。综合能源服务公司负责对用户的能源系统进行改造，并在合同期内对节能量进行测量验证，担保节能效果。项目合同结束后，节能设备由融资公司无偿移交给用户使用，以后所产生的节能收益全归用户。^④

（5）混合型：以上四种基本类型的任意组合形成的合同类型。

EMC 模式准入门槛较低，无须特别授权。在传统节能项目中，EMC 模式通过引入持有资金和技术的节能改造方法，能够有效改善用能单位现金流，减少用能单位能源支出并增强其市场竞争优势。由于其能够降低用能单位风险，并通过较短的投资回收周期实现互利互赢，目前的综合能源服务商有一部分采用 EMC 模式进行开发和运维，并结合工程总承包＋融资（EPC+F）模式，由综合能源服务商以投资人身份进场负责项目整体的投资、建设及运维，进而通过效益结算的方式获取收益（如上海电力大学临港校区智慧微网项目）。

① 武宝贵，于海涛，范鹏翔 . 包钢基于合同能源管理实施节能项目的实践 [J]. 冶金能源，2017，36（S2）：6-7.
② 胡红波 . 某公共机构空调和光伏光热等节能改造技术探讨 [J]. 绿色建筑，2016，8（5）：42-45.
③ 徐姗 . 合同能源管理在大型供热企业中应用利弊因素解析 [J]. 商，2014（24）：13-14.
④ 李鑫毅，马良，李晨，等 . 分布式智慧能源服务综合分析 [J]. 上海节能，2020（12）：1494-1500.

2）《购售电协议》（PPA）模式

部分拥有售电企业资质的综合能源服务商会选择与用户签订《购售电协议》，通过优质的运维服务，同时给予优惠电价的方式达到帮助用户节约用能成本的效果。此种模式下对综合能源服务商的资质要求和用户的信用等级要求较高，且综合能源项目中涉及的能源系统较为多元，优惠幅度可能不尽相同，需要同时签订多份合同以保证项目的整体收益。

4. 示例：储能项目常见商业模式

1）发电侧储能

发电侧储能通常指储能系统与能源机组相结合，通过电网调频、调压及黑启动等技术解决新能源项目面临的电网消纳紧张问题，但早在新能源发展之前，发电企业就已经将储能系统用于维护电网稳定、保证电力系统安全持续运行。鉴于当前我国储能市场尚处于发展阶段，抽水蓄能为最主要的储能方式，相较而言，电化学储能响应速度快、布点灵活，已经逐渐开始普遍使用，将代表未来储能市场的发展趋势。

我国发电侧储能主要分为两类：第一类是火电配储能，将储能与传统发电方式联合，保证发电厂具备相应的调频调峰能力，提高火电机组的运行效率。第二类是新能源发电配储能。相比火电，风电、光伏等新能源项目发电情况的间歇性和波动性很大，易对电网造成压力和冲击，部分地区"弃风弃光"现象频发。"碳中和"时代来临，电力系统的整体平衡面临着更严峻的挑战，储能在发电侧的运用也愈加常见。2021 年年初，南方电网公司在广东珠海横琴热电厂完成世界首例储能辅助燃气轮机黑启动试验；目前，已有多个省份电网公司在新能源项目接入批复等文件中强制要求或建议项目配备 5%~20% 的储能设施。

（1）投资模式。发电侧储能主要通过搭配其他电源形式，辅助调节出力，参与电力市场交易，其经济效益主要包含峰谷电价差收益和发电厂自身产生的发电收益。目前新能源市场中，大部分发电侧储能均为新能源项目业主自行投资建设，其与施工单位、运维单位或能源服务单位订立相关业务合同，根据项目所在地电力消纳情况增设储能设备设施。但也不排除部分电网公司通过给予新能源项目业主一定补偿资金的方式鼓励项目配置储能，保证在降低投资成本的同时，能够获得调峰、调频等辅助服务，同时能够通过碳交易获得相应的收益。

（2）建设模式。由于目前电力消纳越发紧张，基于电网公司要求或对新能源项目自身发电收益的考量，多数新能源项目业主选择采用 EPC（或 EPC+F）模式开展储能项目建设。实践中，新能源项目业主通常会将储能部分与电站及升压站部分分开进行招投标，单独确定承包方，并由承包方负责储能部分的项目设备采购、设备安装、施工等。EPC模式下，新能源项目的储能部分被视为独立项目，与新能源项目几乎同期建设。

2）用户侧储能

用户侧储能指在用能单位所在厂房、园区等场所建设和安装的以电池组为载体的储能系统，相应系统将接入用能单位内部配电网，通过在负荷高峰期间放电，在负荷低谷期间充电，实现削峰填谷作用。由于用户侧储能往往与分布式发电项目相结合，且集配电与用电为一体，其往往会采取构建直流微电网的方式协调微电网内各设备的运行。《国家能源局关于促进电储能参与"三北"地区电力辅助服务补偿（市场）机制试点工作的通知》（国能监管〔2016〕164号）指出，用户侧储能设施，可以参与直接交易，自行购买低谷电量，放电电量既可自用，也可视为分布式电源就近出售；储能项目或作为独立市场主体与发电企业联合，参与电网调频、调峰等辅助服务。[①]

近几年，用户侧储能市场中较为常见的商业模式即为"投资+运营"的综合能源管理模式，其涉及的利益相关方包括但不限于：用能单位、综合能源服务商和储能电池厂商，综合能源服务商在用户提供的场地内安装储能系统，将系统接入用能单位的内部电网。储能系统在谷值及平值时充电，在峰值放电以获取电价差；用能单位获得低于国家电网峰值电价或交易电价的用电，以合同约定的形式与能源服务商共同运营分摊收益，以此达到合作共享。

（1）投资模式。与发电侧储能不同，用户侧储能以用户需求为中心，由用能单位选择主要合作方（包括但不限于承包方、能源服务方等）及商业模式，通过增设储能设备设施直接降低用能成本。在目前的能源电力市场环境下，利用峰谷套利是用户侧储能的基本盈利手段。根据部分省份的储能政策，储能还可参与调峰、调频、调压等辅助服务市场并获得相应的收益，逐步降低的储能投资成本和日益完善的市场机制使得用户侧储能成本回收周期缩短，具备商业运营的可持续性。

同时，储能的临时增容作用使得部分用户得以将光伏、储能、充电桩互相整合（即零碳排放建筑），当储能系统的配置或聚合容量达到一定水平时，用户甚至可以进一步利用其参与电网辅助服务（如调频、旋转备用、需求响应等）以获取经济收益。

（2）建设模式。用户侧自建模式主要指大型工业或商业用能单位自费投资、配置储能系统，多表现为用能单位出资一次性买断设备。根据电力市场价格机制，用户可以自行设定储能系统运行模式，采用低储高发的方式减少自身电费支出。储能

---

① 刘思强，叶泽，吴永飞，等.电化学储能项目商业价值量化模型及竞争策略研究 [J].电力系统保护与控制，2020，48（7）：41-49.

设备可由用户自行维护，或由储能设备厂商提供售后运维服务。对于某些配备有分布式电源（如分布式光伏发电装置）的用户 ①，可以选择与具备资质的设备方、EPC 方签署合同，自行建设和运营储能系统，利用储能系统消纳分布式电源发电。

3）电网侧储能

电网侧储能主要用于保障和提升电力系统安全性、可靠性，兼具经济效益和社会效益。电网侧储能系统可以提高电网的需求响应，有助于电网公司应对目前由大量可再生能源并网发电带来的消纳负担。若将分布式储能系统与电网结合，可以有效调节电网中的负荷峰谷差，进而提高电网运行稳定性，风电、光伏等新能源项目面临的弃风、弃光等限制消纳情况也会得到改善。目前尚无针对电网侧储能的统一定义，狭义的电网侧储能指建设在变电站内或专用站址、直接接入公用电网并提供服务的储能系统；广义的电网侧储能则指接受电网统一调度、能为电网提供系统服务的储能系统。

学界通常将电网侧储能商业模式分为输配电成本监管模式和竞争性业务模式。

输配电成本监管模式适用于两类场景的电网侧储能应用，用于保障故障或异常运行下的系统安全和保障输配电功能。② 但 2019 年 5 月，国家发展改革委、国家能源局发布的《输配电定价成本监审办法》（发改价格规〔2019〕897 号）规定抽水蓄能电站、电储能设施、电网所属且已单独核定上网电价的电厂的成本费用不得计入输配电定价成本 ③，因此，现阶段输配电成本监管模式仅可作为潜在商业模式，竞争性业务模式仍占市场主导地位。

竞争性业务模式适用于三类场景的电网侧储能应用：提供调频等辅助服务、移峰填谷和提高新能源利用水平。按照投资回收方式不同，该商业模式又可细分为合同能源管理模式、两部制电价模式、辅助服务市场模式、现货交易市场模式和综合模式。竞争性业务模式由可参与市场竞争的社会资本投资，业务受输配电价监管的电网主业不允许投资。③

1.3.3　新型商业模式

近年来，综合能源服务商业模式不断发展，逐渐衍生出各式各样切合实际应用场景的新型商业模式，现对以下七种商业模式进行具体分析。

① 寇凌峰，张颖，季宇，等 . 分布式储能的典型应用场景及运营模式分析 [J]. 电力系统保护与控制，2020，48（4）：177-187.
② 胡静，李琼慧，黄碧斌，等 . 适应中国应用场景需求和政策环境的电网侧储能商业模式研究 [J]. 全球能源互联网，2019，2（4）：367-375.
③ 秦云甫 . 市场环境下储能运营经济性评估及交易优化模型研究 [D]. 北京：华北电力大学，2020.

1. 设备融资租赁模式

融资租赁是出租人根据承租人对出卖人、租赁物的选择，向出卖人购买租赁物，提供给承租人使用，承租人支付租金的一种新型投融资模式。[①]

融资租赁可为主要设备提供融资服务解决部分资金问题，一般为直租，若资源方具有设备生产、制造能力，亦可采用售后回租模式。

1）融资租赁的法律法规适用

融资租赁适用的部分法律法规见表 1-1。

表 1-1　融资租赁适用的部分法律法规

序号	法律法规名称	发 文 机 关	生效日期
1	《中华人民共和国民法典》	全国人民代表大会	2021.01.01
2	《最高人民法院关于审理融资租赁合同纠纷案件适用法律问题的解释》（2020 修正）	最高人民法院	2021.01.01
3	《融资租赁公司监督管理暂行办法》	中国银行保险监督管理委员会	2020.05.26
4	《企业会计准则第 21 号——租赁》（财会〔2018〕35 号）	财政部	2019.01.01

2）常见融资租赁模式

（1）直接融资租赁。直接融资租赁是指由承租人选择需要购买的租赁物件，出租人通过对租赁项目风险评估后出租租赁物件给承租人使用。在整个租赁期间承租人没有所有权但享有使用权，并负责维修和保养租赁物件。[②]

直接融资租赁模式适用于固定资产、大型设备购置，或企业技术改造和设备升级。

（2）售后回租。售后回租是承租人将自制或外购的资产出售给出租人，然后向出租人租回并使用的租赁模式。租赁期间，租赁资产的所有权发生转移，承租人只拥有租赁资产的使用权。双方可以约定在租赁期满时，由承租人继续租赁或者以约定价格由承租人回购租赁资产。[②]

这种方式适用于流动资金不足的企业，或具有新投资项目而自有资金不足的企业，或持有快速升值资产的企业。售后回租模式有利于承租人盘活已有资产，可以快速筹集企业发展所需资金，顺应市场需求。[②]

3）融资租赁合同注意事项

签署融资租赁合同时应注意以下事项：

（1）核查合同主体是否真实、融资租赁出租人是否具备融资租赁资质、承租人是否具备特定租赁物的经营使用许可、承租人是否有完全的履约能力。

---

① 胡军伟.飞机融资租赁与融资渠道[J].浙江金融，2013（8）：37-40，48.
② 融资租赁的本质及其运作模式[J].中国总会计师，2015（7）：29-31.

（2）融资租赁合同中的租赁物与租赁物买卖合同中的租赁物是否一致，租赁物信息是否明确（名称、数量、规格、技术性能、检验方法、保养、维修、毁损、灭失等），租赁物交付的时间、地点、方式是否明确，租赁物的验收标准是否明确。

（3）出租人对租赁物取回的前提条件、取回方式方法、时间、地点、承租人的交接义务、费用承担以及价值折损等事宜是否明确。

（4）租期（起租日定义、租赁期限）、租金数额、计算方式和租金组成部分、币种、汇率、利率等是否明确。

（5）出租人是否要求承租人通过特定方式及范围内进行担保，担保期限、租金、违约金、逾期利息、损害赔偿金以及实现债权的费用承担（包括诉讼费、律师费等）是否明确，违约责任、合同解除、争议解决等约定是否明确。

4）经营性租赁

经营性租赁，又称服务性租赁。它是指出租人向承租人提供设备及使用权的同时，还提供设备的维修、保养等其他专门的服务，并承担设备过时风险的一种中短期融资与融物相结合的经济活动。[①]

5）融资租赁与经营性租赁的区别

融资租赁与经营性租赁主要区别在于以下几方面：

（1）作用不同。融资租赁公司能提供现成融资租赁资产，这样使企业能在极短的时间内，用少量的资金取得并安装投入使用，并能很快发挥作用，产生效益，因此，融资租赁行为能使企业缩短项目的建设期限，有效规避市场风险。经营性租赁行为能使企业有选择地租赁企业急用但并不想拥有的资产。特别是工艺水平高、升级换代快的设备更适合经营性租赁。[②]

（2）合同目的不同。对承租人来说，经营性租赁是以使用标的物为目的，而融资租赁是以融物的方式实现融资目的。实践中，未取得经营许可的出租人如提供名义为经营性租赁，实为融资租赁服务的，则可能存在违规风险。

（3）公司资质不同。融资租赁公司需要有融资租赁公司经营资质，设备经营性租赁本身不需融资租赁持牌经营，国内的融资租赁业务更多侧重的是融资业务，经营性设备租赁侧重的是租赁业务。

（4）是否存在留购价。经营性租赁只交换标的物的使用权，不涉及标的物所有权的转移，协议中通常不设置留购价（或少量留购），经营租赁期满后，承租资产由租赁公司收回。而融资租赁期满后，企业可以很少的"名义货价"（相当于设备

---

①　孙元鑫，崔玉山 . 论农机租赁业的兴起 [J]. 农业技术与装备，2007（6）：46-47.
②　卢锦艳 . 浅析利用租赁方式实现中小企业融资 [J]. 企业家天地（理论版），2011（1）：138-139.

残值的市场售价）留购。①

（5）计算租金的方式不同。经营性租赁以承租人占用标的物的时间计算租金，而融资租赁以承租人占用融资成本的时间计算租金，二者计算租金的方式存在根本性区别。②

（6）风险转移机制不同。经营性租赁实质上并没有转移与资产所有权有关的全部风险和报酬，而融资租赁的实质是将与资产所有权有关的全部风险和报酬转移给了承租人。①

融资租赁与经营性租赁的对比见表 1-2。

表 1-2　融资租赁与经营性租赁的对比①

内　　容	经营性租赁	融资租赁
期初所有权	出租人	出租人
租金构成	租金	本金＋租息
租赁物选定	出租人	承租人
租赁物	不限	固定资产
租赁物维修义务	出租人	承租人
期末购买选择权	不留购（少量留购）	承租人留购
留购价	有较大残值	名义留购价
监管方	不适用	银保监会
特殊许可	无	需银保监会批准
期末所有权	出租人	承租人或出租人

综合能源服务项目中的设备融资与一般融资租赁项目不同的是，租赁物即能源服务设备是安装在用能单位处，由用能单位实际使用的，且在 EMC 模式下，当综合能源服务期满后租赁物所有权归属于用能单位所有。所以综合能源服务项目在进行融资租赁时，除出租人（租赁公司）与承租人（综合能源服务公司）外，往往还需第三方即用能单位参与其中。

一般情况下，在综合能源服务项目尚未启动时，选择"直租"模式对租赁公司、综合能源服务公司与用能单位三者来说是最为稳妥也最为方便的方式。租赁公司可以确定资金确实是用于该综合能源服务项目，综合能源服务公司无须承担资金压力，用能单位了解且能确认该种融资模式，便于出租人约定需要用能单位配合且利于自

① 吕立伟.《财务管理学》中几组重要概念的内涵辨析 [J]. 河北自学考试，2001（10）：7-8.
② 董鹏飞 . Y 公司机场融资租赁业务信用风险管理研究 [D]. 大连：大连理工大学，2019.

己回收租金、确认租赁物所有权的条款。但由于综合能源服务公司往往需要以自己名义开具租赁设备的发票以获取政府奖励补贴，因此只能选择"委托租赁"的方式，以满足获得政府补贴的需要。委托租赁是金融租赁的一种形式，指有多余闲置设备的单位，为充分利用设备并获取一定收益，愿意将设备出租的一种租赁。在这种方式下，拥有多余闲置设备的单位不是自行寻找承租人，而是委托租赁机构代为其寻找承租人，而后由出租人、承租人与租赁机构一起签订租赁合同。租赁机构不垫资，也不拥有租赁物件的所有权，而仅按照委托人（拥有多余闲置设备的单位）的要求代为办理租赁，只收取经双方商定的委托租赁费。[①]

如果在综合能源服务项目已经启动后，再引入融资租赁公司，则只能选择"售后回租"的模式，具体的操作方式是：①租赁公司与综合能源服务公司签订《买卖合同》，由租赁公司购买综合能源服务公司的设备；②租赁公司向综合能源服务公司支付设备款，同时确定租赁物所有权的转移，并告知用能单位；③租赁公司与综合能源服务公司签订《融资租赁合同》，由用能单位确认特别条款；④综合能源服务公司向租赁公司从节能收益中支付租金；⑤租赁期满各方无违约的，综合能源服务公司支付留购款，能源服务设备所有权转移给综合能源服务公司；⑥一般根据合同约定，服务期满，综合能源项目移交用能单位所有。

2. 配售一体化模式

国外许多配电网由私人投资和建设，如法国、德国和其他欧洲国家。20 世纪 90 年代末的私有化浪潮导致大部分配电网资产落入私人手中。之后，随着售电市场的开放，许多拥有配电网资产的配售电一体化公司应运而生。此类售电公司与其他售电公司最大的区别在于，此类公司不仅可以从售电业务中获得收入，还可以从配电网业务中获得配电收入。

在公司配电网运营范围内，如果用电客户直接与配售电公司签订购电合同，公司除了将向输电网运营商支付输电费外，剩余收入全部归公司所有。除购电成本、配电网投资和运营成本外，公司将同时获得配电利润和售电利润；如果用电客户与其他售电公司签订电力合同，该公司仅可收取配电费，因此只能获得配电利润。无论哪种情况，此类公司都能确保利润来源，这是公司可持续经营和发展的保证。此外，作为配售电公司，由于配电资源等的优势，在电力销售市场上更容易占据主导地位，成为保底售电公司，为公司获得更多电力客户奠定了坚实的基础。同时，也可以积极利用配电网资源开展售电增值服务，如合同能源管理、需求侧响应等，还可以利

[①] 李伟民. 金融大辞典 [M]. 哈尔滨：黑龙江人民出版社，2002.

用客户资源参与电力辅助市场。[1]

3.供销合作社模式

供销合作社模式下的售电公司将发电与售电相结合。合作社成员拥有发电资源，通过供销合作社模式直接向其他成员出售电力。同时，售电公司获得的部分售电收入将继续投资电厂建设，实现双方共赢。[2]采用供销合作社模式的售电公司可以获得优质的发电资源，特别是那些分布式可再生能源发电站，它们通过整合分布式发电站，组建一家销售纯绿色电力的售电公司。一方面可以吸引有环保意识的人或有碳排放限制的公司购买电力；另一方面因为售电公司获得的部分利润将投资或分配给发电站，在这种供销合作社模式下，发电站运营商更愿意加入售电公司，售电公司的购电成本也可以相对降低。

国外较多售电公司采用该种模式，其中著名的是法国的 Enercoop 公司。该公司由国际绿色和平组织和其他环保组织于 2005 年组建。该公司出售的所有电力都来自可再生能源。就购电方而言，售电公司承诺将 57% 的利润返还给可再生能源发电商，以支持可再生能源的发展。

在供销合作社模式下，售电企业也存在一定风险。选择投资哪些发电站将极大地影响公司的利益。售电公司必须有相应的风险控制和适当的投资策略。例如，德国的一家区域售电公司选择投资联合循环热电联产厂。但是，由于电力批发市场电价持续下跌，该类电厂的发电成本相对较高，无法降低售电公司的购电成本，因此公司无法从中获利。

4.综合型能源服务模式

我国综合型能源服务模式的"综合"一词，不单单是能源形态的综合，还在于服务形态的综合，需要根据不同客户实际能源需求情况，制订合理的能源组合方案，实现客户价值最大化。

从服务形态角度，目前市场上有两个主流方向：一个是较为传统的投资＋运维模式，例如 EMC 项目叠加后续运维服务，以及光伏的投资＋运维，这种服务较为浅显，主要关注点为所投资的资产，而非客户的实际需求。另一个是能源托管服务的组合式模式，目前从第一代已迭代至第三代能源托管服务，在具体内容上从运营外包型发展到能源全成本托管服务模式再到基于前面基础来实现内部能源资产所有权变更，该类项目目前虽然数量很少，但已经逐步开始探索实践。

---

[1]　封红丽. 国内外综合能源服务发展现状及商业模式研究 [J]. 电器工业，2017（6）：34-42.

[2]　顾辰方，间文浩，王赛一. 基于能源互联网架构的综合能源服务业务模式与实施路径研究 [J]. 电力与能源，2019，40（4）：455-458.

国外也存在很多综合能源服务公司，这类公司主要提供供电和供气服务。公司还将提供综合能源套餐，与客户单独签订某一类能源服务合同相比，同时与公司签订供电和供气服务合同可以获得更多的优惠，这也是此类公司能够吸引和有效留住广大客户的重要战略手段。此外，还会提供供暖、供水、公共交通等配套服务，让当地客户可以享受多方位的综合能源服务。德国最大的城市综合服务公司主要负责为慕尼黑及其周边地区的城镇居民和工商业用户提供供电和供气配套服务，其中公司提供给城区居民的综合供电服务套餐就一共有七种，如固定能源电价服务套餐、绿色节能电力服务套餐、网络绿色电力服务套餐等。提高用户的满意度，更加高效地满足用户需求，就能实现更加多样化的利润来源。

5. 售电折扣模式

为了有效吸引新增客户，售电服务折扣商不仅可以提供较低费用的基本用电，还可以针对新增用户需求提供诱人的售电折扣。许多新加入的商业用户希望能够通过这类优惠套餐在初期大幅降低商业用电成本，而部分居民商业用户更是希望通过返现和优惠折扣在第一年减少 20% 的电费支出。部分用户甚至还可选择采取预交电费的方式获取更低价格折扣。

6. "配售一体化+能源综合服务"模式

在售电侧（售电公司等）和配电网同时放开的情况下，同时拥有配售电业务，另外能为园区内电力用户提供增值能源服务的公司将获得巨大收益。另外，园区售电业务的开展可以使其直接从市场化的协议购电或集中竞价交易中获取发电侧和购电侧之间的价差利润。[①]

7. 互联网售电服务模式

随着电力市场化交易不断深化，售电公司之间竞争越发激烈，为有效降低用电成本，提升企业综合竞争力，需建立成熟的电力市场价格对比平台，供广大消费者自由选择用电套餐及变更售电服务。也需要通过信息化系统来为公司提供全面的数据管理、分析等服务。互联网售电服务模式可随时通过互联网为客户提供在线缴费、产品套餐选择及更换服务等。目前国内外很多大型售电公司都已经开展了这种售电业务，客户只需通过移动网络远程进行操作就能轻松实现电费缴费与其他业务办理，且所有相关业务信息也为客户保密，消除广大客户的后顾之忧。

2018 年 7 月，中山粤海能源携手远光能源互联网启动售电平台项目建设，该平台以电力营销和交易管理为主，涵盖了电力交易、电力服务等多方面业务，实现了

---

① 封红丽. 综合能源服务市场竞争主体最新进展及发展趋势与挑战 [J]. 电器工业，2019（12）：51-61.

用户电费自动结算、实时在线查询等功能。该种模式为企业售电业务信息化管理提供了技术支持。

这种模式在英国也比较常见。英国电力监管机构 Ofgem 认证授权的电力比价服务网站总共已经有 12 家，它们独立于任何售电企业，主营业务范围主要包括电力、天然气、固定电话、宽带、保险、贷款等。[1][2] 这些网站对用户的所有个人信息以及所有相关交易数据完全保密，不会以任何形式泄露出售，还可以向所有用户提供常见问题解答，而且比价过程简单迅速，只需输入用户所在地区邮编即可，比价的最终排名结果是绝对公平的，不会受任何因素影响。

1.3.4 综合能源项目投资退出方式

1. 出售股权

综合能源项目的退出，目前较常见的是综合能源服务商出售股权方式，即在综合能源项目的全生命周期内，提前将综合能源项目的项目公司股权转让给第三方。鉴于综合能源服务商在投资某综合能源项目时，投资和服务年限往往在 15~25 年，其投资年限较长。因此，综合能源服务商难以对拟发生的商业风险、技术风险、政策风险和法律风险等进行有效的防控，尤其针对国有企业而言，公司内部的风控和合规要求更高，同时，综合能源服务商可以根据企业内部的投资回报率或其他因素，自行决定是否提早退出某个综合能源项目。

在项目股权转让的过程中，股权转让的双方需要共同或各自签署种类繁杂的法律文书，其中最重要的是双方签订的股权转让合同。股权转让合同不仅是股转双方权利、义务的主要体现，也是防范各种已知和未知法律风险的重要保障以及并购顺利完成的基础。[3]

股权转让前期的尽职调查工作已经完成并且在项目公司没有"硬伤"的情况下，股权转让即进入实施的具体过程，包括但不限于并购各方会面、谈判、确定股转价格、协商整合问题、签订并购备忘录等事宜。各方会对实施过程中的各项问题进行讨论并统一意见后，签署备忘录。

在双方形成初步意见后，受让方往往会聘请律师参与内部讨论会议，为项目交易提供交易路径设计，对交易方案作出总体法律风险评价。同时律师根据尽职调查报告、交易方案以及双方形成的初步意见以及备忘录，确定合同条款。股权转让合

---

① 封红丽. 国内外综合能源服务发展现状及商业模式研究 [J]. 电器工业，2017（6）：34-42.
② 封红丽. 综合能源服务市场竞争主体最新进展及发展趋势与挑战 [J]. 电器工业，2019（12）：51-61.
③ 陈忠谦. 企业并购合同的风险和防范 [J]. 仲裁研究，2010（1）：1-9.

同主要包括合同标的、交易价格、支付方式、交割条件、陈述与保证、合同生效条件、违约责任、争议解决等条款。

2.资产收购

除了以出售股权的方式退出投资以外，资产转让或收购也是退出投资的一种方式。一般情况下有两种常见方式：第一，根据服务合同约定运营期结束，资产无偿转让给用能单位，如本书第8章上海电力大学临港校区智能微电网项目，在20年后项目资产由国网综合能源集团公司无偿转让给上海电力大学所有。第二，由于触发服务合同约定的条件，如用能单位出现用能量严重不足或停止用能等违约行为，用能单位被迫折价收购资产残值。

1.3.5　综合能源商业模式发展远景

1.综合能源服务对象类型介绍

对于综合能源服务的需求是多种多样的，不同服务对象对于综合能源服务的要求也是不同的，本小节将把综合能源服务对象的类型分为四种并简单介绍其特点。[①]

1）城镇乡村型：以新型城镇乡村建设或改造供能为服务对象

能源供应是城镇乡村建设的重要基础，综合智慧能源作为城镇乡村建设的重要组成部分，其原则和特点契合我国城镇社会经济高质量发展的要求。城镇乡村型能源需求用户多为商业、居民、学校、医院、科技等，用能种类多，对排放、景观、生活质量要求高，注重服务智能化、便捷性，以及与城镇整体规划建设的紧密协同等。目前，我国正在推广整县制屋顶光伏项目的投资。2021年7月，国家能源局综合司下发《国家能源局综合司关于报送整县（市、区）屋顶分布式光伏开发试点方案的通知》，福建、山东、广东、陕西、江西、甘肃、安徽、浙江等，各省份开展"整县分布式光伏开发试点工作"，明确鼓励实行项目整体打包备案。

2）产业园区型：以工业（产业）园区、高新技术开发区供能为服务对象

产业园区型具有管理相对集中、能源密度较大、可靠性要求高、能源价格敏感性强、用能品种多样化等特点。能源需求用户包括化工、医药、物流、电子、空港、交通、科教、数据中心等，产业园区型项目可服务其中一种或多种企业类型。

3）集群楼宇型：以单体或组合楼宇的供能为服务对象

集群楼宇型具有能源需求种类相对固定，利用时间集中，对能源可靠性、服务和智能化要求高等特点。能源需求用户多为商业建筑、办公大楼、酒店式公寓等。

---

① Alliance 6，《综合智慧能源优秀项目案例集（2021）》。

4）平台服务型：以提供能源管控系统，能源技术服务为主

平台服务型综合能源项目一般包含多个品种和多个环节，管控系统成为综合能源建设的关键环节，同时具有综合能源专属化、与用户深度融合的特征，使综合能源服务成为综合能源的重要组成部分。

2.综合能源商业模式展望

综合能源服务的基本业务模式可从供能侧和用能侧出发，通过能源输送网络、信息物理系统、综合能源管理平台以及信息和增值服务，实现能源流、信息流、价值流的交换与互动。[①]

我国目前的综合能源服务商业模式正在不断朝多元化发展中，投资建设模式中常见的有合同能源管理模式和工程投资建设模式等，盈利模式包括综合能源销售服务模式、节能减排及需求响应服务模式和综合能源信息服务模式等。分布式光伏发电方面用能企业委托能源服务商来建设分布式光伏，通过自发自用的方式消纳所产生的电力，大大降低了客户电费支出；分布式生物质发电供热项目加强环保减排实施力度，就地实现废弃物处理和利用；天然气通过能源梯级利用来实现冷热电三联供，具有非常可观的经济；另外，正不断发展电能替代项目，推广基于电能的热泵、蓄能技术，采用能源托管模式和电能替代服务模式等，通过调整电价、资金补贴等方式使项目收益较为可观。

这些商业模式大部分是由合同能源管理项目沿袭而来，虽然已经过千百个项目的"锤炼"，但始终没有契合综合能源项目主体复杂、客体特殊、风险多元的特点。在未来的发展期内，综合能源服务技术革新固然重要，但商业模式创新更是市场繁荣和长期稳定的决定性因素。基于综合能源服务市场发展现状，可以从以下几个方面优化目前的综合能源服务商业模式。

1）投资方式多样化

（1）引入外商投资方。尽管目前综合能源服务市场的主力军依然是大型央企或者国企，但可以预见，未来将有更多的民间资本进入，民营企业将逐渐在市场中崭露头角。由于国内综合能源市场将长期处于探索和发展阶段，而国外综合能源服务发展已经较为成熟（如德国、日本），有大量具备技术和资源的综合能源服务商和投资者，这些资金能力欠缺但融资和商业模式更为灵活的民营企业可以考虑吸引外商资本及技术投资，使我国综合能源服务市场尽快与国际接轨。

（2）资金来源多元化。综合能源服务资金来源方式众多，综合能源服务所涉及的能源系统相关设备设施的新建改造规模较大，实施周期较长，所需费用较多。学

---

① 杜云飞，杨姗.国有发电企业如何在电力市场改革中发展转型 [J].中国高新区，2017（24）：211.

校领域综合能源服务项目资金来源有校方自有资金、上级主管部门专项拨款、第三方投资等。[①] 城市综合能源服务项目资金来源有该市供电公司、用能企业等。园区综合能源服务项目资金来源通常有综合能源服务商投资、绿色贷款、绿色债券等。另外，合同能源管理方式下的自投自建方式（有资质要求）资金来源为建设方自筹或融资；合作共赢方式资金来源为项目收益积累资金池（双方建立公共资金账户）。

2）扩大用户范围，增设个性化服务

目前多数综合能源项目主要是针对工业园区、办公楼宇等大型商业用户，且大多数是将传统能源系统进行简单、机械化的叠加，没有全面考虑用户需求，也没有实现综合能源效益最大化，反而增加了各项成本。未来，综合能源服务商应考虑将用户范围扩大到居民，并应更加注重协调各项能源服务，通过分析能源需求侧的数据，给予用户选择权，根据用户的个性化需求定制综合能源产品，提供用能优化服务（如针对学校寒暑假、工厂生产期等特定时间段提供特殊的能源服务）。

这点可以借鉴美国 Opower 公司的经营模式，对公用事业企业的相关能源数据以及其他各类第三方数据进行深入分析和挖掘，通过上述操作为用户提供一整套适合于其生活方式的节能建议。其中包括提供个性化的账单服务、通过云计算技术形成用户个性化的节能建议，以及帮助电力公司分析用户电力消费行为，改善营销服务。[②]

3）实施配售一体化，优化结算模式

国内现有的综合能源项目主要集中在一个有限区域内，所发电力都由用户消纳，因此综合能源项目基本都会配备储能设施，预防电力消纳风险。基于此，综合能源服务商通过 EMC 模式或 PPA 模式获取售电收益，但由于综合能源项目开发成本较高，且用户侧购电价格相对固定，综合能源服务商的收益十分有限。后续，可以考虑实施配售一体化，具备配电资质的电网公司和售电公司可以与输电网运营商合作，由用户与综合能源服务商签署购售电合同，对应收益由输电网运营商享有，其余归为服务商收益。

此外，目前大多数项目仍然采用各个能源系统单独结算的方式，将相关收益简单叠加，缺乏对各个能源系统收益的协调，综合能源服务商可以考虑通过智慧能源管控平台的技术升级，探索更为智能也更为综合的结算模式。

4）发展综合能源互联网平台

在用能需求不断增加背景下，综合能源服务的应用领域和市场范围正在逐渐扩大，亟须综合 B2B（企业对企业）和 B2C 模式（企业对消费者），建立一个能够使

---

① 唐一铭 . 浅析高校综合能源服务 [J]. 科技经济导刊，2018（36）：141.
② 徐毅 . 新电力体制改革下的售电公司经营探讨 [J]. 轻工科技，2016，32（3）：130-131.

多种服务商与用户快速对接、有效交流的互联网平台。目前，百度度能-AIOT能源共创平台、阿里云综合能源服务平台、腾讯云综能工厂等线上平台已陆续上线，综合能源服务商能够在平台内根据用户需要自由组合，为用户提供符合个性化需求的综合能源服务。

基于此，可以有效利用智慧能源站。智慧能源站有助于能源高效安全运行，多能协同互补、用能协调互济，体现规模效应与集群智能。在一定范围内可以实现区域内供需协同、站间协同、负荷协同，从而实现全局资源协同优化。

综能服务公司在园区、公共区域开展业务时，对用能方实现监视、控制、能效分析、评价、管网平衡、管网渗漏监测、系统仿真、智慧运维、自动计量、移动应用、客户管理等有效整合协同，通过算法实现全域智能、自动寻优等应用，不仅可以提升能服公司的业务水平，也可以为用能单位带来更大的能源效益。

5）探索虚拟电厂模式

近年来，大型电力能源企业逐步开始探索虚拟电厂在能源改革阶段的应用。虚拟电厂可以通过整合多方资源，实现各方的优势互补，最大限度地实现供应需求就地平衡、安全稳定与自我保障，实现与大电网的友好兼容，从而提升在外部市场的话语权和议价能力。

值得注意的是，目前国网冀北电力有限公司、中国电力科学研究院有限公司、清华大学和国家电网有限公司已联合申请发明专利：一种基于虚拟电厂参与的综合能源系统优化方法和系统，可以预见，综合能源市场发展到后期，虚拟电厂模式有望被引入综合能源市场，使综合能源系统在能源传输、用能和储能阶段更有优势。

1.4 我国综合能源商业模式存在的问题

我国的综合能源产业发展进程较国际而言相对缓慢，究其原因，主要是存在以下几点不足。

（1）缺乏顶层设计和统筹规划。目前增量配电业务的发展阻力较大，且各类能源主管部门尚未建立针对综合能源项目的协调机制，导致各类能源系统需要分头审批，程序较为烦琐，前期开发阶段容易遭遇瓶颈。

（2）缺少专门性的政策和标准。现有的政策均是政府从宏观角度对综合能源项目进行规划，而对于项目的建设、运营、验收等标准暂无规定，在政策和监管方面较为薄弱。

（3）传统价格机制不能适应市场需要。目前清洁能源的供能成本大部分高于传统燃煤，不仅普通用户无法承受相应的用能成本，综合能源服务商也面临着项目难以盈利的难题，相应价格机制缺乏对市场的敏感度。

（4）缺少可以由电网统一调度的综合能源管控系统平台。目前每个综合能源项目都有自己独立的能源管控系统，但是每个系统都是独立的，风格各异，工程不同，成百上千个独立项目之间没有关联，各个管控系统更无法直接接入电网，统一调度和管理。

（5）商业模式创新严重不足。很多专家认为，我国综合能源项目的发展并没有遇到技术或资金层面的阻碍，但是商业模式的创新却无法跟上行业发展的步伐，甚至阻碍了其蓬勃的发展。

首先，从大型企业的角度来看，"以客户为中心"的理念和商业模式没有取得突破。其一，客户的能源消费类别和业务布局不同，存在区域差异，传统的能源供应边界一般停留在红线端，"最后一公里"尚未开放，使企业对用户能源需求认识不足，没有形成成熟的商业模式，导致只停留在数字化推广阶段。其二，综合能源服务有多种类型和业务，它自身的特点决定了它更适合定制客户，对于习惯于以规模经济取胜的大型企业来说，存在着巨大的挑战。其三，综合能源服务业务存在一定的整合冲突，在综合能源系统投资建设完成后，可能无法实现多能源的最优利用。通常，各种能源品种的规划是独立的，从大系统的角度来看，这是很难统一规划和调度的。例如，在园区规划中，负荷下的建筑降温一般在建设规划阶段提前规划，在多能源供应和优化的后期无法实现优化。①

其次，从中小企业的角度来看，由于生存压力，中小企业专注于短期利益最大化，对新兴业务进行大规模投资探索。它更贴近客户，了解客户需求，在改善用户服务体验方面更具优势，但局限于生存压力，更注重短期效益最大化。在目前的发展阶段，中小企业大多试图利用数字经济，选择盈利平台建设，但质量水平和效果参差不齐。此外，中小企业还通过参与增量配电网项目、微电网项目和电力销售，扩大其综合能源服务业务。特别是一部分企业已做出各种尝试，形成自己的小微电网系统，以实现最终的多能源互补和梯级利用，并销售自己的产品和技术（如风电、光伏、储能软件企业等），或通过 EPC 获得收益。但由于增量配电网建设进展缓慢，电力现货市场还不成熟，"售电＋综合能源服务"模式难以短期内实现。各种综合能源系统成本过高，多种效应叠加，中小企业大举投资综合能源服务难以取得进展。①

综上各种问题，目前，迫切需要一种合理高效的新商业模式来促进综合能源服务业的发展。多数大企业习惯于使用统一开发和规划来指导能源建设和规划，但综

---

① 封红丽 . 综合能源服务的演进形态及发展策略 [J]. 电器工业，2020（11）：48-50.

合能源服务往往是分布式的，用户数量少而分散，用能量波动性大。用传统的思维和方法进行规划，容易出现规划容量过大、负荷不足的问题。针对这一特点，应当采用滚动发展战略，调查掌握一组用户需求，建设一组能源设施，掌握下一组用户需求后再增加容量，使负荷和容量尽可能相对一致，以确保项目的盈利能力。另外需要精准锚定用户侧痛点，打通"最后一公里"。要切实落实"以客户为中心"的核心理念，紧密跟踪综合能源服务项目，广泛接触客户中的各层级关键人员，放低姿态，增强服务意识，摸清客户的真实需求和痛点，了解当地用能情况、用能结构和特点、地方政策以及企业优劣势，提供真正切实可行的用能解决方案，同时针对客户诉求做到快速响应。还需要建立完善相关标准。综合能源服务涉及多网融合、多领域融合，必然与原有的水、电、热、气等单一规划、单一能源评价方法等发生冲突。为了推动综合能源服务成熟经验复制推广，加快产业规模化发展，亟须建立完善综合能源系统的规划标准、能效评价标准、平台接入标准、交易服务标准等。[1][2]

◆ 1.5　本章小结

综合能源的发展不仅仅依靠技术的进步和政策的支持，多种多样的商业模式是综合能源广泛应用的重要助推因素。受限于市场的不成熟、企业的风控要求，现有的商业模式仍较为单一，多集中于行业内耳熟能详的 EPC 模式、EMC 模式等，缺少创新和突破。但可以预见，在"碳中和"时代，社会的环保节能需求越来越大，国家对低碳减排的要求越来越高，综合能源需要更多新颖的商业模式以适应飞速发展的能源需求市场。无论是丰富资金来源，还是扩大用户范围并着眼于个性化服务，抑或是实施配售一体化、发展"互联网＋"新型能源平台，都不失为优化、更新综合能源商业模式的良好选择。

即测即练1

---

① 封红丽 . 综合能源服务的演进形态及发展策略 [J]. 电器工业，2020（11）：48-50.
② 封红丽 . 国内外综合能源服务发展现状及商业模式研究 [J]. 电器工业，2017（6）：34-42.

第2章

综合能源服务相关立法及政策

2014 年 6 月 13 日，习近平总书记在主持召开中央财经领导小组第六次会议时强调，要"推动能源体制革命，打通能源发展快车道。……转变政府对能源的监管方式，建立健全能源法治体系"。法律是国之重器，综合能源领域发展一方面需要法律的支持培育；另一方面也要在现行立法体系下合法合规进行，理解综合能源服务相关立法及政策是实现综合能源服务发展的前提。

2.1 综合能源相关立法及解读

2.1.1 中华人民共和国可再生能源法（2009年修订）

改革开放以来，我国经济发展突飞猛进，但是环境污染问题和资源紧缺问题日益严峻。为了改善环境和减少对传统化石燃料的依赖，加快风电、光伏等可再生能源的开发和利用是我国在能源发展领域的必然选择。因此制定一部促进和规范可再生能源开发利用的法律成为时代的需要，在此背景下，《中华人民共和国可再生能源法》（以下简称《可再生能源法》）应运而生。

《可再生能源法》于 2005 年 2 月 28 日通过，自 2006 年 1 月 1 日起施行。2009 年 12 月 26 日，修改后的《可再生能源法》通过并公布，自 2010 年 4 月 1 日起施行。《可再生能源法》的颁布与实施，弥补了我国能源法律体系在可再生能源方面的立法不足，让可再生能源开发利用有法可依，该法也成为我国可再生能源领域最基本的法律依据。[①]《可再生能源法》的主要内容包括以下几方面。

1. 总量目标制度

可再生能源产业作为一种新兴产业，在我国尚处于商业化发展的初期阶段。为了克服可再生能源产业商业化的困难，政府对可再生能源产业的促进作用是必不可少的。《可再生能源法》第四条明确提出，要求制定可再生能源开发利用总量目标。通过设置一个总目标的方式，不仅能保证国家支持和鼓励发展可再生能源在能源市场有一定的规模，也显示了国家支持和鼓励发展可再生能源产业的态度，给投资者提供了清晰和明确的投资预期，能够大大提升投资者的热情。在可再生能源产业商业化的早期阶段，总量目标制度是可再生能源法律制度的基础和关键。

2. 全额保障性收购制度[②]

《可再生能源法》第十四条规定了电网企业要全额收购其电网覆盖范围内的可再生能源电力，并为可再生能源电力企业提供上网服务。全额保障性收购是指电网企业根据国家确定的上网标杆电价和保障性收购利用小时数，结合市场竞争机制，通过落实优先发电制度，在确保供电安全的前提下，全额收购规划范围内的可再生能源发电项目的上网电量。

强制上网制度是实现全额保障性收购的前提。强制上网制度是指要求电网公司接受并销售符合技术要求和安全标准的可再生能源电力的制度。由于开发技术水平和可再生能源本身的特点，可再生能源的开发成本和并网成本相对较高，市场竞争力远低于常规能源电力。全额保障性收购制度的建立，为我国可再生能源电力的发展打开了市场，在一定程度上克服了可再生能源电力市场缺乏竞争力的弱点。"为了提高可再生能源电力企业在电力能源市场中的生存能力和竞争力，国外的许多国家也均规定电网企业必须为符合技术要求和安全标准的可再生能源电力企业提供上网服务。"强制上网制度在国外可再生能源电力方面得到了普遍的推广和应用，保障了可再生能源电力的稳定发展。

3. 分类电价制度

分类电价制度是指政府根据生产成本的不同来确定不同的种类可再生能源电力

---

① 邢宝强. 我国可再生能源法律制度研究 [D]. 石家庄：河北地质大学，2016.

② 根据 2021 年 5 月 11 日国家能源局发布的《国家能源局关于 2021 年风电、光伏发电开发建设有关事项的通知》，2021 年起，中国电力市场将取消新建项目及未按时建成的存量项目享受的全额保障性收购制度，建立保障性并网、市场化并网等并网多元保障机制，具体见后文分析。

的上网电价或招标电价。由政府来确定可再生能源电力的分类电价不仅具有权威性，便于可再生能源分类电价更好地执行，而且也能较好地体现公平性。通过分类电价制度，投资者可以在确定可再生能源电力分类电价的基础上很容易评估和计算投资的收益，在一定程度上降低了可再生能源发电的交易成本。[①]

4. 费用补偿制度

可再生能源电力由于受到地理条件和技术水平等因素的影响，其发展初期的生产成本要远远高于传统电力的生产成本。电网企业必须以高于常规能源的上网电价收购可再生能源电力，这样就增加了电网企业的收购成本，降低了电网企业支持可再生能源电力发展的积极性。因此，《可再生能源法》规定了费用补偿制度，补偿电网企业购置可再生能源发电的附加成本，以便以附加价的形式通过电价征收对电网企业进行最终补偿，解决了可再生能源行业生产成本高的问题。

5. 专项基金制度

可再生能源发展专项资金制度是为处于发展初期的可再生能源产业提供资金保障的制度，它提供大量的财政支助，确保可再生能源发展活动的正常发展。修订后的《可再生能源法》把以电价附加形式征收的电价补偿纳入可再生能源发展专项基金中统一管理。

2.1.2 中华人民共和国节约能源法（2018年修正）

随着我国经济社会的不断发展，我国的能源消费速度不断加快，而能源领域存在的能耗高、效率低等问题不利于我国长期可持续发展。针对我国经济发展与能源消耗、环境保护之间日趋尖锐的矛盾，国家颁布了一部可以有效调整二者之间矛盾的法律。

《中华人民共和国节约能源法》（以下简称《节约能源法》）于 1997 年 11 月 1 日通过，经过 2007 年、2016 年和 2018 年三次修正，现行的《节约能源法》为我国科学发展增添了新的法律利器，将有助于解决当前我国经济发展与能源资源及环境之间日益尖锐的矛盾。《节约能源法》的主要内容包括以下几方面。

1. 将节约资源确定为基本国策

《节约能源法》第四条明确规定："节约资源是我国的基本国策。国家实施节约与开发并举、把节约放在首位的能源发展战略。"《节约能源法》强调，国务院

---

① 邢宝强 . 我国可再生能源法律制度研究 [D]. 石家庄：河北地质大学，2016.

和县级以上地方各级人民政府应当将节能工作纳入国民经济和社会发展规划、年度计划，并组织编制和实施节能中长期专项规划、年度节能计划。

此外，修改后的节能法进一步完善了我国的节能制度，规定了一系列节能管理的基本制度，如实行节能目标责任制和节能考核评价等制度，国务院和县级以上地方各级人民政府每年向本级人民代表大会或者其常务委员会报告节能工作，省、自治区、直辖市人民政府每年向国务院报告节能目标责任的履行情况；实行固定资产投资项目节能评估和审查制度等。

2. 明确节能执法主体，强化节能法律责任

《节约能源法》第十条规定："国务院管理节能工作的部门主管全国的节能监督管理工作。国务院有关部门在各自的职责范围内负责节能监督管理工作，并接受国务院管理节能工作的部门的指导。县级以上地方各级人民政府管理节能工作的部门负责本行政区域内的节能监督管理工作。县级以上地方各级人民政府有关部门在各自的职责范围内负责节能监督管理工作，并接受同级管理节能工作的部门的指导。"

同时，《节约能源法》还规定了19项法律责任，包括：未按规定配备、使用能源计量器具，瞒报、伪造、篡改能源统计资料或编造虚假能源统计数据，重点用能单位无正当理由拒不落实整改要求或者整改未达到要求，不按规定报送能源利用状况报告或报告内容不实，不按规定设立能源管理岗位，建设、设计、施工、监理等单位违反建筑节能的有关标准等方面的法律责任。

3. 将公共机构列入节能法监管重点

《节约能源法》专设"公共机构节能"一节，明确规定公共机构"是指全部或者部分使用财政性资金的国家机关、事业单位和团体组织"。法律规定，公共机构应当制定年度节能目标和实施方案，加强能源消费计量和监测管理。国务院和县级以上地方各级人民政府管理机关事务工作的机构会同同级有关部门按照管理权限，制定本级公共机构的能源消耗定额，财政部门根据该定额制定能源消耗支出标准。

《节约能源法》还规定，公共机构应当按照规定进行能源审计，并根据能源审计结果采取提高能源利用效率的措施。

此外，公共机构采购用能产品、设备，应当优先采购列入节能产品、设备政府采购名录中的产品、设备。禁止采购国家明令淘汰的用能产品、设备。公共机构若违反上述规定，由政府采购监督管理部门给予警告，可以并处罚款；对直接负责的主管人员和其他直接责任人员依法给予处分，并予通报。

4. 严禁"免费能源福利"

《节约能源法》第七十七条明确规定："违反本法规定，无偿向本单位职工提供能源或者对能源消费实行包费制的，由管理节能工作的部门责令限期改正；逾期不改正的，处五万元以上二十万元以下罚款。"

《节约能源法》第二十七条还规定："用能单位应当加强能源计量管理，按照规定配备和使用经依法检定合格的能源计量器具。用能单位应当建立能源消费统计和能源利用状况分析制度，对各类能源的消费实行分类计量和统计，并确保能源消费统计数据真实、完整。"

5. 加大节能方面的政策激励力度

《节约能源法》"激励措施"一章明确了国家实行促进节能的财政、税收、价格、信贷和政府采购政策，如对列入推广目录的需要支持的节能技术和产品，实行税收优惠，并通过财政补贴支持节能照明器具等节能产品的推广和使用；实行有利于节约能源资源的税收政策，健全能源矿产资源有偿使用制度，促进能源资源的节约及其开采利用水平的提高；运用税收等政策，鼓励先进节能技术、设备的进口，控制在生产过程中耗能高、污染重的产品的出口；国家引导金融机构增加对节能项目的信贷支持，为符合条件的节能技术研究开发、节能产品生产以及节能技术改造等项目提供优惠贷款；国家实行有利于节能的价格政策，引导用能单位和个人节能等。

《节约能源法》第六十七条规定，各级人民政府对在节能管理、节能科学技术研究和推广应用中有显著成绩以及检举严重浪费能源行为的单位和个人，给予表彰和奖励。

6. 加强对重点用能单位节能的监管

《节约能源法》专设"重点用能单位节能"一节，明确指出：年综合能源消费总量 1 万吨标准煤以上的用能单位，国务院有关部门或者省、自治区、直辖市人民政府管理节能工作的部门指定的年综合能源消费总量 5 000 吨以上不满 1 万吨标准煤的用能单位均为重点用能单位。

《节约能源法》还进一步明确了重点用能单位的节能义务，强化了监督和管理。第五十三条规定，重点用能单位应当每年向管理节能工作的部门报送上年度的能源利用状况报告。能源利用状况包括能源消费情况、能源利用效率、节能目标完成情况和节能效益分析、节能措施等内容。重点用能单位未按照规定报送能源利用状况报告或者报告内容不实的，由管理节能工作的部门责令限期改正；逾期不改正的，处一万元以上五万元以下罚款。第五十四条强调，管理节能工作的部门应当对重点用能单位报送的能源利用状况报告进行审查。对节能管理制度不健全、节能措施不落实、能源利用效率低的重点用能单位，管理节能工作的部门应当开展现场调查，组织实施用能设备能源效率检测，责令实施能源审计，并提出书面整改要求，限期整改。

2.1.3　中华人民共和国能源法（征求意见稿）

自 2007 年至 2010 年期间，《中华人民共和国能源法（征求意见稿）》（以下简称《能源法（征求意见稿）》）修订几易其稿。2010 年至 2015 年期间，立法工作一度停滞。其间的波折与停滞主要由于能源行业涉及石油、天然气、煤炭、火电、可再生能源等多个领域，一部综合性的能源法需要平衡各方利益主体，而 2007 年起中国能源监管体系、主管部门、能源市场等在持续变动之中。由于能源体制改革需要经过实践检验，在明确改革方向、平衡各方利益之后才能落实为法律条文，因此，在此期间，能源法迟迟未能及时落地，直至 2015 年，随着能源领域改革实践的推进，能源法被列入国务院年度立法工作计划，能源法立法工作才再次加快进程。国家能源局于 2017 年向当时的国务院法制办重新提交送审稿，并在 2017 年送审稿基础上形成了此次 2020 年征求意见稿。

从立法程序而言，此次《能源法（征求意见稿）》向公众征集意见系由法律起草部门国家能源局主导，意味着其尚处于法律起草部门起草过程中，尚未形成法律起草部门报送司法部的送审稿，仍处于立法程序前期阶段，距离正式出台仍有较长一段时间。本次《能源法（征求意见稿）》主要内容如下。

1. 明确国家能源战略内容

2020 年《能源法（征求意见稿）》第三条指出，能源开发利用应当与生态文明相适应，贯彻创新、协调、绿色、开放、共享发展理念，遵循推动消费革命、供给革命、技术革命、体制革命和全方位加强国际合作的发展方向，实施节约优先、立足国内、绿色低碳和创新驱动的能源发展战略，构建清洁低碳、安全高效的能源体系。

2007 年公布的《能源法（征求意见稿）》第三章已经提出了"能源战略与规划"，但没有明确国家能源战略具体内容。本次《能源法（征求意见稿）》与 2007 年公布的《能源法（征求意见稿）》相比，明确了国家能源战略的具体内容，明确要遵循"四个革命，一个合作"的发展方向，为未来能源行业发展提供了战略方针和指导方向。

2. 优化能源结构：优先发展可再生能源

《能源法（征求意见稿）》第四条针对优先发展可再生能源规定："国家调整和优化能源产业结构和消费结构，优先发展可再生能源，安全高效发展核电，提高非化石能源比重，推动化石能源的清洁高效利用和低碳化发展。"

第三十二条则对能源结构的优化做出了规定，指出"国家鼓励高效清洁开发利用能源资源，支持优先开发可再生能源，合理开发化石能源资源，因地制宜发展分布式能源，推动非化石能源替代化石能源、低碳能源替代高碳能源，支持开发应用替代石油、天然气的新型燃料和工业原料。"

"优先发展可再生能源"是对我国既往十多年可再生能源制度的延续和总结。优先发展可再生能源，不意味着鼓励可再生能源爆发式发展，而是要按照需求循序渐进地发展，逐步替代化石能源。非化石能源对化石能源的替代是循序渐进的过程，因此在强调优先发展可再生能源的同时，提出对化石能源的开发要求是"合理开发""清洁高效"。

3. 明确可再生能源电力消纳保障制度

《能源法（征求意见稿）》第四十五条第一款规定了可再生能源消纳保障制度："国家建立可再生能源电力消纳保障制度，规定各省、自治区、直辖市社会用电量中消纳可再生能源发电量的最低比重指标。供电、售电企业以及参与市场化交易的电力用户应当完成所在区域最低比重指标。"

2019 年 5 月 10 日，国家发改委、国家能源局联合发布的《国家发改委　国家能源局关于建立健全可再生能源电力消纳保障机制的通知》已经提出了可再生能源消纳机制，《能源法征求意见稿》第四十五条以法律形式进一步明确建立强制性可再生能源消纳保障机制。实行消纳保障机制是可再生能源电力消纳方式的重大转变。过去电力消纳的主要责任在于电网公司，而根据消纳保障制度，供电、售电企业以及参与市场化交易的用户均需完成所在区域最低比重指标，消纳可再生能源从被动到主动。

4. 可再生能源补贴动态调整

《能源法（征求意见稿）》第四十五条第二款规定："未完成消纳可再生能源发电量最低比重的市场主体，可以通过市场化交易方式向超额完成的市场主体购买额度履行义务。国务院有关部门根据交易情况相应调整可再生能源发电补贴政策。"

补贴政策将根据实际情况适时、动态调整，给补贴退坡的灵活性调整预留了空间。对于新增项目，国家已经开始实施或者明确提出了平价上网的时间表；但对于存量项目而言，这一表述意味着，存量项目不应完全寄希望于补贴，而应积极采取市场交易手段获得收入。

5. 能源普遍服务机制建立

《能源法（征求意见稿）》首次以立法形式建立"普遍服务"机制。强调了能源供应企业的普遍服务义务，并在第109条规定了承担能源普遍服务义务的企业擅自中断、停止履行普遍服务义务的法律责任。但能源普遍服务补偿的具体办法目前尚未清晰。

《能源法（征求意见稿）》第十二条提出，国家健全能源普遍服务机制，保障公民获得基本能源供应与服务。第五十八条规定，承担电力等能源供应的企业应当按照国家有关规定履行相应的普遍服务义务。能源普遍服务补偿的具体办法，由国务院能源主管部门会同国务院财政部门、价格主管部门等有关部门制定，报国务院批准后公布施行。

综合能源服务相关政策及解读

据公开信息显示，截至2021年9月，与综合能源相关政策的主要内容及重点解读见表2-1。

表2-1 与综合能源相关政策的主要内容及重点解读

序号	日 期	法规／政策名称	发文机关	主要内容及重点解读
1	2015-03-15	《中共中央国务院关于进一步深化电力体制改革的若干意见》	中共中央、国务院	鼓励售电主体创新服务，向用户提供包括合同能源管理、综合节能和用能咨询等增值服务。各种电力生产方式都要严格按照国家有关规定承担电力基金、政策性交叉补贴、普遍服务、社会责任等义务
2	2015-07-01	《国务院关于积极推进"互联网＋"行动的指导意见》	国务院	通过互联网促进能源系统扁平化，推进能源生产与消费模式革命，提高能源利用效率，推动节能减排。加强分布式能源网络建设，提高可再生能源占比，促进能源利用结构优化。加快发电设施、用电设施和电网智能化改造，提高电力系统的安全性、稳定性和可靠性。"互联网＋"智慧能源行动计划的实施，会带来很多新业态，实现很多新技术。国家重点支持的是从整个大的能源、大的发展目标、发展战略体系框架下有针对性的示范，是将来能够实现，并且对实现技术、标准、产业的平台和形成完整的产业链，能够起到先行先试的作用，而且能够实施推广的项目。该意见虽然没有直接点名综合能源，但其中体现出的对于综合能源相关领域发展的支持态度对于综合能源在我国的发展起到积极作用

序号	日　期	法规/政策名称	发文机关	主要内容及重点解读
3	2015-07-06	《国家发展改革委　国家能源局关于促进智能电网发展的指导意见》	国家发展和改革委员会、国家能源局	坚持统筹规划、因地制宜、先进高效、清洁环保、开放互动、服务民生等基本原则，深入贯彻落实国家关于实现能源革命和建设生态文明的战略部署，加强顶层设计和统筹协调；推广应用新技术、新设备和新材料，全面提升电力系统的智能化水平；全面体现节能减排和环保要求，促进集中与分散的清洁能源开发消纳；与智慧城市发展相适应，构建友好开放的综合服务平台，充分发挥智能电网在现代能源体系中的关键作用。发挥智能电网的科技创新和产业培育作用，鼓励商业模式创新，培育新的经济增长点
4	2015-07-13	《国家能源局关于推进新能源微电网示范项目建设的指导意见》	国家能源局	新能源微电网是基于局部配电网建设的，风、光、天然气等各类分布式能源多能互补，具备较高新能源电力接入比例，可通过能量存储和优化配置实现本地能源生产与用能负荷基本平衡，可根据需要与公共电网灵活互动且相对独立运行的智慧型能源综合利用局域网。新能源微电网项目可依托已有配电网建设，也可结合新建配电网建设；可以是单个新能源微电网，也可以是某一区域内多个新能源微电网构成的微电网群。鼓励在新能源微电网建设中，按照能源互联网的理念，采用先进的互联网及信息技术，实现能源生产和使用的智能化匹配及协同运行，以新业态方式参与电力市场，形成高效清洁的能源利用新载体
5	2015-07-31	《国家能源局关于印发〈配电网建设改造行动计划（2015—2020年）〉的通知》	国家能源局	探索能源互联平台建设。探索以配电网为支撑平台，构建多种能源优化互补的综合能源供应体系，实现能源、信息双向流动，逐步构建以能源流为核心的"互联网＋"公共服务平台，促进能源与信息的深度融合，推动能源生产和消费革命
6	2015-08-20	《国家发展改革委关于加快配电网建设改造的指导意见》	国家发展和改革委员会	探索能源互联新技术。综合应用云计算、网格计算、大数据挖掘等技术，实现海量数据的深层利用，全面支撑智能家庭、智能楼宇和智慧城市建设，推动全社会生产生活智慧化。促进电力流、信息流、业务流的深度融合，鼓励能源与信息基础设施共享，构建公共能源服务平台，为推动"互联网＋"发展提供有力支撑。在主动配电网"源－网－荷"协调运行、交直流混合配电网、直流供电系统、新农村多能源综合优化利用等方面开展关键技术研究与综合示范，增强未来能源发展适应能力

序号	日　　期	法规 / 政策名称	发 文 机 关	主要内容及重点解读
7	2016-02-24	《关于推进"互联网＋"智慧能源发展的指导意见》	国家发展和改革委员会、国家能源局、工信部	推进综合能源网络基础设施建设。建设以智能电网为基础，与热力管网、天然气管网、交通网络等多种类型网络互联互通，多种能源形态协同转化、集中式与分布式能源协调运行的综合能源网络。加强统筹规划，在新城区、新园区以及大气污染严重的重点区域率先布局，确保综合能源网络结构合理、运行高效。建设高灵活性的柔性能源网络，保证能源传输的灵活可控和安全稳定。建设接纳高比例可再生能源、促进灵活互动用能行为和支持分布式能源交易的综合能源微网
8	2016-03-22	《国家能源局关于印发〈2016年能源工作指导意见〉的通知》	国家能源局	启动实施"互联网＋"智慧能源行动。促进能源和信息深度融合，探索推广新技术、新模式和新业态，推动建设智慧城市和智慧小镇，助力提升城乡居民生活品质。推动建设智能化生产消费基础设施。加强多能协同综合能源网络建设。推动能源与通信基础设施深度融合。营造开放共享的能源互联网生态体系。发展储能和电动汽车应用新模式。发展智慧用能新模式。培育绿色能源灵活交易市场模式。发展能源大数据服务应用。推动能源互联网关键技术攻关。建设国际领先的能源互联网标准体系
9	2016-03-16	《中华人民共和国国民经济和社会发展第十三个五年规划纲要》	全国人民代表大会	积极构建智慧能源系统：加快推进能源全领域、全环节智慧化发展，提高可持续自适应能力。适应分布式能源发展、用户多元化需求，优化电力需求侧管理，加快智能电网建设，提高电网与发电侧、需求侧交互响应能力。推进能源与信息等领域新技术深度融合，统筹能源与通信、交通等基础设施网络建设，建设"源—网—荷—储"协调发展、集成互补的能源互联网
10	2016-04-07	《关于印发〈能源技术革命创新行动计划（2016—2030年）〉的通知》	国家发展和改革委员会、国家能源局	推动能源智能生产技术创新，加强能源智能传输技术创新，促进能源智能消费技术创新，推动智慧能源管理与监管手段创新，加强能源互联网综合集成技术创新，形成较为完备的技术及标准体系，引领世界能源互联网技术创新
11	2016-07-04	《国家发改委　国家能源局关于推进多能互补集成优化示范工程建设的实施意见》	国家发展和改革委员会、国家能源局	建设多能互补集成优化示范工程是构建"互联网＋"智慧能源系统的重要任务之一，有利于提高能源供需协调能力，推动能源清洁生产和就近消纳，减少弃风、弃光、弃水限电，促进可再生能源消纳，是提高能源系统综合效率的重要抓手，对于建设清洁低碳、安全高效现代能源体具有重要的现实意义和深远的战略意义

序号	日　　期	法规/政策名称	发文机关	主要内容及重点解读
12	2016-11-29	《国务院关于印发〈"十三五"国家战略性新兴产业发展规划〉的通知》	国务院	大力发展"互联网+"智慧能源。加快研发分布式能源、储能、智能微网等关键技术,构建智能化电力运行监测管理技术平台,建设以可再生能源为主体的"源-网-荷-储-用"协调发展、集成互补的能源互联网,发展能源生产大数据预测、调度与运维技术,建立能源生产运行的监测、管理和调度信息公共服务网络,促进能源产业链上下游信息对接和生产消费智能化。推动融合储能设施、物联网、智能用电设施等硬件及碳交易、互联网金融等衍生服务于一体的绿色能源网络发展,促进用户端智能化用能、能源共享经济和能源自由交易发展,培育基于智慧能源的新业务、新业态,建设新型能源消费生态与产业体系
13	2016-12-30	《国家能源局关于印发〈能源技术创新"十三五"规划〉的通知》	国家能源局	推进能源互联网建设,加强智能配电与用电网络建设,促进分布式能源和多能互补式发电项目在微网中的利用,开展能源互联系统运营交易技术研究
14	2016-12-29	《国家发展改革委　国家能源局关于印发〈能源生产和消费革命战略(2016—2030)〉的通知》	国家发展和改革委员会、国家能源局	全面建设"互联网+"智慧能源。促进能源与现代信息技术深度融合,推动能源生产管理和营销模式变革,重塑产业链、供应链、价值链,增强发展新动力。大力发展智慧能源技术。推动互联网与分布式能源技术、先进电网技术、储能技术深度融合
15	2016-12-26	《国家发展改革委　国家能源局关于印发〈能源发展"十三五"规划〉的通知》	国家发展和改革委员会、国家能源局	以提升能源系统综合效率为目标,优化能源开发布局,加强电力系统调峰能力建设,实施需求侧响应能力提升工程,推动能源生产供应集成优化,构建多能互补、供需协调的智慧能源系统
16	2017-01-25	《国家能源局关于公布首批多能互补集成优化示范工程的通知》	国家能源局	一、首批多能互补集成优化示范工程共安排23个项目,其中,终端一体化集成供能系统17个、风光水火储多能互补系统6个。二、项目实施单位要科学编制实施方案,合理选择运作方式,严格遵循项目基本建设程序,做好示范项目推进工作,确保示范项目实施质量和进度。首批示范工程原则上应于2017年6月底前开工,在2018年底前建成投产
17	2017-03-06	《国家能源局关于首批"互联网+"智慧能源(能源互联网)示范项目评选结果公示》	国家能源局	确定了首批56个"互联网+"智慧能源(能源互联网)示范项目名单

序号	日 期	法规/政策名称	发文机关	主要内容及重点解读
18	2017-06-28	《国家能源局关于公布首批"互联网+"智慧能源（能源互联网）示范项目的通知》	国家能源局	首批"互联网+"智慧能源（能源互联网）示范项目共55个。其中城市能源互联网综合示范项目12个、园区能源互联网综合示范项目12个、其他及跨地区多能协同示范项目5个、基于电动汽车的能源互联网示范项目6个、基于灵活性资源的能源互联网示范项目2个、基于绿色能源灵活交易的能源互联网示范项目3个、基于行业融合的能源互联网示范项目4个、能源大数据与第三方服务示范项目8个、智能化能源基础设施示范项目3个。……首批示范项目原则上应于2017年8月底前开工，并于2018年底前建成。对于未能按时开工或建成的项目，应及时向省级能源主管部门提出延期申请，对无故延期或不申报延期的予以取消
19	2017-09-22	《关于促进储能技术与产业发展的指导意见》	国家发展和改革委员会、财政部、科学技术部、工业和信息化部、国家能源局	储能是智能电网、可再生能源高占比能源系统、"互联网+"智慧能源的重要组成部分和关键支撑技术。储能能够为电网运行提供调峰、调频、备用、黑启动、需求响应支撑等多种服务，能够显著提高风、光等可再生能源的消纳水平，支撑分布式电力及微网，能够促进能源生产消费开放共享和灵活交易、实现多能协同，是构建能源互联网、推动电力体制改革和促进能源新业态发展的核心基础
20	2019-05-15	《国家标准化管理委员会、国家能源局关于加强能源互联网标准化工作的指导意见》	国家标准化管理委员会、国家能源局	到2025年，形成能够支撑能源互联网产业发展和应用需要的标准体系。制定50项以上能源互联网标准，涵盖主动配电网、微能源网、储能、电动汽车等互动技术标准，全面支撑能源互联网项目建设和技术推广应用。重点任务为：构建能源互联网标准体系，完成能源互联网标准化工作路线图，加快重点领域标准制定，推进能源互联网标准的实施，加强与国际组织合作，推进全球能源互联网发展，建立能源互联网标准化工作协调机制和技术支撑机构
21	2019-06-25	关于印发《贯彻落实〈关于促进储能技术与产业发展的指导意见〉2019-2020年行动计划》的通知	国家发展和改革委员会、科学技术部、工业和信息化部、国家能源局	加强先进储能技术研发和智能制造升级，完善落实促进储能技术与产业发展的政策，推进抽水蓄能发展，推进储能项目示范和应用，推进新能源汽车动力电池储能化应用，加快推进储能标准化

续表

序号	日　期	法规/政策名称	发文机关	主要内容及重点解读
22	2020-01-09	《关于加强储能标准化工作的实施方案》	国家能源局、应急管理部、国家市场监督管理总局	到2021年，形成政府引导、多方参与的储能标准化工作机制，推进建立较为系统的储能标准体系，加强储能关键技术标准制修订和储能标准国际化
23	2020-03-11	《关于加快建立绿色生产和消费法规政策体系的意见》	国家发展和改革委员会、司法部	促进能源清洁发展。建立完善与可再生能源规模化发展相适应的法规、政策，按照简化、普惠、稳定、渐变的原则，在规划统筹、并网消纳、价格机制等方面作出相应规定和政策调整，建立健全可再生能源电力消纳保障机制。加大对分布式能源、智能电网、储能技术、多能互补的政策支持力度，研究制定氢能、海洋能等新能源发展的标准规范和支持政策
24	2020-05-18	《关于建立健全清洁能源消纳长效机制的指导意见（征求意见稿）》	国家能源局综合司	推动新能源发电方式创新转型。鼓励建设新一代电网友好型新能源电站，探索市场化商业模式，开展源、网、荷一体化运营示范，通过合理优化风电、光伏、电储能配比和系统设计，在保障新能源高效消纳利用的同时，为电力系统提供一定的容量支撑和调节能力。鼓励建设以电为中心的综合能源系统，实现电源侧风光水火多能互补，需求侧电热冷气多元负荷互动，电网侧源网荷储协调控制，多措并举提升清洁能源开发利用水平。进一步完善风电、光伏发电涉网技术标准，保障电力安全、可靠供应
25	2020-08-27	《关于开展"风光水火储一体化""源网荷储一体化"的指导意见（征求意见稿）》	国家发展和改革委员会、国家能源局	公开征求意见至2020年9月27日。该指导意见在能源转型升级的总体要求和"清洁低碳、安全高效"基本原则框架下，提出"两个一体化"的范畴与内涵，强调统筹协调各类电源开发、提高清洁能源利用效率、适度配置储能设施、充分发挥负荷侧调节能力。该指导意见明确了分类开展"两个一体化"建设的具体路径，提出相应政策保障措施
26	2020-09-08	《关于扩大战略性新兴产业投资培育壮大新增长点增长极的指导意见》	国家发展和改革委员会、科学技术部、工业和信息化部、财政部	首次在国家政策文件中提到"综合能源服务"字眼，指出：加快新能源产业跨越式发展。聚焦新能源装备制造"卡脖子"问题，加快主轴承、IGBT、控制系统、高压直流海底电缆等核心技术部件研发。加快突破风光水储互补、先进燃料电池、高效储能与海洋能发电等新能源电力技术瓶颈，建设智能电网、微电网、分布式能源、新型储能、制氢加氢设施、燃料电池系统等基础设施网络。提升先进燃煤发电、核能、非常规油气勘探开发等基础设施网络的数字化、

序号	日　期	法规/政策名称	发文机关	主要内容及重点解读
26	2020-09-08	《关于扩大战略性新兴产业投资培育壮大新增长点增长极的指导意见》	国家发展和改革委员会、科学技术部、工业和信息化部、财政部	智能化水平。大力开展综合能源服务,推动源网荷储协同互动,有条件的地区开展秸秆能源化利用。 体现了我国对战略性新兴产业发展的高度重视,表达出我国对于扩大战略性新兴产业投资,加快推进数字经济、智能制造、生命健康、新材料等战略性新兴产业,形成更多新的增长点、增长极的迫切需求。而综合能源服务在国家政策文件中的首次出现意味着该领域有了一个具体的支持政策
27	2021-02-02	《国务院关于加快建立健全绿色低碳循环发展经济体系的指导意见》	国务院	提升可再生能源利用比例,大力推动风电、光伏发电发展,因地制宜发展水能、地热能、海洋能、氢能、生物质能、光热发电。加快大容量储能技术研发推广,提升电网汇集和外送能力。增加农村清洁能源供应,推动农村发展生物质能。促进燃煤清洁高效开发转化利用,继续提升大容量、高参数、低污染煤电机组占煤电装机比例。加快天然气基础设施建设和互联互通。开展二氧化碳捕集、利用和封存试验示范
28	2021-02-25	《国家发展改革改委　国家能源局关于推进电力源网荷储一体化和多能互补发展的指导意见》	国家发展和改革委员会、国家能源局	源网荷储一体化和多能互补发展是电力行业坚持系统观念的内在要求,是实现电力系统高质量发展的客观需要,是提升可再生能源开发消纳水平和非化石能源消费比重的必然选择,对于促进我国能源转型和经济社会发展具有重要意义。该意见提供了"源网荷储一体化""多能互补"的实施路径,并提出:推进源网荷储一体化,提升保障能力和利用效率;推进多能互补,提升可再生能源消纳水平;完善政策措施等指导意见
29	2021-03-12	《中华人民共和国国民经济和社会发展第十四个五年规划和2035年远景目标纲要》	全国人民代表大会	提出构建现代能源体系,加快电网基础设施智能化改造和智能微电网建设,提高电力系统互补互济和智能调节能力,加强源网荷储衔接,提升清洁能源消纳和存储能力,提升向边远地区输配电能力,推进煤电灵活性改造,加快抽水蓄能电站建设和新型储能技术规模化应用

序号	日　期	法规 / 政策名称	发文机关	主要内容及重点解读
30	2021-06-07	《关于印发〈能源领域 5G 应用实施方案〉的通知》	国家发展和改革委员会、国家能源局、中共中央网络安全和信息化委员会办公室、工业和信息化部	要充分发挥中央财政资金投资带动作用，引导更多社会资本进入，有序推动能源领域 5G 应用创新示范。该方案指出，未来 3～5 年，围绕智能电厂、智能电网、智能煤矿、智能油气、综合能源、智能制造与建造等方面拓展一批 5G 典型应用场景，建设一批 5G 行业专网或虚拟专网，探索形成一批可复制、易推广的有竞争力的商业模式
31	2021-06-22	《关于公开征求〈新型储能项目管理规范（暂行）（征求意见稿）〉意见的公告》	国家能源局	适用于除抽水蓄能外的以输出电力为主要形式的储能项目。 电网企业应根据新型储能发展规划，统筹开展配套电网规划和建设。配套电网工程应与新型储能项目建设协调进行。电网企业应公平无歧视为新型储能项目提供电网接入服务
32	2021-07-15	《国家发展改革委　国家能源局关于加快推动新型储能发展的指导意见》	国家发展和改革委员会、国家能源局	到 2025 年，实现新型储能从商业化初期向规模化发展转变。新型储能技术创新能力显著提高，核心技术装备自主可控水平大幅提升，在高安全、低成本、高可靠、长寿命等方面取得长足进步，标准体系基本完善，产业体系日趋完备，市场环境和商业模式基本成熟，装机规模达 3 000 万千瓦以上。新型储能在推动能源领域碳达峰碳中和过程中发挥显著作用。到 2030 年，实现新型储能全面市场化发展。新型储能核心技术装备自主可控，技术创新和产业水平稳居全球前列，标准体系、市场机制、商业模式成熟健全，与电力系统各环节深度融合发展，装机规模基本满足新型电力系统相应需求。新型储能成为能源领域碳达峰碳中和的关键支撑之一
33	2021-09-08	《国家能源局综合司关于公布整县（市、区）屋顶分布式光伏开发试点名单的通知》	国家能源局	一、各省（自治区、直辖市）及新疆生产建设兵团共报送试点县（市、区）676 个，全部列为整县（市、区）屋顶分布式光伏开发试点。 二、国家能源局将依托可再生能源发电项目开发建设按月调度机制，对试点地区各类屋顶分布式光伏发电项目备案、开工、建设和并网情况等进行全过程监测，按季度公布相关信息。 三、国家能源局将于每年一季度对上年度各试点地区的开发进度、新能源消纳利用、模式创新以及合规情况等进行评估并予公布。 四、2023 年底前，试点地区各类屋顶安装光伏发电的比例均达到该通知要求的，列为整县（市、区）屋顶分布式光伏开发示范县

2.3 本章小结

通常情况下，法律存在其不周延性和一定的滞后性，由于能源大环境千变万化，仅依靠《可再生能源法》《节约能源法》或是即将出台的《能源法》无法及时响应市场变化，因此，我国倾向于通过各部级主管部门发布部门规章、政策文件等形式管控综合能源市场。

从 2015 年的《中共中央 国务院关于进一步深化电力体制改革的若干意见》到 2021 年《国家发展改革委 国家能源局关于加快推动新型储能发展的指导意见》以及国家能源局发布的整县光伏试点名单通知，无一不是在最新的能源发展背景下作出的，体现了我国的综合能源发展布局。综合能源项目的开发模式、用能模式、项目收益等均与各项部门规章和政策等息息相关，只有充分解读相关政策，严格遵守各项合规要求，才能在真正参与到"碳中和"这个能源转浪潮的同时有效防范相关法律风险。

即测即练2

第3章

市场开发与投资

市场是产业发展的基石。习近平总书记强调："坚定不移推进改革，还原能源商品属性，构建有效竞争的市场结构和市场体系，形成主要由市场决定能源价格的机制。"参与发展综合能源商业模式，则要依托良好综合能源服务市场。综合能源服务是一种新型能源商业模式，在市场快速发展扩张的当下，应当从构建综合能源系统、搭建智慧能源管理平台、开展基于电能的集成供能服务以及创新综合能源服务商业模式等多元角度来分析、建设符合我国国情的综合能源市场。

3.1 综合能源服务市场分析

综合能源服务市场作为一种新兴的领域，尚未发展成为成熟的模式。目前，按照其概念主要可以划分为两个部分：第一部分，综合能源市场具有广泛的覆盖面，包括多种能源类型，比如电能、天然气、可再生能源等；第二部分，综合服务市场主要体现在电力企业给予电力用户的体验效果，如咨询、施工、投资等。如果对综合能源服务市场这一概念进行深度挖掘，对其本质进行总结，综合能源服务市场就是各种新技术催生的产物，这必然会导致新一轮的技术革命和能源变革，并且能在此基础上，将催生出与之相对应的新型能源商业模式。[1]

---

① 丰丹，黄金.论"新电改"背景下综合能源服务市场的催生 [J]. 人力资源管理，2018（3）：311-312.

综合能源服务市场未来的发展将朝着供应能源多元化、服务多元化、用能方式多元化及智能化趋势发展。传统能源产业链（电力企业、电网企业、燃气企业、设备商、节能服务公司、系统集成商以及专业设计院等）都在策划综合能源服务转型，将导致综合能源服务产业竞争激烈。[①]

针对我国的实际情况，从我国自身实际需求出发，尽早探索和建立适用于我国的综合能源系统理论体系，对尽早实现碳中和，保证我国未来的能源安全、抢占能源领域技术制高点和扩大我国在国际能源领域的话语权，都具有重要的战略意义。[②]

3.1.1 我国综合能源服务市场现状

近年来，电力行业呈现出诸多的变革，这就使用户侧能源技术变革成为发展趋势。借助该趋势，我国的能源服务结构也相对应地出现了变化，"优化能源供应结构、改变能源消费方式"也就成为我国能源方面的改革目标。在"新电改"的背景下，电力企业与燃气企业向综合能源服务企业的转型已经是一种必然趋势。

目前，我国已经进入互联网信息时代，"互联网+"能源的行业形态已经初步形成，但仍然存在着诸多的发展障碍，这就衍生出了综合能源服务市场。简单地说，综合能源服务市场是"互联网+"能源的行业形态的深化和升级，它将改变传统意义层面的工程模式，为广大的电力用户提供"点对点"的直接服务，我国综合能源服务市场将进入快速发展阶段。

1.市场规模评估

伴随综合能源服务万亿级蓝海市场的崛起，综合能源服务已经成为能源类企业、社会各类资本的竞逐热点。2019年至2021年9月，全国新增的注册名称中含"综合能源服务"的公司有832家，而全国全部注册名称中含"综合能源服务"的公司数量为1 207家。

随着当前能源产业革命的加快推进、能源领域改革的不断深入，综合能源服务以其创新的商业模式、巨大的市场需求、迅猛的增长速度，备受各界关注，有着较大的市场潜力。[③] 2018年，综合能源服务市场规模就已经达到了4.77万亿元。预计2020—2025年，我国综合能源服务产业进入快速成长期，市场潜力将从0.5万亿~0.6万亿元增长到0.8万亿~1.2万亿元；2035年步入成熟期，市场潜力将在1.3万亿~1.8万亿元之间。[④]

① 李旭.能源服务产业价值网络的构建及价值提升研究[D].北京：华北电力大学，2018.
② 贾宏杰，穆云飞，余晓丹.对我国综合能源系统发展的思考[J].电力建设，2015，36（1）：16-25.
③ 封红丽.综合能源服务市场竞争主体分析[J].能源，2019（10）：69-72.
④ 观研报告网.2021年中国综合能源服务市场调研报告——行业规模现状与发展潜力评估[EB/OL].[2021-03-09].https://baogao.chinabaogao.com/xixinfuwu/534664534664.html.

2. 综合能源服务商业务布局

按照综合能源服务的定义，其业务可分为"品类+""技术+""模式+""系统+"四大类，既有简单组合式的"综合"，又有融合创新式的"综合"，即一体化发展模式。

1）能源公司业务布局

配电售电改革给部分传统能源企业提供了转型机遇，为部分新能源企业提供了资源整合的机会，推动企业从单一能源供应向综合服务商转变，打造新的利润增长点，提高企业市场竞争力。能源公司主要包括两类，电网公司和大型国有能源企业，它们的优势在于：①掌握大量重资产；②资金充裕，渠道多；③原有产业链优势明显；④通过管网掌握客户资料。基于这样的优势，能源公司在开展"电+气""电+热/冷""电+气+热/冷""气+热/冷"以及多能供应等业务时，能够提升客户用能的便捷程度，以组合销售不同品类能源来产生更多的衍生价值。

2）售电公司业务布局

我国新的电力市场秩序正在建立，售电公司的生存已成为本轮电力体制改革的焦点之一。2019年，发用电计划放开，用户侧市场被打开，售电市场竞争越来越激烈，通过竞价交易获得的价差空间被不断压缩，偏差考核带来的罚款风险加大，售电公司业务拓展和收益差异明显，售电公司依靠过去"吃差价"的模式来获取利润的时代已经结束。[①] 面对这样的形势，售电公司需要对自身的业务进行重新规划布局。在售电市场上，售电公司作为竞争的主体，开展电力营销业务，主要面向大工业用户和商业用户，居民用户由于分布较零散，难以在短时间内形成售电市场用户。

首先，售电公司需考虑如何深化发展当前盈利模式、拓展盈利空间。在现有市场化环境下，独立售电公司要想拥有可持续发展能力必须开发拓展全新的盈利模式，打破单一盈利的发展瓶颈。对此，售电公司应积极开展购电渠道，加强企业内部管理，降低企业购电成本，为用户谋取更大的让利空间，从而吸引更多用户，形成薄利多销的良性循环。

其次，深耕电能质量市场是售电公司未来业务布局的重要领域。现阶段我国电力市场在电力的质量管理以及等级划分上没有形成统一的制度，随着电改的深化，电网和配电公司盈利模式仅仅是网费收入。[②] 售电公司应抓住这一时机和特点，引进稳定的、改善电能质量的设备实现对用户的及时管理，针对不同用户对电能质量的不同需求，出台相对应的增值服务。

此外，售电公司应积极参与需求侧管理。四级售电公司根据用户的实际需求，推出分布式电源和储能设备，从而满足用户终端负荷以及可转移负荷的产品需求。

① 董振河，董博. 新形势下售电公司市场化运营研究 [J]. 山东电力技术，2020，47（7）：48-52.
② 顾建. 电力市场化交易下独立售电公司盈利模式探讨 [J]. 浙江电力，2017，36（6）：30-33

并通过价格激励实现需求侧管理策略，推出不同电源类型的负荷产品，利用科学完善的价格激励体系来实现需求侧管理的目标。[1]

3）能源技术公司业务布局

技术公司主要将信息技术与能源相融合，包括传统能源技术公司以及以大数据、云计算、物联网、区块链技术、人工智能等新业态为主的技术公司，适合开拓一些新型增值服务。如国网综合能源服务电子商务平台，以打造智慧园区为目标，把园区的安全监控、环境保护、应急管理、能源供应以及融资服务、数据资讯等与移动互联网、云计算、大数据、物联网相结合，建设电子商务综合服务平台，培育能源与互联网融合发展新模式。

4）能源服务公司业务布局

服务公司主要根据用户需求提供各种增值服务，如提供蓄热受托、能效管理、用能诊断、设备维护、整体供电方案等多元化服务，以及搭建多种生活产品交易平台，实现电力、自来水、燃气、热力的批发和零售，提供从电力、天然气到可再生能源供应等一系列的综合解决方案。[2]

节能服务、分布式能源服务企业发展较缓，这类企业存在规模小、融资成本高的问题，需求侧响应也还未构成独立的商业模式。综合能源服务概念的出现将极大可能盘活节能服务、分布式能源服务和需求响应服务市场，推动其向综合化服务方向发展。

3. 市场建设规模分析

"十四五"时期，基于经济、能源、环境等方面多因素的综合研判，全社会综合能源服务市场需求增大，产业发展前景广阔；产业发展驱动力、市场和格局演进、投资吸引力与可持续发展能力等将出现新的变化趋势。[3]本小节将从可再生能源、配电网以及分布式天然气三个方面简单讨论未来我国综合能源服务市场的发展规模。

1）新能源加速建设

国家能源局 2022 年 1 月 25 日发布的 2021 年全国电力工业统计数据显示，截至 2021 年 12 月底，全国发电装机容量约 23.8 亿千瓦，同比增长 7.9%。其中，风电装机容量约 3.3 亿千瓦，同比增长 16.6%；光伏发电装机容量约 3.1 亿千瓦，同比增长 20.9%。2021 年，我国风电和光伏发电新增装机规模达到 1.01 亿千瓦，其中风电新增 4 757 万千瓦，光伏发电新增 5 297 万千瓦。

2021 年，我国风电与光伏发电装机容量双双突破 3 亿千瓦大关，连续多年稳居

---

① 陈富燕. 电力市场化交易下独立售电公司盈利模式探讨 [J]. 现代营销（经营版），2018（12）：145.
② 杨珺婕. 电网企业"煤改电"配网改造工程经济效益评估研究 [D]. 北京：华北电力大学，2019.
③ 周伏秋，邓良辰，王娟. "十四五"综合能源服务产业发展展望 [J]. 中国能源，2021，43（2）：13-15，20.

世界首位。风电和光伏发电对全国电力供应的贡献不断提升。从发展情况看，2021年海上风电异军突起，全年新增装机 1 690 万千瓦，是此前累计建成总规模的 1.8 倍，目前累计装机规模达到 2 638 万千瓦，跃居世界第一。分布式光伏发展亮点突出，年新增装机约 2 920 万千瓦，约占光伏新增装机的 55%，分布式光伏累计装机量突破 1 亿千瓦，约占全部光伏发电并网装机容量的 1/3。首批约 1 亿千瓦大型风电光伏基地项目建设稳步推进，目前已开工约 7 500 万千瓦。

新能源发电装机量的逐年增加，使得新能源发电量持续增长。2021 年，我国风电、光伏发电量占全社会用电量的比重首次突破 10%，达到 11.7%。全年全国风电、光伏累计发电量 9 785 亿千瓦时，同比增长 35.0%。

2）配电网高质量发展

配电网作为电网的重要组成部分，直接面向广大用电客户，是联系能源生产和消费的关键枢纽，是服务国家实现"碳达峰、碳中和"目标的基础平台，也是构建能源互联网的重要基础。经济社会的发展要求我国必须打造与经济社会发展水平相适应的配电网，针对这一实际需要，各地电网从能源网架、信息支撑、价值创造入手规划配电网。例如，国网河北电力运用"九宫格"网格化规划，全面推行配电网网格化；国网浙江电力以多元融合高弹性配电网为核心载体推动能源互联网建设的省域实践；国网安徽电力利用互联网和大数据等技术，开展农配网规划设计辅助决策系统建设，解决电网问题诊断、需求区域统筹等难点问题。随着经济发展方式转变、城市化进程加快、能源结构优化升级、电力体制改革逐步深入，"十四五"时期配电网将进入新的发展阶段，向安全可靠、绿色智能、友好互动、经济高效的智慧配电网不断进化。

3）天然气分布式规模稳步增长

天然气分布式能源是指以天然气为燃料，通过冷、热、电三联供等方式实现能源的梯级利用，综合能源利用效率在 70% 以上，并在负荷中心就近实现现代能源供应方式。与传统的集中式能源系统相比，天然气分布式能源具有节省输配电投资、提高能源利用效率、实现对天然气和电力双重"削峰填谷"、设备启停灵活、提高系统供能的可靠性和安全性、节能环保等优势。

全球能源互联网发展合作组织于 2021 年 3 月发布的《中国 2060 年前碳中和研究报告》中对中国化石能源达峰的高点、时点作出了预测：化石能源消费总量于 2028 年左右达峰，其中天然气消费总量 2035 年前后达到峰值，峰值高点约 5 000 亿立方米。由此判断，"十四五"时期，我国天然气消费将迈入"中速"增长阶段，预计年均增速将从 10.6% 下降至 7% 左右。总的来看，天然气消费虽然已经度过高速增长期，但预计仍有 10~15 年的稳健增长期。

3.1.2 综合能源服务市场展望

发展清洁能源产业，推进能源生产和消费革命，构建清洁低碳安全高效的能源体系，是党的十九大报告对未来能源发展方向的定位，也是实现碳中和的有效路径。推动能源生产和消费革命要求建立多元供应体系，不仅是指宏观层面的国内外能源资源供应体系，也包括满足终端消费多元化需求的、清洁低碳、节能高效和安全的供应体系。[①] 在新一轮工业革命中，综合能源系统是满足多元供应体系的具体实现方式。当前，我国综合能源服务正处于起步阶段，未来，应当建设符合我国国情的综合能源服务市场。

1. 构建综合能源系统

建成能源与信息高度融合的新型生态化综合能源系统，形成横向"电、热、冷、气、水"能源多品种之间的互联互通协同供应，纵向"源 - 网 - 荷 - 储 - 控"能源多供应环节之间的协调发展集成互补。其中，"源"是指煤炭、天然气、太阳能，地热能、风能、生物质能等各种一次能源以及电力等二次能源；"网"涵盖电网、气网、热网、冷网等能源传输网络；"荷"与"储"则代表了各种能源需求以及存储设施；"控"是指采用智能数据采集分析系统，实现多能耦合、综合调控。

2. 搭建智慧能源管理平台

智慧能源管理平台可以全面实现互联网和能源的对接，打通产业链实现并入网，聚合智慧应用和基础信息数据，确保应用开发共享，最终实现节能。将智慧能源管理平台作为提供各类扩展业务的入口，吸引更多企业通过平台提供多样化服务，以客户服务为根本，满足客户深层次、多样化的综合用能服务需求，增强客户黏性。

3. 开展基于电能的集成供能服务

在新城镇、新产业园（商务）区、新建大型公共设施的区域，根据客户的用能需求，以智能电网为基础，新型电力系统为导向，提供多元化分布式能源服务，建设分布式光伏发电、分布式生物质发电、冷热电三联供，基于电能的冷热供应等系统，满足终端用户对电、热、冷、气等多种能源的需求，构建以电为中心的集成供能系统和多能互补的能源供应体系。

4. 创新综合能源服务商业模式

为适应能源发展新形势，抓住新的商业机遇，抢占新一轮产业发展制高点，就

---

① 张栋，段艳娜，牛少明，等.综合能源服务发展与研究——以陕西省为例 [J]. 能源与环境，2020（1）：23-24.

要创新综合能源服务商业模式，培育市场新业态，集中优势资源，抢先布局优质市场，不断引导综合能源服务向纵深发展。

 ## 综合能源项目开发关键流程

相较于传统能源项目而言，综合能源项目具有其特殊性，因此，其开发流程与风险防控措施与传统能源项目存在一定区别。

具体而言，综合能源项目的开发关键流程主要包括以下内容。

1. 公司内部出具开发方案并选定商业模式

在计划具体项目的开发或投资前，公司内部应先行制作项目计划书，出具开发/建设方案，对项目进行预审核、预评估，测算投资收益率。

由于涉及多方主体，综合能服公司应同时选定拟采用的商业模式，基于综合能源常见法律关系架构（图3-1）搭建项目合作关系框架。

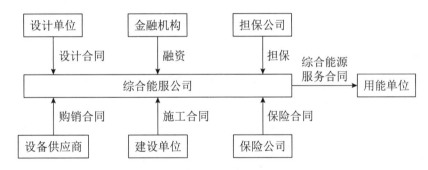

图 3-1　综合能源项目常见法律关系架构

2. 项目占地及地上建筑物/构筑物权属调查

综合能源项目的特殊之处在于项目往往依附于用能单位而存在，项目开发前期，综合能服公司应提前至项目占地（即不同的应用场景，如工业园区、学校、医院、商场等）调查相应的用地、建筑物/构筑物权属及租赁情况。

具体可通过核查表3-1所示的文件进行确认。

表　3-1

序号	文 件 名 称
1	项目占地的招拍挂结果公示（可网络查询或咨询县、市级自然资源局）
2	项目占地及地上建筑物/构筑物的不动产权证、使用权证、租赁合同等
3	其他可证明项目占地及地上建筑物/构筑物权属的文件

3. 用能单位调查

用能单位的经营状况、用能情况均是影响综合能源项目运营及收益的关键因素。因此，在项目开发前期，综合能服公司应对用能单位的经营情况、市场前景、资信状况、历年用能数据等信息进行审慎核查，尽可能地排除因用能单位导致的各类商业风险。

具体可通过核查表 3-2 所示的文件进行确认。

表 3-2

序号	文 件 名 称
1	用能单位诉讼、执行、股权质押、应收账款质押、动产抵押、行政处罚等记录
2	用能单位企业及实际控制人的征信报告
3	用能单位五年内的电费账单
4	其他可证明用能单位资信状况及历史用能量的文件

4. 签署能源服务协议及租赁协议

基于对项目占地权属及用能单位的调查，综合能服公司应与用能单位充分协商，根据项目所设计的商业模式拟定能源服务协议及建筑物 / 场地 / 设施使用或租赁协议（通常为屋顶），实践中公司也可选择将租赁内容合并于能源服务协议之中，协议要点见表 3-3。

表 3-3　签署能源服务协议及租赁协议应明确的要点

序号	协议中应明确的要点
1	项目占地及地上建筑物 / 构筑物权属（相应产权证明可作为合同附件）、面积、租赁范围内屋顶等区域的交付标准及方式
2	项目实施期限
3	电费结算方式及具体公式
4	综合能服公司及用能单位的权利与义务
5	运营期内项目相关资产的所有权归属，运营期满以后资产所有权归属
6	协议有效期内可能发生的违约情形及对应违约责任
7	单方解除合同的情形（用于在合同无法继续履行时及时止损，重点关注项目占地及地上建筑物 / 构筑物权属纠纷、用能单位经营状况恶化等情形）
8	协议提前终止后的项目资产残值收购安排（由用能单位按照协商一致的公式赔偿给综合能服公司，剩余资产残值归用能单位所有）
9	争议解决条款
10	保密条款
11	综合能服公司希望在开发协议中明确的其他商务性约定

5.取得立项及指标文件

在项目前期开发的同时，综合能源服务公司应尽快就需审批或备案的各个子项目取得项目立项及指标文件（如需），如表 3-4 所示。

表 3-4　取得立项及指标文件

序号	文 件 名 称	出 具 机 构
1	项目核准文件（风电项目）/项目备案文件（光伏项目、储能项目）	发展改革委员会（省级/市级/县级）
2	项目指标文件（风电/光伏项目适用，即项目纳入新能源项目开发建设方案/开发规划的相关文件）	能源局/发展改革委员会（国家级或省级）

6.取得项目开发前期文件

目前综合能源项目暂不涉及综合性审批，一般开发单位通常就各个子项目单独获取开发审批文件，主要涉及的子项目有：风电项目、光伏项目、储能项目等。就各子项目的行政审批而言，综合能源项目与传统的新能源项目差异甚微，可以参考传统光伏、风电项目办理行政审批手续，但屋顶分布式光伏无须办理大量的用地审批手续，无须发电指标文件，行政审批仅以环境影响为主。

项目开发前期文件见表 3-5。

表 3-5　项目开发前期文件

序号	文 件 名 称	出 具 机 构
1	环境影响登记表	项目公司
2	环评备案	生态环境局（根据项目情况确定审批层级）

7.工程建设与施工

发电类综合能源项目，除在项目开工前应办理取得建设用地规划许可证、建设工程规划许可证、建设工程施工许可证等建设用地审批文件，在项目施工建设的过程中，同样应按照《中华人民共和国招标投标法》等相关法律法规的规定进行招标，选定项目总承包方/施工方、设备供应商、勘察/设计/监理等合作方，确保施工合规。

8.电网接入手续

项目立项后，应及时取得电网公司的电力接入手续，确保电力接入、电力消纳等事项不存在实质性阻碍。电力接入手续文件见表 3-6。

表3-6 电网接入手续文件

序号	文 件 名 称	出 具 机 构
1	项目接入系统方案审查意见	国网各级电力设计院
2	电网公司出具的项目接入系统方案审查或批复意见	国家电网公司（省级）

9.竣工验收与并网

项目建成竣工后，综合能源服务公司与电网公司即可开始签署并网调度协议、购售电合同等并网必备手续，项目工程竣工后，应及时办理包括环保验收、消防验收、工程质量验收在内的工程验收手续，取得并网通知书，确保项目可以及时并网。

验收及并网手续文件见表3-7。

表3-7 竣工验收与并网手续文件

序号	文 件 名 称	出 具 机 构
1	购售电合同	国家电网公司（省级）
2	并网调度协议	国家电网公司（省级）
3	并网通知书（包括电力工程质量监督检查结果）	电力工程质量监督机构
4	行政主管部门项目验收材料（包括但不限于竣工验收、环保验收、水保验收、消防验收、防雷验收、安全验收、职业危害验收、临时占用林地情况验收等）	各行政主管部门（根据项目情况确定审批层级）

根据《国家能源局关于明确电力业务许可管理有关事项的通知》（国能资质〔2014〕151号）的规定，经能源主管部门以备案（核准）等方式明确的分布式发电项目被豁免了电力业务许可证，无须办理。

注：核心文件列表供参考使用，实践中根据各省份具体规定及项目具体情况的不同，所需文件存在增减或变化的可能。

上述行政文件审批机构层级系根据一般情况所确定，实践中，存在部分省份行政审批权限下放的情况，应以各省份具体规定为准。

3.3 项目投资经济效果评价

每个综合能源项目因场地成本、建设成本，发电功率、用能量等因素不同导致投资回报率不同，要判断拟投资的项目是否符合投资方的要求，需要开展的首要工作就是项目的经济评价。

3.3.1　经济效果评价的概念和必要性

项目投资经济分析是指根据拟投资项目的投资预期目标和所拥有的资源条件，分析该项目的现金流量情况，选择合适的技术方案，以获得最佳的经济效果。这里的技术方案是广义的，既可以是项目建设中各种技术措施和方案（如工程设计、施工工艺、生产方案、设备更新、技术改造、节能降耗、环境技术等措施和方案），也可以是建设相关企业的发展战略方案（如企业发展规划、生产经营、投资、技术发展等关乎企业生存发展的战略方案）。[①] 可以说技术方案是项目投资经济评价最直接的研究对象，而获得最佳的技术方案经济效果则是项目经济研究的目的。

项目经济效果评价是根据国民经济与社会发展以及行业、地区发展规划的要求，在拟定的技术方案、财务效益与费用估算的基础上，采用科学的分析方法，对技术方案的财务可行性和经济合理性进行分析论证，为选择技术方案提供科学的决策依据。[②]

3.3.2　经济效果评价的基本内容和常用方法

1. 经济效果评价的基本内容

经济效果评价的内容应根据技术方案的性质、目标、投资者、财务主体以及方案对经济与社会的影响程度等具体情况确定，一般包括技术方案盈利能力、偿债能力、财务生存能力等评价内容。

1）技术方案的盈利能力

技术方案的盈利能力是指分析和测算拟订技术方案计算期的盈利能力和盈利水平。其主要分析指标包括方案财务内部收益率和财务净现值、资本金财务内部收益率、静态投资回收期、总投资收益率和资本金净利润率等，可根据拟订技术方案的特点及经济效果分析的目的和要求等选用。目前综合能源投资项目的各投资主体主要采用指标为方案财务内部收益率或资本金财务内部收益率。

2）技术方案的偿债能力

技术方案的偿债能力是指分析和判断财务主体的偿债能力，其主要指标包括利息备付率、偿债备付率和资产负债率等。[③]

① 黄旭雷 . 基于建筑工程不同拆除方式的适用性及其安全管控体系构建研究 [D]. 绍兴：绍兴文理学院，2019.
② 孙海洋 . 狮山路综合改造工程可行性研究 [D]. 苏州：苏州科技大学，2017.
③ 李永田 . A 公司炭素罐式煅烧炉尾气余热发电项目可行性研究 [D]. 上海：东华大学，2017.

3）技术方案的财务生存能力

财务生存能力分析也称资金平衡分析，是根据拟订技术方案的财务计划现金流量表，通过考察拟订技术方案计算期内各年的投资、融资和经营活动所产生的各项现金流入和流出，计算净现金流量和累计盈余资金，分析技术方案是否有足够的净现金流量维持正常运营，以实现财务可持续性。而财务可持续性应首先体现在有足够的经营净现金流量，这是财务可持续的基本条件；其次在整个运营期间，允许个别年份的净现金流量出现负值，但各年累计盈余资金不应出现负值，这是财务生存的必要条件。若出现负值，应进行短期借款，同时分析该短期借款的时间长短和数额大小，进一步判断拟订技术方案的财务生存力。短期借款应体现在财务计划现金流量表中，其利息应计入财务费用。为维持技术方正常运营，还应分析短期借款的可靠性。

在实际应用中，对于经营性方案，经济效果评价是从拟订技术方案的角度出发，根据国家现行财政、税收制度和现行市场价格，计算拟订技术方案的投资费用、成本与收入税金等财务数据，通过编制财务分析报表，计算财务指标，分析拟订技术方案的盈利能力、偿债能力和财务生存能力，据此考察拟订技术方案的财务可行性和财务可接受性，明确拟订技术方案对财务主体及投资者的价值贡献，并得出经济效果评价的结论。投资者根据拟订技术方案的经济效果评价结论、投资的财务状况和投资所承担的风险程度，决定拟订技术方案是否应该实施。对于非经营性方案，经济效果评价则应主要分析拟订技术方案的财务生存能力。[①]

2.经济评价方法

由于经济效果评价的目的在于确保决策的正确性和科学性，避免或最大限度地降低技术方案的投资风险，明确了技术方案投资的经济效果水平，最大限度地提高技术方案投资的综合经济效果。[②]因此，正确选择经济效果评价的方法是十分重要的。

1）经济效果评价的基本方法

经济效果评价的基本方法包括确定性评价方法与不确定性评价方法两类。对同一个技术方案必须同时进行确定性评价和不确定性评价。

2）按评价方法的性质分类

按评价方法的性质，经济效果评价可分为定量分析和定性分析。

（1）定量分析。定量分析是指对可度量因素的分析方法。在技术方案经济效果评价中考虑的定量分析因素包括资产价值、资本成本，以及有关销售额、成本等一

① 张云枫.A地铁项目中给水管线迁移施工管理研究[D].上海：华东理工大学，2014.
② 邓建波.西藏自治区革吉县尕尔穷铜矿经济评价[D].成都：成都理工大学，2012.

系列可以以货币表示的一切费用和收益。[①]

（2）定性分析。定性分析是指对无法精确度量的重要因素实行的估量分析方法。

在技术方案经济效果评价中，应坚持定量分析与定性分析相结合，以定量分析为主的原则。

3）按评价方法是否考虑时间因素分类

按评价方法是否考虑时间因素，经济效果评价可分为静态分析和动态分析。

（1）静态分析。静态分析是不考虑资金的时间因素，亦即不考虑时间因素对资金价值的影响，而对现金流量分别进行直接汇总来计算分析指标的方法。

（2）动态分析。动态分析是在分析方案的经济效果时，对发生在不同时间的现金流量折现后来计算分析指标。在工程经济分析中，由于时间和利率的影响，对技术方案的每一笔现金流量都应该考虑它所发生的时间，以及时间因素对其价值的影响。动态分析能较全面地反映技术方案整个计算期的经济效果。[②]

在技术方案经济效果评价中，应坚持动态分析与静态分析相结合，以动态分析为主的原则。

3.经济效果评价的程序

1）熟悉技术方案的基本情况

熟悉技术方案的基本情况，包括投资目的、意义、要求、建设条件和投资环境，做好市场调查研究和预测、技术水平研究和设计方案。

2）收集、整理和计算有关技术经济基础数据资料与参数

技术经济数据资料与参数是进行技术方案经济效果评价的基本依据，所以在进行经济效果评价之前，必须先收集、估计、测算和选定一系列有关的技术经济数据与参数。[③] 其主要包括以下几点。

（1）技术方案投入物和产出物的价格、费率、税率、汇率、计算期、生产负荷及基本收益率等。它们是重要的技术经济数据与参数，在对技术方案进行经济效果评价时，必须科学、合理地选用。

（2）技术方案建设期间分年度投资支出额和技术方案投资总额。技术方案投资包括设备投资和流动资金需要量。

（3）技术方案资金来源方式、数额、利率、偿还时间，以及分年还本付息数额。

（4）技术方案生产期间的分年产品成本。分别计算出总成本、经营成本、单位

---

① 刘星.福海公司环保型表面活性剂 MES 项目财务分析研究 [D].青岛：中国海洋大学，2009.

② 唐志元.吉林网通 3G 项目投资经济效果评价研究 [D].长春：吉林大学，2008.

③ 郑文赢.LNDT 公司合金铸钢件生产基地项目经济效果及投资风险评价 [D].长春：吉林大学，2015.

产品成本、固定成本和变动成本。

（5）技术方案生产期间的分年产品销售数量、营业收入、税金及附加、营业利润及其分配数额。

后续，需要根据以上技术经济数据与参数分别估测出技术方案整个计算期（包括建设期和生产期）的财务数据，并根据基础财务数据资料编制各基本财务报表。

3）经济效果评价

运用财务报表的数据与相关参数，计算技术方案的各经济效果分析指标值，并进行经济可行性分析，得出结论。具体步骤如下。

（1）进行融资前的盈利能力分析，其结果体现技术方案本身设计的合理性，用于初步投资决策以及方案的比选。也就是说用于考察技术方案是否可行，是否值得去融资。这对技术方案投资者、债权人和政府管理部门都是有用的。

（2）如果第（1）步分析的结论是"可行"的，那么进一步去寻求适宜的资金来源和融资方案，就需要借助对技术方案的融资后分析，即资本金盈利能力分析和偿债能力分析，投资者和债权人可据此作出最终的投融资决策。[1]

经济效果评价指标体系一方面取决于基础数据的完整性和可靠性，另一方面取决于基础数据与选取的评价指标体系的合理性，只有选取正确的评价指标体系，经济效果评价的结果才能与客观实际情况相吻合，才具有实际意义。[2] 一般来讲，技术方案的经济效果评价指标是唯一的。

静态分析指标的最大特点是不考虑时间因素，计算简便。所以在对技术方案进行粗略评价，或对短期投资方案进行评价，或对逐年收益大致相等的技术方案进行评价时，静态分析指标还是可采用的。

动态分析指标强调利用复利方法计算资金时间价值，它将不同时间内资金的流入和流出，换算成同一时点的价值，从而为不同技术方案的经济比较提供了可比基础，并能反映技术方案在未来时期的发展变化情况。[3]

总之，在进行技术方案经济效果评价时，应根据评价深度要求、可获得的项目资料的多少以及评价方案本身所处的条件，选用多个不同的评价指标，这些指标有主有次，从不同侧面反映评价方案的经济效果。

---

① 吴发进. 浅谈盐行业建设项目的经济效果分析与评价 [J]. 中国盐业，2017（11）：52-58.
② 唐志元. 吉林网通 3G 项目投资经济效果评价研究 [D]. 长春：吉林大学，2008.
③ 邓建波. 西藏自治区革吉县尕尔穷铜矿经济评价 [D]. 成都：成都理工大学，2012.

3.3.3　示例：某厂区综合能源项目经济评价实例

1. 项目概况

项目在某工业厂区内，面积 28 万平方米，分布式光伏工程规划建设容量 31 MWp，项目采用 "自发自用，余电上网" 开发方式。光伏组件选用 530 Wp 单晶硅光伏组件，共计 59 900 块，每 20 块左右组成 1 个光伏组件串形式，接入单独逆变器；逆变器选用组串式逆变器；共计 18 个发电单元，采用 6 回 10 kV 线路接入用户 10 kV 配电所 10 kV 母线，具体接入方案在后续进行论证。根据单晶硅的衰减特点，按照首年功率衰减 ≤ 2.5%，之后每年功率衰减 ≤ 0.55% 考虑。本工程装机 31 MWp，经营期 20 年，第一年总发电量为 33 308 MWh。整个运营期 20 年总发电量为 630 476 MWh，年平均发电量为 31 523 MWh，年平均发电利用小时数 993 小时。

同时在项目停车场配备储能和充电桩。储能装置 2 套，每套容 60 kW/175 kWh；建设储能装置 1 套，每套容量 30 kW/64.5 kWh。在停车场区域建设 10 个 7 kW 慢充充电桩。

2. 项目经济评价的编制依据

依据国家发改委、建设部发改投资〔2006〕1325 号文关于印发建设项目经济评价方法与参数（第三版）的通知以及现行国家颁发的有关财、税规定编制。编制工具采用中国某顾问集团公司与北京某软件技术有限公司联合开发的工程经济评价软件。

3. 投资总额、资金筹措及投资方

本工程静态投资总额为 13 283.07 万元；动态投资 13 396.56 万元；项目总投资（含流动资金）总额为 13 523.56 万元。

资金筹措与贷款条件：本光伏发电工程为我国内资项目，资本金占动态总投资 30%，其余为国内银行人民币贷款，按近五年以上长贷基准利率按 4.9% 计算；流动资金按 40 元 /kW 估算，其中 30% 为铺底流动资金，70% 为贷款，贷款年利率为 4.35%。固定资产进项税抵扣率按照传统光伏项目经验以静态投资的 10% 计取。

投资方：投资方为某综合能源服务公司。

4. 成本数据

本期装机容量：31 MWp

计算期：运营期 20 年，建设期 6 个月

折旧年限：12 年

固定资产残值比例：0%

电场定员：1 人（已考虑运维外包，管理人员合理安排为 1 人即可）

人均年工资：120 000 元

福利劳保系数：70%

材料费：10 元 /kW

其他费用：运维成本 42 元 /kW（考虑运维外包，外包服务主要包括光伏板清洗等工作）

修理费率：运营期第 1 年至第 16 年 11 元 /kW（考虑充电桩和储能设备的运维修理）；运营期第 17 年至 20 年 10 元 /kW（充电桩和储能设备达到寿命期限进行拆除）

流动资金：40 元 /kW

固定资产保险费率：0.023%（参考英利 2019 年和 2020 年项目保险购买经验，泰康公司财产一切险，线上产品，成本较低所以费率低）

首年利用小时数：1 049 小时

平均年利用小时数：993 小时

租金费用：该项目无须支付年租金

冲洗水费用：无

场地使用费用：依据招标文件，本项目土地由用能单位某工厂无偿提供使用

5. 损益数据

增值税及附加：电力工程缴纳的税金包括增值税、销售税金附加、所得税，其中：增值税税率 13%，按照《财政部关于统一地方教育费附加政策有关问题的通知》（财综〔2010〕98 号）精神，附加税有城市维护建设税 7%、教育附加费 5%，以上附加税以增值税为基础征收。所得税按照 25% 的税率征收。

$$所得税 = 应纳税所得额 \times 所得税税率$$

盈余公积金：按所得税后利润的 10% 计取，公益金依据财政部财企〔2006〕67 号文规定：从 2006 年 1 月 1 日起不再提取公益金。

6. 成本估算

本项目发电成本主要包括折旧费、修理费、职工工资及福利费、保险费、其他费用和利息支出等。

$$修理费 = 固定资产价值 \times 修理费率$$

$$职工工资及福利费等 = 职工人均年工资 \times 定员 \times （1+ 福利劳保费等提取率）$$

$$保险费 = 固定资产价值 \times 保险费率$$

$$其他费用 = 装机容量 \times 其他费用定额$$

利息支出 = 流动资金贷款利息 + 生产期固定资产贷款利息 + 短期贷款利息

发电经营成本为不包括折旧费、摊销费和利息支出的全部费用。

本项目经营期年均成本费用为 811 万元，其中：年均经营成本 178 万元。详见总成本费用表。

7. 效益计算

1）销售收入

（1）光伏发电收入。根据暂定数据（表 3-8）初步估算得，设计产能为 100%，初步估算得消纳率为 96.31%。

表 3-8　光伏发电收入　　　　　　　　　　　　　kWh

月份	天　数	电　量	峰小时电量	平小时电量	谷小时电量
1 月	31	16 268 197.61	19 679.27	26 239.03	19 679.27
2 月	28	11 755 084.73	15 743.42	20 991.22	15 743.42
3 月	31	16 268 197.61	19 679.27	26 239.03	19 679.27
4 月	30	15 743 417.04	19 679.27	26 239.03	19 679.27
5 月	31	16 268 197.61	19 679.27	26 239.03	19 679.27
6 月	30	15 743 417.04	19 679.27	26 239.03	19 679.27
7 月	31	19 521 837.13	23 615.13	31 486.83	23 615.13
8 月	31	19 521 837.13	23 615.13	31 486.83	23 615.13
9 月	30	18 892 100.45	23 615.13	31 486.83	23 615.13
10 月	31	16 268 197.61	19 679.27	26 239.03	19 679.27
11 月	30	15 743 417.04	19 679.27	26 239.03	19 679.27
12 月	31	16 268 197.61	19 679.27	26 239.03	19 679.27

注：夏季（7—9 月）用电量按 1.2 倍计算。

依据中标通知书，自用电价为 0.528 元 /kWh，整个厂区综合电价 = 自用部分电价 × 自用电比例 + 上网部分电价 × 上网电量比例 =0.528×96.31%+0.391×3.69%= 0.522 9 元 /kWh。

第一年总发电量为 33 308.86 MWh，根据组件厂家资料，单晶硅组件按照首年衰减不超过 2.5%，第 2 年至第 20 年年衰减不超过 0.55% 进行计算取值，计算得到 20 年总发电量为 630 476.97 MWh，20 年平均发电量为 31 523.85 MWh，年均发电利用小时数 992.89 小时。

发电收入是上网电量和上网电价的乘积，年平均上网电量 31 524.19 MWh。

$$发电销售收入＝售电量×售电价$$

（2）其他收入。

其他收入＝储能发电量×电价差；本项目电价差经计算＝峰价－谷价＝ 0.528 元 /kWh-0.138 9 元 /kWh=0.389 1 元 /kWh。

每年储能发电量详见表 3-9。

表 3-9　每年储能发电量　　　　　　　　　　　　　　　　　　　MWh

年	发 电 量
1	147.00
2	145.53
3	144.07
4	142.63
5	141.20
6	139.79
7	138.39
8	137.01
9	135.64
10	134.28
11	132.94
12	131.61
13	130.29
14	128.99
15	127.70
16	126.42

2）税金

本项目经营期年均缴纳附加税 11.85 万元，年均所得税 91.60 万元。

3）利润

$$发电利润＝发电收入－发电成本－销售税金附加$$

$$净利润＝发电利润－所得税$$

税后利润提取法定盈余公积金 10%，剩余部分为可分配利润，再扣除应付利润即为未分配利润。

本项目经营期年均发电利润约 347.45 万元。

光伏电场发电收入、税金、利润计算详见利润与利润分配表。

8.清偿能力分析

1）还贷平衡计算

本工程贷款按等额本金方式偿还,长期贷款预定还款期15年,贷款本金采用折旧、摊销费(本工程暂不计列无形资产和递延资产)以及未分配的利润来偿还,利息进入当年财务费用,工程施工期间不还本付息。计算结果表明,工程在开工后15年内可还清固定资产本息,第15年利息备付率为34.17,偿债备付率为1.35,表明该项目具有良好的还贷能力。

2）资产负债率

计算表明,本项目在建设期负债率较高,随着机组投产发电,资产负债率逐渐下降;还清固定资产本息后,资产负债率很低,在8%以下,说明该项目具有偿还债务的能力。

9.盈利能力分析

本光伏电场生产运营期为20年,在计算期内,各工程及设备不考虑更新,所得税前行业基准收益率按7%、所得税后行业基准收益率按6%计算。

$$总投资收益率(ROI)=年平均息税前利润/总投资$$

$$资本金利润率(ROE)=年净利润/资本金$$

本工程总投资收益率、资本金净利润率分别为4.60%、7.88%。

10.主要经济指标

自发自用,余量上网模式的经济指标如下。

根据以上评价依据及评价方法,经营期20年,不考虑三免三减半政策的条件下本项目(依据招标文件,本项目包含保定工业园项目内容)财务评价的主要经济指标见表3-10。

表 3-10 财务指标汇总表

序 号	项 目	单 位	数 值
1	装机容量	MWp	31.75
2	年均上网电量	MWh	31 524.19
3	项目总投资	万元	13 523.56
4	建设期利息	万元	113.49
5	流动资金	万元	127.00
6	销售收入总额(不含增值税)	万元	29 255.37
7	总成本费用	万元	20 272.92
8	销售税金附加总额	万元	296.31

序　号	项　　目	单　　位	数　　值
9	利润总额	万元	8 686.14
10	经营期平均电价（不含增值税）	元 /kWh	0.462 7
11	经营期平均电价（含增值税）	元 /kWh	0.522 9
12	项目投资回收期（所得税前）	年	10.44
13	项目投资回收期（所得税后）	年	10.99
14	项目投资财务内部收益率（所得税前）	%	
15	项目投资财务内部收益率（所得税后）	%	
16	项目投资财务净现值（所得税前）	万元	
17	项目投资财务净现值（所得税后）	万元	
18	资本金财务内部收益率	%	
19	资本金财务净现值	万元	
20	总投资收益率（ROI）	%	
21	投资利税率	%	
22	项目资本金净利润率（ROE）	%	
23	资产负债率（最大值）	%	
24	盈亏平衡点（生产能力利用率）	%	
25	盈亏平衡点（年产量）	MWh	22 129.90
26	度电成本（LCOE）	元 /kWh	0.359 8

由表 3-10 可知：经营期 20 年，不考虑三免三减半政策的项目投资财务内部收益率（税后）为 x%，静态回收期（税后）10.99 年，动态回收期（税后）19.23 年。

根据以上评价依据及评价方法可知：

（1）经营期 20 年，考虑三免三减半政策的项目投资财务内部收益率（税后）为 x%，静态回收期（税后）10.70 年，动态回收期（税后）18.27 年；

（2）经营期 25 年，不考虑三免三减半政策的项目投资财务内部收益率（税后）为 x%，静态回收期（税后）11.10 年，动态回收期（税后）19.61 年；

（3）经营期 25 年，考虑三免三减半政策的项目投资财务内部收益率（税后）为 x%，静态回收期（税后）10.76 年，动态回收期（税后）18.47 年。

11. 敏感性分析

根据本项目的特点，在静态总投资、发电量等不确定因素单因素变化情况下，对工程项目全投资内部收益率、资本金内部收益率影响进行敏感性分析。

经营期 20 年，结果见表 3-11。

表 3-11　某工厂综合能源项目敏感性分析表

敏感性分析表

方案类型	变化幅度	投资回收期（所得税后）/年	项目投资财务内部收益率（所得税前）/%	项目投资财务内部收益率（所得税后）/%	资本金财务内部收益率/%	项目投资财务净现值（所得税后）/万元	资本金财务净现值/万元	总投资收益率（ROI）/%	投资利税率/%	项目资本金净利润率（ROE）/%	资产负债率/%
建设投资变化分析（%）	−10.00	10.18				1 458.56	2 471.42	5.60	4.33	10.52	70.00
	−5.00	10.59				975.73	2 026.93	5.07	3.80	9.19	70.00
	0.00	10.99				492.89	1 514.28	4.60	3.32	7.88	70.00
	5.00	11.39				9.52	981.41	4.17	2.89	6.66	70.00
	10.00	11.78				−475.88	451.99	3.78	2.49	5.56	70.00
上网产量变化分析（%）	−10.00	12.05				−707.89	89.70	3.54	2.24	4.88	70.00
	−5.00	11.49				−106.48	798.65	4.07	2.78	6.37	70.00
	0.00	10.99				492.89	1 514.28	4.60	3.32	7.88	70.00
	5.00	10.54				1 091.63	2 204.78	5.13	3.86	9.35	70.00
	10.00	10.12				1 690.37	2 813.37	5.66	4.40	10.68	70.00
售电价格变化分析（%）	−10.00	12.05				−707.89	89.70	3.54	2.24	4.88	70.00
	−5.00	11.49				−106.48	798.65	4.07	2.78	6.37	70.00
	0.00	10.99				492.89	1 514.28	4.60	3.32	7.88	70.00
	5.00	10.54				1 091.63	2 204.78	5.13	3.86	9.35	70.00
	10.00	10.12				1 690.37	2 813.37	5.66	4.40	10.68	70.00

从表 3-11 中可以看出，投资、发电量、电价的变化对财务指标的影响都比较大。在施工中，应切实落实资金筹措计划，在建设中加强管理，控制投资的增加，确保工程如期发电。

12. 财务评价结论

本项目财务评价，主要采用动态分析，按现行财会制度和税收法规进行测算。分析计算结果表明，本项目在 20 年运营期内，不考虑三免三减半政策，含税综合电价 0.522 9 元 /kWh 的情况下，项目投资财务内部收益率为 x%。通过敏感性分析，发现投资及发电量对项目投资效益影响较大，且本工程风险承受能力一般。在下一阶段中，通过设计方案的优化，以及在建设过程中合理规范招标机制，可以有效降低工程造价，提高经济效益。但在项目实施过程中应及时注意各种风险，以便采取措施，防止降低盈利能力。

13.项目经济分析小结

（1）本项目从项目产地光能资源分析、工程地质、技术设计、发电量估算，电气工程，土建、给排水工程、施工组织、工程管理设计、环境保护和水土保持综合评价，劳动安全与工业卫生和电站建成后效益分析，本项目的建设切实可行。

（2）本期工程方案拟装机 31 MWp，20 年总发电量为 630 476 MWh，年平均发电量为 31 523 MWh，工程总投资（含流动资金）13 523 万元，项目投资财务内部收益率 xxx%。

（3）按照发电耗煤平均 315 g 标煤 /kWh，每年可节约标准煤 9 782 吨，减少烟尘排放量约 2.53 吨，减少二氧化碳约 26 705 吨，二氧化硫约 13.75 吨，氮氧化物约 12.42 吨。此外，还可节约用水，减少相应的水力除灰废水和温排水等对水环境的污染。由此可见，光伏发电场有明显的环境效益。

（4）本项目的建设符合国家的产业政策和所在省份对优化能源结构、保护环境，减少温室气体排放、节约能源的要求。

3.4 本章小结

我国综合能源市场尚处于发展阶段，缺少专属于综合能源项目的开发及立项规范，但由于综合能源本质上由多个新能源项目（包括分布式光伏、分散式风电、储能等）及节能改造项目组合而成，其开发流程与传统新能源项目存在相似之处。

相较而言，除了常规的项目立项、行政审批手续外，综合能源项目开发流程中还增加了对用能单位进行核查及签署能源服务协议两个关键流程，投资者在综合能源蓝海市场中竞逐、分析项目经济效益的同时，也应当注重项目合规性，确保项目质量和项目的社会效益。

未来，投资者应当在项目合法合规的基础上，从构建综合能源系统、搭建智慧能源管理平台、开展基于电能的集成供能服务以及创新综合能源服务商业模式等多元角度来建设符合我国国情的综合能源市场。

即测即练3

第4章

项目投资开发全过程法律风险防控

法治思维方法，是以法治理念为基础，以法治基本内涵为约束和指引，运用法治理念和法治方法想问题、作决策、办事情的思维方法。习近平总书记深刻指出，"努力推动形成办事依法、遇事找法、解决问题用法、化解矛盾靠法的良好法治环境，在法治轨道上推动各项工作"。在综合能源项目迅速发展的当下，服务单位、供货单位、用能单位在整个项目开发的全过程中都应当树立法治思维，绷紧法律这根红线，注重对于可能存在的法律风险进行防范与控制，本章节将分析综合能源服务项目中可能出现的争议情况以及相应的解决方法。

4.1 项目开发过程中常见风险

综合能源项目在开发过程中，存在各种不同的法律风险，主要可分为政策变动风险、市场变化风险、技术风险、屋顶或用地相关风险、用能单位信誉风险、项目运营风险及用能单位用电量风险等。

4.1.1 经营场地存在的所有权纠纷

在实践中，常常出现用能单位仅仅是实际占有或使用或租用经营场地的一方，不是场地的所有权人的情况，此时用能单位无权将场地提供给服务单位使用或者承租。例如在污水处理的经营中，水处理公司作为用能单位可能仅仅拥有污水处理厂的某项业务的运营权，相应土地、建筑物归属于水处理厂，用能单位水处理公司无权决定在厂区内投资综合能源项目。

此时，如服务单位仅仅从用能单位处取得同意进行建设的许可文件，而用能单位却未从土地、建筑物所有权人处取得明确授权的，服务单位在综合能源项目建设、运营过程中仍需进一步做大量沟通工作，相应成本可能增加，甚至会出现项目被迫停建、建设后被迫停运的风险。

因此，服务单位在综合能源项目的磋商阶段就应当查明相应拟用地、建筑的权属，如果建筑物权利人与用能单位不是同一主体的，则需取得相应全部权利人的使用许可。

4.1.2　屋顶或用地相关风险

综合能源项目的屋顶及用地风险属于项目开发前期应当最为重视的开发风险之一，屋顶或用地的风险在一定程度上决定了综合能源项目投资的成功与否。

首先，投资人在与屋面所有人签订屋顶租赁合同之前，应当充分考虑屋顶的荷载，确保屋顶荷载能够满足光伏板及支架的架设条件。

其次，针对建筑物拆除的法律风险，投资人应当提前与屋面出租人约定对建筑物所有人自身经营不善造成的停产、停业损失及房屋面临征收时的停产停业造成的太阳能电站损失的计算依据及征收补偿的分配比例，以保护投资人的合法权益。

最后，根据《中华人民共和国民法典》（以下简称《民法典》）第七百零五条[1]的规定，投资人应当明确在屋顶租赁合同中约定租赁周期为 20 年，并同时约定租赁合同到期之后，双方对租赁合同以补充协议形式续签 5 年，且价格不变。

4.1.3　用能单位严重违约的风险

综合能源项目建设完毕后难以移动，一旦用能单位严重违约，如停工停产、拆除建筑物、拆除项目资产等，将导致能源服务合同无法继续履行，服务单位事实上无法完整回收全部资产，即便收回，资产设备也无法继续正常使用，价值出现较大减损。

因此，建议服务单位考虑在相应合同中明确，一旦用能单位严重违约导致合同解除或无法继续履行的，用能单位应承担对综合能源项目资产的收购或赔偿责任，

---

[1] 《中华人民共和国民法典》第七百零五条：租赁期限不得超过二十年。超过二十年的，超过部分无效。租赁期限届满，当事人可以续订租赁合同；但是，约定的租赁期限自续订之日起不得超过二十年。

具体的收购模式或赔偿方案可由双方基于建设成本、资产折旧等因素综合考虑。

4.1.4　示例：储能项目开发风险

储能市场发展阶段，尚无成熟的多方合作体系，相应产品、技术亦不完备，且大量能源相关企业涌入市场，竞争加剧，市场价格频繁波动，项目投资风险和不确定性加大，大部分有意开发储能项目的企业在寻求合作方或挑选符合要求的专业设备时往往会存在困难，一旦合作方资信状况不明或履约能力存疑，很有可能因为相关信用风险导致项目在前期开发阶段面临瓶颈。

8.1.1 节的案例一中，上海电力大学与国网综合能源具备良好的合作及信用基础，但也在开发前期经历了漫长的磋商期；因此项目前期对合作方的选定、对合作方资信的调查、合作协议或其他相关合同条款的谨慎拟定等均是风险把控的关键点。

4.2　项目建设期法律风险

4.2.1　用能单位项目建设相关行政区许可的取得风险

项目开发过程中，用能单位需要重视拟用土地、建筑的权属及权利负担等情况，避免出现土地无法使用或者建设项目无法获得批准的情况。在项目开发阶段应妥善取得权利主体出具的同意项目建设的书面许可，以避免建设许可的指标瑕疵（书面许可应包括地理位置、使用面积、移交现状、使用费用等具体信息）。

4.2.2　建设施工方式与招投标合规性风险

综合能源项目作为综合电力工程，其勘查、设计、施工、监理、重要设备采购需进行招投标工作，否则存在合同无效的风险。施工单位/供货单位应当经过招投标程序参与到项目中，同时，应注意避免围标、串标等违法行为。详见第5章内容。

4.2.3　工期延误损失的责任承担风险

工期延误/供货延误将直接导致巨额发电量损失。施工单位/供货单位应当在合同条款的谈判过程中对发电量损失承担予以明确，并对合同义务履行期顺延的条款进行针对性协调。同时，施工单位/供货单位在合同履行过程中要重视工期/供货期的履行及顺延问题。

4.2.4 工程/设备质量风险

工程质量、设备质量是综合能源项目的核心，一旦服务单位完成的工程、供货单位提供的设备未达到相应标准，用能单位往往会提起索赔。因此供货单位应当在合同签订过程中审慎列明工程/设备适用的国家、行业标准，同时在施工、产品制造过程中严把质量关，对于因工程/设备质量发生的纠纷应当及时妥善协商解决，尽最大可能降低各方损失。

4.2.5 对建筑物/屋顶损害的侵权风险

就分布式屋顶电站而言，除电站主要设备和工程费用外，受限于建筑物屋顶情况，对建筑物的结构、承重等具有一定要求，部分不达标的屋顶需通过刷漆、换瓦等方式进行改进，同时会相应增加电站建设成本。相应地，在施工过程中，也存在对建筑物/屋顶造成损害的情形，造成对屋顶所有权人的造成侵权，此时投资方与施工方应综合考虑施工过程中对建筑物的损害和建筑物所有权人业务造成的影响，尽可能降低屋顶损害的发生。

4.2.6 示例：储能项目建设期风险

由于储能项目涉及专业设备及技术，因此要求项目设备符合一定的技术标准、施工方或设备安装方具备相关专业资质。在项目建设过程中，各方可能会面临工期延误、设备不符合技术标准、相关人员不具备专业资质、工程质量存在问题等风险。又由于大部分储能设备设施需与现有能源设备相结合，甚至可能是综合能源项目中的一部分，涉及的主体繁多，一旦协调不当，在项目建设问题上产生分歧，则有可能存在变更设计甚至停工风险，进而导致项目无法顺利进行或收益受损。

4.3　项目经营过程中的风险

4.3.1　用能单位经营不善，停产导致项目无法继续运营风险

在四川高院审理的某 EMC 合同纠纷中，节能服务单位与用能单位签订服务合同，约定节能服务单位提供设备节能改造服务，由用能单位按照节能效益的 80% 支付节能服务单位节电收益。但合同正常履行一年半后，用能单位因本身行业产能过剩、自身同类产品价格下降、企业生产成本大幅上升等因素影响决定停产并暂停支付尚未结算的节能款项。协商无果之下，节能服务单位诉至人民法院，要求用能单位赔偿停产期间的节能服务单位应得未得的节能款项。但四川高院最终以节能服务单位在签订合同时就应该有所预见该停产风险为由不予支持节能服务单位主张的可得利益损失。

由于综合能源项目与合同能源管理项目有相似之处，可以预见，在较长的运营周期内，不能排除用能单位出现经营不善、停产，甚至解散、破产的可能性，而已有的司法判例显示，部分法院认为：服务单位应当预见到用能单位的停产风险而未能预见的，应自担风险。

因此，服务单位在合作协议正式签订前应当对用能单位进行必要尽职调查，对履约能力、资信情况、涉诉情况、经营状况、市场状况甚至行业大背景进行充分了解。

同时，服务单位可要求用能单位尽可能地提供一定的担保增信措施，以保证合同目的的实现。

此外，从司法判例来看，如合同未明确可得利益赔偿责任，后续提起诉讼将存在不被人民法院支持的风险，因此建议在签订合同时尽量明确约定合同解除或终止时，用能单位是否需赔偿剩余合同期内的可得利益及相应的计算方法，以减少争议。

4.3.2　用能单位暂停用能或用能量过低导致项目收益降低风险

用能单位停产和用能单位用能量低其实是紧密关联的两个方面，前者影响能源服务合同的解除与可得利益损失，而后者影响能源服务合同的履行和发生损失的处理。

简单来说，综合能源项目的利润与用能单位的用能量 / 节能量直接挂钩，一旦用能单位因停产整顿、房屋维修等原因单方暂时停止用能，服务单位将无法通过综合能源项目进行盈利，届时双方必然会因为停止用能导致的损失而发生争议。

为此，用能单位与服务单位应当在合作协议中妥善约定停止用能、用能量过低的特殊情况，详细列举可能出现的情形，例如基于建筑物检修要求而拆除、更换、停止或关闭设备导致项目不能正常运行等，并明确约定停止用能情形达成时的损失承担以及擅自停止用能时的损失承担问题。

如有条件的，服务单位可考虑要求用能单位对其用能量作出最低数量保证，低于该数量的由用能单位补足利润差额。

4.3.3　用能量/节能量不能正常结算的风险

用能费用的计算一般存在两种模式：直接以用能量为基数计算和按照项目投产后产生的节能量为基数计算，这两种模式下需关注的风险各有不同。

情况一：按照用能量结算。按照用能量结算的，当用能单位与服务单位关系恶化时，用能单位不配合服务单位进行抄表等确认用能数据的活动是常见现象，此时，由于用能数据不确定，相应用能费用也无从计算。

为预防此种情况，服务单位应当在服务协议签署时明确用能单位不配合确认用能数据的处理方式，如参照上一月度用能量或数月平均用能量或某估值计算等。

情况二：按照节能量结算。如果综合能源项目收费采用节能效益分享型模式，在取得用能数据后，还需进一步确认相应节能量数据，即还需要基于各类设备、参数从而对节能量进行计算，此时，如用能单位、服务单位签署的法律文本中约定的计算公式存在纰漏、各类参数存在模糊，则会导致双方各执一词无法达成一致。

为解决此类纠纷，建议服务单位和用能单位在签署合同时参考《合同能源管理技术通则》相关规定，根据项目具体设备和技术特性，因地制宜地制订节能量确认方案，对条款仔细斟酌，重点梳理测量方案可行性、基准能耗、节能量计算方法、测量机构和人员、节能量纠纷的解决机制。

4.3.4　用能单位债务导致综合能源项目资产被处理风险

一般来说，在项目运营期内，综合能源资产属于项目服务单位所有。但服务单位建设的综合能源项目往往依托于用能单位提供的场地、场所，由此容易导致相应综合能源项目资产在外观上归属于用能单位所有。

基于这种外观，一旦用能单位经营不善出现大量负债，便会出现相应债权人查封冻结相应资产或者用能单位恶意处置相应资产以求先行偿债的情况。

而基于《民法典》物权编第三百一十一条第一款，"无处分权人将不动产或者动产转让给受让人的，所有权人有权追回；除法律另有规定外，符合下列情形的，受让人取得该不动产或者动产的所有权：（一）受让人受让该不动产或者动产时是善意的；（二）以合理的价格转让；（三）转让的不动产或者动产依照法律规定应当登记的已经登记，不需要登记的已经交付给受让人。"

在受让人满足善意、合理价格、法定登记程序（如需）的前提下，受让人可以取得相应资产的所有权，此时，服务单位仅能要求可能已经存在大量负债的用能单位进行赔偿，而在用能单位已有大量负债的情况下，想要充分实现索赔显然是不现实的。

为此，服务单位应当对资产附加明显的产权归属标志；定期安排人员对资产进行巡视及检查；定期了解用能单位生产经营情况并对用能单位涉诉情况进行核查。

4.3.5　运维导致综合能源项目不能达到预期收益风险

在综合能源项目开始运营后，项目的供能越多，其收益往往越高，运维单位的服务质量将直接影响服务单位在该项目上的盈利。如果运维合同约定无论运维单位提供的服务质量如何均可以获得固定的服务费，将可能出现项目运营不能达到预期目标的风险。

为保证运维单位的工作质量，建议服务单位在相应运维合同中明确运维单位应当遵守的运维服务标准、应当达到的运维质量，同时，服务单位可以考虑选择设置固定收入及激励收入相结合的模式，对于综合能源项目运转超出预期盈利目标的部分，对运维单位予以激励。

此外，服务单位也应当设置运维质量不达标的违约条款，如运维不善导致不能实现预期目标的，则由运维单位承担收益补足责任。

4.3.6　示例：储能项目运营期风险

储能项目建成投产后面临的风险包括但不限于以下三个方面。

第一，项目设备衰减导致项目效益减损，或由于质量问题引发安全隐患。能源项目设备不可避免地会受到衰减率的影响，导致设备运行效率下降，最终影响项目收益，与此同时，锂电池等储能设备设施多属于危险品级别，与光伏板等新能源组件存在差异，若项目设备设施存在质量问题，甚至会导致安全事故，如韩国全罗南道灵岩风电场储能电站就曾在2019年初发生火灾事故，引发了全球关注。

第二，发电企业或用能单位经营不善甚至停产导致项目提前终止。该风险主要存在于发电侧储能或用户侧储能项目中，该等项目中储能设备设施仅作辅助性调频使用，项目收益受限于相关企业的发电、用电状况，若相关企业发生经营问题，储能项目投资者则会面临巨额的资金损失。

第三，电价政策直接导致项目收益降低。由于大部分储能项目的收益来自峰谷价差，我国能源领域政策不断变化，一旦"峰谷分时电价"政策波动，储能项目的内部收益率降低，对于项目业主而言，还将存在投资收益风险。

除以上风险外，根据项目实际情况的不同，储能项目运营期内还存在着其他各类与商业模式相关的风险和挑战，在储能市场的发展过程中，该等风险和挑战将长期存在。

综上所述，综合能服公司应注意以下法律风控要点。

（1）重视拟用土地、建筑的权属及权利负担等情况，在项目开发阶段应妥善取得权利主体出具的同意项目建设的书面许可（书面许可应包括地理位置、使用面积、移交现状、使用费用等具体信息）。

（2）综合能服公司应注意在选择用能单位前做好尽职调查工作，厘清拟合作的用能单位的经营状况、诉讼与执行情况、企业信用等，避免在合作过程中出现不必要的争议。

（3）用能量是综合能源项目的核心。综合能服公司应主动与用能单位在合作协议中妥善约定停工停产、暂停用能、用能量过低的特殊情况，并明确约定停止用能情形发生时的损失承担以及擅自停止用能时的损失承担问题。

（4）用能量/节能量的确认是项目利润的基础。综合能服公司应当妥善对用能量的确认方式及综合能源服务对价的计算方式作出明确、可操作的约定。

（5）综合能源项目资产往往会因为占地等外观原因被误认为系用能单位资产，综合能服公司应当注意对资产所有权进行明显的标注及公示以避免不必要的风险。

（6）综合能源项目投资金额大、成本回收期长，一旦合同解除，项目资产不易移动且难以处置。建议在能源服务合同中约定因用能单位原因导致合同解除时用能单位的折价收购条款，妥善平衡双方利益。

（7）运维单位运维义务履行情况将直接影响综合能源项目收益，综合能服公司可考虑通过设置必要奖惩条款的方式调动运维单位积极性，以保证项目高效的运维。

（8）对于投资人来说，如果遇到用能单位违约，可以考虑结合对方的违约情况、损失数额等同时提出主张违约金与赔偿损失的主张，以尽可能维护己方利益。但需注意的是，二者是否能够并存往往需要法院结合具体的案件事实、双方当事人履行情况加以认定，因此建议委托专业的律师团队，寻求合理的法律意见或建议，制定合理的诉讼策略，降低诉讼风险，妥善解决争议。

在综合能源项目全过程中，各方主体全需要注意的法律风险如下。

（1）服务单位在合同签约前进行妥善背景调查，在合同签约时注意各个风险点，签订一份尽可能严谨、完善的合同，并在后续做好履约管理工作。此外，服务单位更要注重在产生纠纷时采取合理的应对措施，以最大化地保护自身的合法权益。

（2）综合能源项目的施工单位、供货单位在建设项目过程中把好签约关，在签约前进行妥善背景调查，在签约时签订一份尽可能严谨、完善的合同，同时要做好履约管理工作。

（3）用能单位应注意在选择合作相对方前做好尽职调查工作，厘清拟合作方的经营状况、资质、经验、企业信用等，避免在合作过程中出现不必要的争议。

此外，运维单位的运维能力关系着综合能源项目的安全性，用能单位应当要求服务单位在选择运维单位时取得用能单位书面同意，并通过签署三方协议的方式明确运维单位、服务单位共同对用能单位承担责任。同时，用能单位与服务单位也应当就运维单位的管理责任划分明确。

4.4 本章小结

综合能源项目的投资者不能仅仅依靠补贴、税收优惠等"政策红利"，而要在项目开发、建设、运营全过程注重法律风险防控，以降低项目投资风险。

首先，在项目开发过程中，综合能服公司应首先核实用能单位经营场地的所有权及使用权是否明确且无争议，对用能单位进行仔细、谨慎的尽职调查，确保用能单位的资信状况和履约能力及市场前景不会影响项目的开发建设及后期运营。

其次，在项目建设过程中，综合能服公司需重点关注建设过程中的工期、工程质量及设备质量，以避免在项目施工过程中对原有建筑物的潜在损害，并事先在能源服务协议中约定相关的补救措施及责任分配条款。

最后，在项目经营过程中，用能单位的经营状况是影响项目收益的重要因素，但如果寄期望于事后赔偿等救济途径，综合能服公司往往需要更多的时间和资金成本，因此，本书建议将可能存在的用能单位经营风险约定在能源服务协议中，以做好事先的风险防范措施。

即测即练4

第 5 章

招标投标

党的十九大报告提出，要加快完善社会主义市场经济体制，实现产权有效激励、要素自由流动、价格反应灵活、竞争公平有序、企业优胜劣汰。招标投标是社会主义市场经济体制的重要组成部分，是发挥市场配置资源决定性作用、提升资源配置质量和效率的重要手段。综合能源领域作为国家新兴领域，应当积极主动落实国家招投标法规政策，做到公平竞争，有序竞争。

5.1 招标投标概述

因综合能源项目往往涉及公众安全，所以应该对项目质量提出较高的要求。因此，项目的招投与投标环节就显得尤为重要，该环节将直接决定项目的施工建设承包方和设备供应方。同时，工程质量、设备质量也将会直接影响项目整体经济效益。实践中，施工单位往往采用 EPC 或 EPC+F 的模式参与建设，一旦发生工程或设备质量纠纷，服务单位与用能单位将会面临巨大损失的风险，直接影响正常生产的开展。这也就意味着施工单位及设备供应商均会面临巨额的经济索赔。除了对参与项目的各方造成损失，综合能源领域作为一个朝阳行业，上述局面也会让投资各方对综合能源领域望而却步，非常不利于整个行业的健康发展。

因此，本章节将从综合能源项目合规招标投标方面着手，通过分析综合能源项目招标投标典型案例，丰富综合能源招投标相关知识，进一步研究和探讨综合能源的发展趋势，深入了解其商业模式及特点，剖析相关法律风险，为各能源企业开展综合智慧能源项目提供商业模式及招投标风控建议。

 ## 5.2　招投标相关立法

5.2.1　综合能源项目相关招投标立法概况

目前，综合能源服务项目的招投标并没有专门的法律法规、司法解释及行政规章等相关文件进行规范，需要通过对招投标相关立法全面分析，寻找应当或可以适用于综合能源项目的规定，从而对实施项目的招投标工作进行指引并有效规避合规风险。

随着市场的变化及法律的完善，招投标领域的规定也在不断细化。2000 年《中华人民共和国招标投标法》（以下简称《招标投标法》）颁布实施，凡是招标主体为选择最佳的交易者所从事的一切行为都要受《招标投标法》调整和规范。自此，我国招投标活动有了正式的法律规范和法律保障。2011 年，国务院颁布《中华人民共和国招标投标法实施条例》（以下简称《招标投标法实施条例》）（2011 年 12 月 20 日国务院令第 613 号公布；2017 年 3 月 1 日、2018 年 3 月 19 日修订），该条例作为行政法规对于我国的招投标法律制度建设起到承上启下的作用，不仅细化了《招标投标法》，赋予其更好的操作性，同时也指引了地方立法。此后，我国相关部门也出台了一系列为实施《招标投标法》而制定的法规和规章，涉及各个具体领域，如民航项目招标、铁路项目招标等具体项目的办法和政策措施。

近几年来，随着招投标活动在各个领域内不断开展，一些相关的行政规章、地方政府规章不断出台并实施。此外，行政性规范文件也不断适用到招投标领域。这些文件细化了不同行业领域的招投标规范。① 在工程建设领域，2018 年 3 月，国务院，发布《国务院关于〈必须招标的工程项目规定〉的批复》（国函〔2018〕56 号），国家发改委公布《必须招标的工程项目规定》（发改委〔2018〕第 16 号令）（以下简称"16 号令"），对必须招标的工程项目的规模和性质做了规定。2018 年 6 月 6 日，经国务院批准，国家发改委颁布实施《必须招标的基础设施和公用事业项目范围规定》（发改法规规〔2018〕843 号）（以下简称"843 号文"），进一步对 16 号令中未

---

① 蔡王俊 . 我国招投标法律制度研究 [D]. 沈阳：沈阳工业大学，2016.

明确的"不属于本规定第二条、第三条规定情形的大型基础设施、公用事业等关系社会公共利益、公众安全的项目"做了详细的规定。2020年10月19日，国家发展改革委办公厅发布关于进一步做好《必须招标的工程项目规定》和《必须招标的基础设施和公用事业项目范围规定》实施工作的通知（发改办法规〔2020〕770号）。至此，关于建设工程领域必须招标的工程项目的范围、规模标准真正落地，现行有效的法律及新规形成了较为完整的法律体系，对规范综合能源项目的招标投标活动起到了积极的引导作用。

笔者认为，判断一个综合能源项目是否必须招投标，主要涉及两大问题：①综合能源服务商选定是否必须招投标？②综合能源项目的设计、施工建设是否必须招投标？解决上述疑问，我们需要根据相关法律规定，从项目的资金性质（是否国有）及金额额度和项目性质展开分析。

1. 综合能源服务商选定是否必须招投标？

综合能源项目的投资人一般为综合能源服务公司，用能单位无须出资，因此有部分用能单位认为既然无须自己投资，选定综合能源项目投资人时当然无须招投标。该观点忽略了一个关键问题，项目建成后用能单位需要向综合能源服务公司采购能源和服务，其中的能源采购价格、服务方案等均需要经过招投标的方式进行比较方能择优录用。因此，如用能单位为国有企业，以国有资金采购能源服务，那么在选定综合能源项目投资人时必须招投标。对于民营企业性质的用能单位，目前虽然法律法规没有强制性要求用能单位必须经过招投标方式选定综合能源服务商，但是大型的用能单位例如上市公司等往往会出于企业内部的合规管理需要而需要经过招投标程序确定综合能源服务商。同时，选用招投标方式确认综合能源服务商，对用能单位而言有如下益处。

（1）综合能源服务商提供的方案和商业模式往往根据用能单位的要求和建筑物的特点和服务商自身优势而量身定制，项目的规划方案不同，且综合能源服务商对用能单位提供的优惠电价、设备、材料品牌皆不尽相同，招投标有助于用能单位选定最优和最符合自身的综合能源服务商。

（2）招投标选定综合能源服务商更有利于平衡各方的竞争，公开招标是竞争最为充分的采购方式。

（3）综合能源项目的投资额较大，项目品质对用能方的建筑物影响较大，其中综合能源项目的设计、设施品牌和施工质量等工作至关重要，选择最优质的合作方，才能有效降低对既有建筑物的损害和影响，确保整个项目运营期安全平稳进行。

2.综合能源项目的施工建设是否需要招投标?

首先，就项目资金性质而言，根据《招标投标法》第三条第一款（二）[①]、16 号令第二条[②]，如项目资金涉及国有，根据其比例及数额确定项目为必须招标或邀请投标。另外，从项目所涉金额标准看，虽然 16 号令第五条相比旧法提高了必须招标的工程项目的金额标准，在必须招投标项目上的行政监管力度有所放宽，但如果综合能源项目涉及的项目标的数额巨大，将超过该条规定。

其次，就项目性质而言，根据《招标投标法》第三条第一款（一）、843 号文[③]规定，基于综合能源服务工程往往是包含了多种能源的（煤炭、石油、天然气、电力、新能源等）发电项目，本书认为综合能源项目应当包括在能源基础设施项目或新能源项目之内，因此综合能源项目的设计施工等属于必须招投标的范围，且综合能源项目的施工建设不属于《招标投标法实施条例》第八条[④]规定的可以邀请招标的情形，也不属于第九条[⑤]可以不招标的特殊情况。因此，从项目性质来讲，综合能源项目必须招投标。但是，根据法律规定，如项目规模非常小或者自建项目无须招投标，自建项目即某些单位利用自有资金，在自己的厂区或建筑物上投资建设综合能源项目，且该单位拥有施工安装资质，那么该项目无须招投标。

---

① 第三条　在中华人民共和国境内进行下列工程建设项目包括项目的勘察、设计、施工、监理以及与工程建设有关的重要设备、材料等的采购，必须进行招标：

（一）大型基础设施、公用事业等关系社会公共利益、公众安全的项目；

（二）全部或者部分使用国有资金投资或者国家融资的项目；

（三）使用国际组织或者外国政府贷款、援助资金的项目。

前款所列项目的具体范围和规模标准，由国务院发展计划部门会同国务院有关部门制订，报国务院批准。法律或者国务院对必须进行招标的其他项目的范围有规定的，依照其规定。

② 第二条　全部或者部分使用国有资金投资或者国家融资的项目包括：（一）使用预算资金 200 万元人民币以上，并且该资金占投资额 10% 以上的项目；（二）使用国有企业事业单位资金，并且该资金占控股或者主导地位的项目。

③ 第二条　不属于《必须招标的工程项目规定》第二条、第三条规定情形的大型基础设施、公用事业等关系社会公共利益、公众安全的项目，必须招标的具体范围包括：（一）煤炭、石油、天然气、电力、新能源等能源基础设施项目……

④ 第八条　国有资金占控股或者主导地位的依法必须进行招标的项目，应当公开招标；但有下列情形之一的，可以邀请招标：

（一）技术复杂、有特殊要求或者受自然环境限制，只有少量潜在投标人可供选择；

（二）采用公开招标方式的费用占项目合同金额的比例过大。

⑤ 第九条　除招标投标法第六十六条规定的可以不进行招标的特殊情况外，有下列情形之一的，可以不进行招标：

（一）需要采用不可替代的专利或者专有技术；

（二）采购人依法能够自行建设、生产或者提供；

（三）已通过招标方式选定的特许经营项目投资人依法能够自行建设、生产或者提供；

（四）需要向原中标人采购工程、货物或者服务，否则将影响施工或者功能配套要求；

（五）国家规定的其他特殊情形。

综上可以认为，国有用能单位在选定综合能源项目投资商时，必须通过招投标选定服务商，而综合能源项目的设计、施工建设一般情况下也属于法律法规规定的必须进行招投标的范围。

需要注意的是，新修订的《招标投标法》即将颁布。2020年8月28日，司法部办公厅向中国招标投标协会、全国律协、建筑业协会等46家单位、部门发函，对《中华人民共和国招标投标法（修订草案送审稿）》定向征集意见，从送审稿来看，新的《招标投标法》将加强行政监管并加大违法行为惩处力度，提高招投标过程的公开及透明度，改变目前以报价为导向的评标原则增加物有所值原则，建立履约验收及履约评价机制。

5.2.2　综合能源项目招投标相关法律法规及政策规定

现行有效的招标投标法律、行政法规、部门规章、规范性文件等数量较多，表5-1梳理了该领域法律、行政法规和与综合能源相关的部门规章、规范性文件。

表 5-1　综合能源项目招标投标相关法律法规及政策规定

序号	效力层级	法律、法规、规章及规范性文件名称	颁布/修改年份	颁 布 机 关
1	法律	《招标投标法》	2017	全国人大常委会
2	行政法规	《招标投标法实施条例》	2019	国务院
3	部门规章	《工程建设项目货物招标投标办法》	2013	国家发展和改革委员会等七部门
4	部门规章	《工程建设项目施工招标投标办法》	2013	国家发展和改革委员会
5	部门规章	《工程建设项目勘察设计招标投标办法》	2013	国家发展和改革委员会
6	部门规章	《工程建设项目招标投标活动投诉处理办法》	2013	国家发展和改革委员会
7	部门规章	《评标委员会和评标方法暂行规定》	2013	国家发展和改革委员会等七部门
8	部门规章	《电子招标投标办法》	2013	国家发展和改革委员会等八部门
9	部门规章	《必须招标的工程项目规定》	2018	国家发展和改革委员会
10	部门规章	《必须招标的基础设施和公用事业项目范围规定》	2018	国家发展和改革委员会
11	部门规章	《招标公告和公示信息发布管理办法》	2017	国家发展和改革委员会

续表

序号	效力层级	法律、法规、规章及规范性文件名称	颁布/修改年份	颁 布 机 关
12	部门规章	《工程建设项目自行招标试行办法》	2013	国家发展和改革委员会
13	部门规章	《工程建设项目申报材料增加招标内容和核准招标事项暂行规定》	2013	国家发展和改革委员会
14	部门规章	《建筑工程设计招标投标管理办法》	2017	住房和城乡建设部
15	部门规章	《建筑工程施工发包与承包违法行为认定查处管理办法》	2019	住房和城乡建设部
16	部门规章	《建筑工程方案设计招标投标管理办法》	2019	住房和城乡建设部
17	规范性文件	《关于积极应对疫情创新做好招投标工作保障经济平稳运行的通知》	2020	国家发展和改革委员会
18	规范性文件	《关于建立健全招标投标领域优化营商环境长效机制的通知》	2021	国家发展和改革委员会等十一部门
19	规范性文件	《关于进一步推进招标投标信息公开的通知》	2012	国家发展和改革委员会等十部门
20	规范性文件	《关于进一步规范电子招标投标系统建设运营的通知》	2014	国家发展和改革委员会等六部门
21	规范性文件	《进一步做好〈必须招标的工程项目规定〉和〈必须招标的基础设施和公用事业项目范围规定〉实施工作的通知》	2020	国家发展和改革委员会
22	规范性文件	《关于做好〈电子招标投标办法〉贯彻实施工作的指导意见》	2013	国家发展和改革委员会等六部门
23	规范性文件	《关于扎实开展国家电子招标投标试点工作的通知》	2016	国家发展和改革委员会等六部门
24	规范性文件	《关于取消风电工程项目采购设备国产化率要求的通知》	2009	国家发展和改革委员会
25	规范性文件	《关于建筑智能化工程招标有关问题的复函》	2003	建设部（已撤销）
26	规范性文件	《关于规范使用建筑业企业资质证书的通知》	2016	住房和城乡建设部
27	规范性文件	《转发发展改革委法制办监察部关于做好招标投标法实施条例贯彻实施工作意见的通知》	2012	国务院办公厅
28	规范性文件	《国务院有关部门实施招标投标活动行政监督的职责分工意见的通知》	2000	国务院办公厅
29	规范性文件	《关于在招标投标活动中对失信被执行人实施联合惩戒的通知》	2016	最高人民法院等九部门
30	规范性文件	《关于对政府采购领域严重违法失信主体开展联合惩戒的合作备忘录》	2018	国家发展和改革委员会等二十九部门

5.2.3 特殊招投标

1. 联合体投标

由于综合能源项目一般由风、光、电、气、储等子项目共同组成，或者由设备供应商与总承包单位联合投资，因此在综合能源服务领域，几个主体组成联合体对某个综合能源项目共同投资或者共同施工建设成为一种常态。

《招标投标法》第三十一条规定，两个以上法人或者其他组织可以组成一个联合体，以一个投标人的身份共同投标。

联合体各方均应当具备承担招标项目的相应能力；国家有关规定或者招标文件对投标人资格条件有规定的，联合体各方均应当具备规定的相应资格条件。由同一专业的单位组成的联合体，按照资质等级较低的单位确定资质等级。

可见《招标投标法》第三十一条对联合体的定义为：两个以上法人或者其他组织可以组成一个联合体，以一个投标人的身份共同投标。《中华人民共和国政府采购法》第二十四条对联合体的定义为：两个以上的自然人、法人或者其他组织可以组成一个联合体，以一个供应商的身份共同参加政府采购。两部法律对联合体的定义有所不同，《招标投标法》将联合体范围限定为法人和其他组织，而《中华人民共和国政府采购法》将联合体的范围限定为自然人、法人和其他组织。

1）综合能源项目的联合体各方应当具备规定的条件

《招标投标法》第三十一条第二款规定，联合体各方均应当具备承担招标项目的相应能力；国家有关规定或者招标文件对投标人资格条件有规定的，联合体各方均应当具备规定的相应资格条件。由同一专业的单位组成的联合体，按照资质等级较低的单位确定资质等级。由此可见，综合能源项目的联合体各方必须都具备承担招标项目的相应能力或相应资格等条件，不能是仅仅联合体中的一方具备。

《招标投标法实施条例》第三十七条规定，招标人应当在资格预审公告、招标公告或者投标邀请书中载明是否接受联合体投标。招标人接受联合体投标并进行资格预审的，联合体应当在提交资格预审申请文件前组成。资格预审后联合体增减、更换成员的，其投标无效。联合体各方在同一招标项目中以自己名义单独投标或者参加其他联合体投标的，相关投标均无效。因此，综合能源项目的招标人需在资格预审和招标公告书中载明是否接受联合体投标，如未载明，不得拒绝联合体投标。同时，综合能源项目的联合体成员不得重复参与同一招标项目的投标，如综合能源项目的联合体各方在同一招标项目中以自己名义单独投标或者参加其他联合体投标的，相关投标均无效。

2）综合能源项目的招标人不得强制要求联合体投标

《招标投标法》第三十一条规定，招标人不得强制投标人组成联合体共同投标，不得限制投标人之间的竞争。第五十一条规定，招标人以不合理的条件限制或者排斥潜在投标人的，对潜在投标人实行歧视待遇的，强制要求投标人组成联合体共同投标的，或者限制投标人之间竞争的，责令改正，可以处 1 万元以上 5 万元以下的罚款。由此可见，综合能源项目的招标人如强制要求联合体投标的，或将面临罚款等处罚。

3）综合能源项目联合体投标中各方的法律风险

（1）综合能源项目联合投标协议的履行。联合投标协议的主体是综合能源项目联合体各方成员，但联合体协议的作用并不局限于厘清联合体内部成员的关系，联合体协议所约定的分工和职责，更关系整个工程项目的顺利进行，这也是在资格审查中招标人要求联合体必须提供真实的联合投标协议的原因。因此，联合投标协议能否真实全面的履行也关系到招标人的重大利益和项目工程的质量。然而，法律法规并没有监督联合投标协议履行的相关规定和机制，也没有赋予综合能源项目的招标人监督联合体履行联合体协议的相应权利。这就给了联合体成员擅自变更协议以及不实际履行协议的空间。此外，有些招标人出于节约资金的考虑，与综合能源项目的联合体各方分别达成了某种程度的默契，使得联合体协议书最终成了一纸空文。在实践中，许多综合能源工程项目的联合体会在提交给招标人的联合体协议之外达成隐秘的"抽屉"协议，改变联合体内部成员的职责分工、权利和义务，甚至擅自违法分包或转包。[①]

（2）综合能源项目联合体成员承担连带责任的风险。《招标投标法》第三十一条规定，联合体各方应当签订共同投标协议，明确约定各方拟承担的工作和责任，并将共同投标协议连同投标文件一并提交招标人。联合体中标的，联合体各方应当共同与招标人签订合同，就中标项目向招标人承担连带责任。该款很明确地告知，联合体向招标人承担连带责任是法律规定的责任即法定责任。项目投资人联合体协议对于联合体各方成员是划分内部工作范围及权利义务的协议，是通过约定来实现的，是约定义务。而就中标项目向招标人承担连带责任是法定的，不能通过联合体协议约定来规避对招标人的法定义务。

综合能源项目联合体各成员需对招标人承担连带责任，即如果联合体一方违约，招标人可要求联合体的任何一方履行全部的合同义务，且各方均不得以其内部协议的约定对抗招标人。[②]如综合能源项目联合体一方原因导致工程质量不符合合同约定、工期延长或者发生安全事故的，各方均需对招标人承担连带责任。

---

① 杨巍.工程建设联合体投标法律制度研究[D].重庆：西南政法大学，2014.

② 洪鹰群，徐小军.如何正确理解联合体各方承担的连带责任?[J].中国招标，2017（45）：41.

（3）综合能源项目的联合体内部纠纷的风险。综合能源项目联合体各方是由联合体协议联结在一起的合伙合同关系，联合体内部之间权利、义务、责任的承担等问题需要以联合体各方订立的协议为依据，按照协议的约定分享权利、分担义务。①但是，如果联合体各方之间未明确各自的权利、义务和责任承担，则当工程范围发生变化、工程延期、费用变更或其他情形出现变化时，较大概率联合体各方将产生纠纷，影响联合体各方之间的合作基础，引印发综合能源项目联合体内部的纠纷。

4）综合能源项目联合体投标法律风险防范

在组成综合能源项目联合体时，联合体一方应当对其他各方的资信进行审慎的审查，在综合能源项目的联合体合作之初，应当签署书面协议，将各方的权利、义务、责任承担、违约责任等约定明确。在联合体各方进行合作时，建议将项目的应收账款均约定由联合体的共管账户进行支配，共同对联合体的全部应收账款进行监督并加以控制。

2.打捆招标的相关规定

随着综合能源行业的快速发展，如整县光伏项目的快速推进，多个同类型项目的不同时期需要大量光伏组件等材料，打捆招标将得到广泛应用。

关于打捆招标，目前并没有明确的法律法规，而是在部分省市的地方性法规和政策中有所规定，如国家发展改革委办公厅关于印发《新一轮农村电网改造升级项目管理办法》的通知（发改办能源〔2016〕671号）规定农村电网改造升级项目中，10 kV及以下单项工程监理单位的确定可采取打捆招标的方式选择。②

《河南省住房和城乡建设厅关于同意洛阳市开展房屋建筑和市政基础设施工程招标投标领域改革试点的批复》（豫建市〔2020〕228号）规定："探索实施批量打捆招标的发包模式。招标人在一定时间段实施多个同类型小规模的、简单的、通用的工程或者与工程建设有关的货物、服务等，可以采用批量打捆招标的方式进行招标。"

《成都市政府性工程建设项目招标投标活动事中事后监管办法》（成办发〔2018〕38号）第十四条规定："采取项目投资人选择与工程建设打捆招标的，招标投标活动应遵循依法确定的工程建设项目招标投标规则；投资人选择招标资格要求和竞争性条款等内容可以作为工程建设项目招标资格条件和竞争性条款等内容写入招标文件，并依法保障招标的充分竞争性；招标投标活动监督工作由招标投标行

---

① 马俊杰.关于联合体投标人关系和责任探讨 [J].招标采购管理，2016（12）：27-28.

② 国家发展改革委办公厅关于印发《新一轮农村电网改造升级项目管理办法》的通知（发改办能源〔2016〕671号）

第三十五条 农网改造升级项目要执行招投标法及相关规定。项目单位应制定并落实相应的施工质量保证措施和监督措施，确保工程质量。农网改造升级项目要执行工程监理制，10 kV及以下单项工程监理单位的确定可采取打捆招标的方式选择。

政监督部门负责（其中，招标文件的项目投资人选择条款由招标人依据国有企业或事业单位有关规定自行负责）。"

《绵阳市国家投资工程建设项目招标投标办法（试行）》（绵府办发〔2017〕47 号）第六条规定："招标人可以根据实际情况，采用以下方式招标……（二）打捆招标。同一招标人需求明确的同类项目，可一次打捆招标，打捆招标的监督工作由审批层次较高的行政监督部门负责。"

《青海三江源生态保护和建设二期工程招标投标管理办法》（青政办〔2015〕16 号）第六条规定："项目法人单位作为工程（项目）的招标人，负责组织工程（项目）的勘察、设计、施工以及与工程建设有关的重要设备、材料采购等招标工作。非项目法人单位不得组织开展各类打捆招标。"

综上所述，综合能源项目的设备采购或其他分供商的采购是否能够采用打捆招标，应当根据综合能源项目所在地政府颁布的相关办法或政策来确定，以确保综合能源的打捆招标符合法律规定和当地政策的规定。

3. 项目公司关联方参与综合能源项目施工的招投标研究

根据《招标投标法》、《招标投标法实施条例》、《工程建设项目招标范围和规模标准规定》（3 号令）、《工程建设项目施工招标投标办法》等相关法律规定，项目公司关联方例如股东等参与综合能源项目的施工建设不属于法律规定的任一种可以不招投标的情形，目前也不存在针对项目公司关联方参与项目公司综合能源项目的招投标特别规定，另外，由于项目公司关联方与项目公司在法律上为两个主体，不属于《招标投标法实施条例》规定的"采购人依法能够自行建设、生产或者提供"可以不进行招标的特殊情形。因此，关于项目公司关联方投资的项目公司参与综合能源项目建设，应当使用综合能源项目招标投标的相关规定，在符合必须招投标的情况下，应当进项招投标程序。

同时，作为项目公司关联方参与项目公司的招投标，可能存在一定的风险，《招标投标法实施条例》第三十四条第一款规定，与招标人存在利害关系可能影响招标公正性的法人、其他组织或者个人，不得参加投标。虽然本条没有一概禁止与招标人存在利害关系法人、其他组织或者个人参与投标，构成本条第一款规定情形需要同时满足"存在利害关系"和"可能影响招标公正性"两个条件。但是作为项目公司关联方的投标人与招标人（"项目公司"）存在某种"利害关系"，需满足招投标活动依法进行、程序规范，该"利害关系"并不影响其公正性的，才可以参与投标。例如，项目公司股东或集团公司与项目公司的人员在同一个地方办公，同一批人员，就是"两块牌子，一个班子"属于存在"利害关系"可能影响投标公正性的情形。

5.3 招投标典型案例评析

5.3.1 以邀请招标取代公开招标选定施工方的法律后果

项目建设业主方可能会忽略公开招标程序而通过直接指定或以邀请招标的方式确定施工单位。此时，相应建设工程施工合同是否有效？施工单位和业主的权利义务应当如何界定？施工单位可以继续按照双方签署的建工合同主张权利吗？

1. 当事人关系

当事人关系如图 5-1 所示。

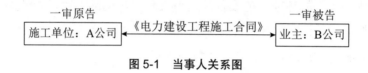

一审原告 施工单位：A 公司 ← 《电力建设工程施工合同》 → 一审被告 业主：B 公司

图 5-1 当事人关系图

2. 案件基本事实

2015 年 4 月 3 日，黑龙江省发改委核准某能源项目，项目业主为 B 公司，要求项目招标范围为全部招标，招标组织形式为委托招标，招标方式为公开招标。

2015 年 11 月 30 日，业主 B 公司与施工单位 A 公司通过邀请招标的方式签订《电力建设工程施工合同》，业主 B 公司将项目发包给施工单位 A 公司。

2016 年 2 月 26 日，业主 B 公司与施工单位 A 公司签订《补充协议》，协议约定：由于现场气候恶劣，不可抗力导致工期需顺延，将竣工日期自 2016 年 2 月 28 日顺延至 2016 年 8 月 28 日。

2017 年 4 月 11 日，业主 B 公司与施工单位 A 公司签订《单位工程竣工报告》，涉案工程经验收合格。

工程竣工验收后，业主 B 公司仅支付工程款 1 995 万元，尚余 1 800 万元未支付。

3. 当事人主张

2018 年 4 月 25 日，原告施工单位 A 公司诉至法院：请求依法判令业主 B 公司给付工程款 1 800 万元及相应逾期付款利息。

被告业主 B 公司抗辩：施工单位 A 公司存在工期延误，延误时间长达 7 个月，应承担给业主造成的发电量损失（具体以司法鉴定为准）。

4. 争议焦点

法院认为，本案的争议焦点在于案涉合同未经公开招标（邀请招标）的效力及工期延误责任的承担。

5. 法院判决结果

一审法院支持施工单位 B 公司诉请，其观点如下：

1）未经公开招投标，建设施工合同无效

该能源项目属于大型基础设施、公用事业等关系社会公共利益、公众安全的项目，依法属于强制招投标工程的范围。黑龙江省发展和改革委员会亦在核准文件中明确要求能源项目的招标范围为全部招标，招标方式为公开招标，并未核准涉案项目可进行邀请招标。现业主 A 公司就涉案项目并未采用公开招标的方式进行招标，案涉合同违反法律、法规的强制性规定，应为无效合同。

2）能源项目通过竣工验收，合同无效不影响工程款支付

因涉案工程已于 2017 年 4 月 11 日验收合格。根据《最高人民法院关于审理建设工程施工合同纠纷案件适用法律问题的解释（一）》第三条[①]规定，施工单位 A 公司请求业主 B 公司参照合同约定支付工程款应得到法律的保护。本案工程造价为固定总价，减去已支付的工程款，B 公司还应给付 A 公司工程款 1 800 万元。

给付工程款的利息是给付工程款的附随义务。本案能源项目已于 2017 年 4 月 11 日验收合格，应将该日视为实际交付之日并计算利息。由于合同无效，应视为双方当事人对欠付工程价款利息计付标准没有约定，依法应按照中国人民银行发布的同期同类贷款利率计息。

二审阶段，双方观点如下：

业主 B 公司不服一审判决，提起上诉，上诉请求依法驳回施工单位 A 公司全部诉讼请求，其上诉理由如下：

施工单位 A 公司存在工期延误，应承担给业主 B 公司造成的实际损失。尽管《补充协议》将工期顺延至 2016 年 8 月 28 日，但施工单位又拖延 7 个多月才完工。一审法院判令合同无效，因此未支持工程延误违约金损失；但是根据《中华人民共和国合同法》[②] 的相关规定，有过错的一方应当赔偿对方因此受到的损失。业主的实际损失就是施工单位延误工期造成的预期发电量的损失，一审判决给付的工程款应当

---

① 《最高人民法院关于审理建设工程施工合同纠纷案件适用法律问题的解释（一）》第三条："当事人以发包人未取得建设工程规划许可证等规划审批手续为由，请求确认建设工程施工合同无效的，人民法院应予支持，但发包人在起诉前取得建设工程规划许可证等规划审批手续的除外。"
② 现已废止，现行有效的法律为《中华人民共和国民法典》（2020 年 5 月 28 日发布；2021 年 1 月 1 日实施）。

减去该损失。

针对业主 B 公司的上诉请求，施工单位 A 公司抗辩如下。

工期延误的责任不在施工单位。业主 B 公司在《补充协议》签订后截止于 2016 年 10 月 22 日，仍然不具备施工条件。根据合同约定，甲方原因导致延期开工，工期可顺延。

二审法院最终维持原判，具体观点如下。

（1）认同一审法院关于能源项目施工合同未经公开招投标无效的观点。

（2）关于工期延误的原因及责任认定问题。当事人双方签订的《补充协议》系双方真实意思表示，该协议将工期顺延至 2016 年 8 月 28 日，且明确了系现场气候恶劣，不可抗力导致工期需顺延，证实此次工期顺延并非施工单位 A 公司原因所致。监理公司出具的工期情况说明亦证实，在 2016 年 3 月 23 日至 2017 年 1 月 18 日期间因不具备施工条件，通知施工单位 A 公司停止施工，故《补充协议》确定的竣工日期后的工期延误亦非因施工单位 A 公司原因所致。业主 B 公司虽对监理公司的说明真实性有异议，但未能提供有效证据支持其主张。业主 B 公司申请对工程逾期交付使用产生的发电量损失进行鉴定，并主张由施工单位 A 公司赔偿该损失的请求，本院不予支持。

（3）认同一审法院关于工程款及利息计算的观点。

6. 法律分析

1）可以邀请招标的法定情形

邀请招标也称选择性招标，是由采购人根据供应商或承包商的资信和业绩，选择一定数目的法人或其他组织（不能少于 3 家），向其发出招标邀请书，邀请它们参加投标竞争，从中选定中标供应商的一种采购方式。[①]

采用邀请招标方式的前提条件，根据《工程建设项目施工招标投标办法》（七部委 30 号令）、《招投标法实施条例》等的相关规定："依法必须进行公开招标的项目，有下列情形之一的，可以邀请招标：

（一）项目技术复杂或有特殊要求，或者受自然地域环境限制，只有少量潜在投标人可供选择；

（二）涉及国家安全、国家秘密或者抢险救灾，适宜招标但不宜公开招标；

（三）采用公开招标方式的费用占项目合同金额的比例过大。"

2）新能源项目施工、采购、服务合同未经公开招投标而无效

《必须招标的基础设施和公用事业项目范围规定》（发改法规〔2018〕843 号）

[①] 王炳亮. 基于公共安全视角的电网设备集中制造模式研究 [D]. 天津：天津大学，2010.

第二条规定："不属于《必须招标的工程项目规定》第二条、第三条规定情形的大型基础设施、公用事业等关系社会公共利益、公众安全的项目,必须招标的具体范围包括:(一)煤炭、石油、天然气、电力、新能源等能源基础设施项目⋯⋯"

本案中,案涉施工合同便由于未进行公开招投标而被人民法院认定为无效。

3)建设工程施工合同无效的,不影响工程款的支付,但会导致合同条款继续适用存在困难

《民法典》第七百九十三条规定:"建设工程施工合同无效,但是建设工程经验收合格的,可以参照合同关于工程价款的约定折价补偿承包人。"

基于上述规定,可以看出:建设工程施工合同无效但工程竣工验收合格的,业主仍需承担工程款支付责任,即合同无效不构成拒付工程款的理由。

《最高人民法院关于审理建设工程施工合同纠纷案件适用法律问题的解释(一)》(2021 年 1 月 1 日生效)规定:"建设工程施工合同无效,一方当事人请求对方赔偿损失的,应当就对方过错、损失大小、过错与损失之间的因果关系承担举证责任。损失大小无法确定,一方当事人请求参照合同约定的质量标准、建设工期、工程价款支付时间等内容确定损失大小的,人民法院可以结合双方过错程度、过错与损失之间的因果关系等因素作出裁判。"

上述规定显示,在建设工程施工合同无效的情况下,相应的质量标准、工期、工程价款支付等约定不具备直接的约束力,当一方违反该等约定时,人民法院将参照该等约定作出酌情的处理,而非直接适用无效合同中的具体条款作出裁判。

5.3.2　未经招投标的新能源项目EPC合同是否有效

新能源项目建设过程中,许多项目业主会倾向于选择有既往合作经验,或者因工期紧张直接选定在项目当地有较好施工经验的施工方作为 EPC 总承包方进行电站的总承包施工;或者以为只有国有企业才必须履行招投标确定施工单位,民营企业使用自有资金无须招投标。存在意向合作方的情形下,项目业主可能会不经招投标程序,直接与意向 EPC 方签订施工合同。

在新能源项目建设过程中,未经招投标程序是否对施工合同的效力产生影响?新能源项目是否属于强制招投标的建设工程范畴?民营企业开发、建设新能源项目无须招投标选定施工单位吗?如果因未经招投标导致施工合同效力产生瑕疵,又会对双方当事人权利义务产生哪些影响?

1. 当事人关系

当事人关系如图 5-2 所示。

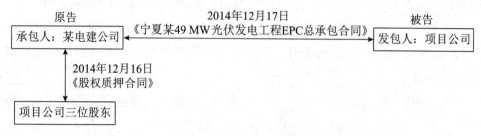

图 5-2　当事人关系图

2. 案件基本事实

某电建公司（作为合同乙方）与项目公司（作为合同甲方）于 2014 年 12 月 17 日签订了《宁夏某 49 MW 光伏发电工程 EPC 总承包合同》，约定由乙方作为 EPC 总承包人垫资承包建设甲方 49 MW 光伏发电工程。该工程分为两期建设，一期项目总装机容量为 20 MW，合同固定总价 1.7 亿元；二期项目总装机容量为 29 MW，合同暂定总价为 2.2 亿元。

2014 年 12 月 16 日，项目公司三位股东甲、乙、丙与电建公司签订了《股权质押合同》，约定项目公司三位自然人股东甲、乙、丙分别以其持有项目公司的 51%、25% 和 34% 的股权作质押，担保的债权为电建公司于《宁夏某 49 MW 光伏发电工程 EPC 总承包合同》项下应取得的工程款（一期 EPC 合同额为 1.7 亿元，二期合同额约为 2.2 亿元）。随后，各方办理了股权出质登记。

2015 年 6 月 19 日，双方签订补偿协议，约定双方在 2014 年 12 月 16 日签订的合同的基础上，将一期项目总装机容量 20 MW 进行调整，增加 1.58 MW，增加部分总价约 1 100 万元。一期项目总价为 1.81 亿元。

案涉一期项目于 2016 年 6 月 14 日并网发电，并交付项目公司使用。二期因尚未取得建设指标文件，不具备开工条件，尚未进行建设。

工程交付后，经电建公司多次催要，项目公司仅就一期项目支付了约 790 万元工程款。后因多次索要工程款无果，电建公司遂向人民法院起诉项目公司及项目公司三位股东，请求判令项目公司支付剩余工程款，并确认电建公司就该工程质押的股权享有优先受偿权。

3. 当事人主张

原告电建公司诉讼：请求法院判令：①项目公司支付电建公司剩余工程款 1.731

亿元，逾期付款利息 79 万元及违约金 482 万元。②电建公司就该工程质押的股权有优先受偿权。

4. 争议焦点

法院认为本案的争议焦点为：①涉案总承包合同的效力；②电建公司就该工程质押的股权是否享有优先受偿权。

5. 法院判决结果

1）关于涉案总承包合同的效力问题

根据《招标投标法》第三条、2000 年《工程建设项目招标范围和规模标准规定》（本书注：2018 年 3 月 8 日废止）第二条第一项规定："关系社会公共利益、公众安全的基础设施项目的范围包括：（一）煤炭、石油、天然气、电力、新能源等能源项目……"第七条规定："本规定第二条至第六条规定范围内的各类工程建设项目，包括项目的勘察、设计、施工、监理以及与工程建设有关的重要设备、材料等的采购，达到下列标准之一的，必须进行招标……"本案所涉工程系光伏发电建设工程，项目属于必须进行招标的项目，双方当事人未履行法律规定的招标投标程序，违反了法律的强制性规定。根据有关法律及司法解释规定，可以认定涉案总承包合同为无效合同。

2）关于电建公司就该工程质押的股权是否享有优先受偿权的问题

《最高人民法院关于适用〈中华人民共和国民法典〉有关担保制度的解释》第十七条第二款规定："主合同无效而导致第三人提供的担保合同无效，担保人无过错的，不承担赔偿责任；担保人有过错的，其承担的赔偿责任不应超过债务人不能清偿部分的三分之一。"

因涉案总承包合同无效，作为从合同的《股权质押合同》应属无效，无效的合同自始不具有法律约束力。因此，电建公司不享有优先受偿权。电建公司作为主合同总承包合同的签订一方，明知涉案工程未进行招投标，对主合同及从合同的无效均有过错。项目的三位股东明知涉案工程未进行招投标，而与电建公司签订股权质押合同，亦存在过错。故项目三位股东应在项目公司债务不能清偿部分的 1/3 范围内承担赔偿责任。

6. 法律分析

1）关于涉案总承包合同的效力问题

虽然本案判决时有效的《工程建设项目招标范围和规模标准规定》现已废止，但是按照现行有效的《必须招标的基础设施和公用事业项目范围规定》（发改法规规〔2018〕843 号）第二条、《必须招标的工程项目规定》（国家发展和改革委员会令第 16 号）第五条①，电力、新能源等能源基础设施项目仍属于必须招标的工程范畴。如果新能源项目勘察、设计、施工、监理以及与工程建设有关的重要设备、材料等的采购金额达到规定标准的，则必须通过招标的方式签署相应合同，例如施工单项估算金额在 400 万元人民币以上，采购单项估算金额在 200 万元人民币以上的，设计、监理等单项在 100 万元以上的，无论是民营企业还是国有企业，均需要招投标。

哪些特殊情况下不需要招投标呢？根据《工程建设项目施工招标投标办法》（2013 年修订）第十二条规定了工程建设项目不需要招投标的情形。"依法必须进行施工招标的工程建设项目有下列情形之一的，可以不进行施工招标：

（一）涉及国家安全、国家秘密、抢险救灾或者属于利用扶贫资金实行以工代赈需要使用农民工等特殊情况，不适宜进行招标；

（二）施工主要技术采用不可替代的专利或者专有技术；

（三）已通过招标方式选定的特许经营项目投资人依法能够自行建设；

（四）采购人依法能够自行建设；

（五）在建工程追加的附属小型工程或者主体加层工程，原中标人仍具备承包能力，并且其他人承担将影响施工或者功能配套要求；

（六）国家规定的其他情形。"

光伏项目作为新能源项目，与其相关的、达到一定金额的施工合同、采购合同、服务合同等，均属于法定的必须招投标的项目，除符合《工程建设项目施工招标投标办法》（2013 年修订）第十二条规定的情形外，项目如不进行公开招投标的，相应合同存在被人民法院认定为无效的风险。

本案中，案涉工程系某 49 MW 光伏发电工程，属于"电力、新能源等能源基础设施项目"，且案涉 EPC 总承包合同总金额高达 3.9 亿元，不论是按照判决时有效的《工程建设项目招标范围和规模标准规定》，还是按照现行有效的《必须招标的工程项目规定》，本合同金额远超出招标限额标准，且不属于《工程建设项目施工招标投标办法》（2013 年修订）第十二条规定的情形，因此必须进行招投标。

---

① 《必须招标的工程项目规定》（国家发展和改革委员会令第 16 号）第五条：本规定第二条至第四条规定范围内的项目，其勘察、设计、施工、监理以及与工程建设有关的重要设备、材料等的采购达到下列标准之一的，必须招标：（一）施工单项合同估算价在 400 万元人民币以上；（二）重要设备、材料等货物的采购，单项合同估算价在 200 万元人民币以上；（三）勘察、设计、监理等服务的采购，单项合同估算价在 100 万元人民币以上。同一项目中可以合并进行的勘察、设计、施工、监理以及与工程建设有关的重要设备、材料等的采购，合同估算价合计达到前款规定标准的，必须招标。

根据本案判决时有效的《最高人民法院关于审理建设工程施工合同纠纷案件适用法律问题的解释》①（法释〔2004〕14号）第一条第三款规定，建设工程必须进行招标而未招标的，应当根据《合同法》第五十二条第（五）项的规定，认定无效。2021年1月1日起《民法典》施行后，现行经修订继续有效的《最高人民法院关于审理建设工程施工合同纠纷案件适用法律问题的解释（一）》也沿用了此观点。即对于应招而未招的施工合同，存在因违反法律法规规定而被认定为属于无效合同的风险。

2）关于电建公司就该工程质押的股权是否享有优先受偿权的问题

以股权出质的质权属于担保物权中权利质权的一种，是担保人为债务人履行主债务提供担保的方式之一，在债务人到期不履行主合同项下债务或出现约定情形时，债权人可以基于担保合同主张实现担保物权，优先于其他普通债权受偿。根据《民法典》的规定，担保合同属于主债权债务合同的从合同。如果主债权债务合同无效的，担保合同也将无效（法律另有规定的除外）。如果债务人、担保人、债权人对担保合同无效具有过错的，则各方应当根据其过错各自承担相应的民事责任。

关于承担赔偿责任的比例，在本典型案例中，因主合同无效，因此作为从合同的股权质押合同也属于无效合同。因电建公司、项目公司、项目公司三位股东在明知涉案工程未进行招投标的情形下签订主合同（EPC总承包合同）及从合同（股权质押合同），各方对合同无效均有过错，因此按照原担保法司法解释②的规定，项目公司三位股东应在项目公司债务不能清偿部分的1/3范围内承担赔偿责任。

5.4　本章小结

我国目前没有专门针对综合能源项目的招投标规定，但综合能源项目往往涉及多种能源，包括电能、天然气、热/冷、水力等，因此综合能源项目的招投标不仅要考虑可再生能源的招投标规定，还需要综合考虑电能、天然气、供暖、制冷、供水

---

① 现已废止，现行有效的司法解释为《最高人民法院关于审理建设工程施工合同纠纷案件适用法律问题的解释（一）》（法释〔2020〕25号），沿用了原司法解释第一条第三款规定：建设工程施工合同具有下列情形之一的，应当依据民法典第一百五十三条第一款的规定，认定无效：（一）承包人未取得建筑业企业资质或者超越资质等级的；（二）没有资质的实际施工人借用有资质的建筑施工企业名义的；（三）建设工程必须进行招标而未招标或者中标无效的。

② 现已废止，现行有效的司法解释为《最高人民法院关于适用〈中华人民共和国民法典〉有关担保制度的解释》（法释〔2020〕28号），沿用了原司法解释第八条规定，现为第十七条第二款　主合同无效导致第三人提供的担保合同无效，担保人无过错的，不承担赔偿责任；担保人有过错的，其承担的赔偿责任不应超过债务人不能清偿部分的三分之一。

等基础设施建设工程的招投标规定。具体至投资建设综合能源领域，回答了综合能源服务商选定是否需要招投标，以及综合能源项目的设计、施工建设是否需要招投标等问题。

综合能源项目关乎社会公共利益和能源公共安全，且项目总投资额一般数目较大。本章介绍了综合能源领域招投标的立法现状、综合能源项目在招投标方面的相关法律法规、综合能源项目面临的联合体招投标和打捆招投标等问题，并通过两个招投标典型案例，管窥见豹地对综合能源项目的招投标工作进行指引，以期帮助相关企业有效规避不合法不合规导致的法律风险。

即测即练5

协议签署及注意事项

2021 年 2 月 25 日,《国家发改委　国家能源局关于推进电力源网荷储一体化和多能互补发展的指导意见》(发改能源规〔2021〕280 号)发布,文件指出应推进源网荷储一体化,鼓励社会投资。降低准入门槛,营造权利平等、机会平等、规则平等的投资环境。在符合电力项目相关投资政策和管理办法基础上,鼓励社会资本等各类投资主体投资各类电源、储能及增量配电网项目,或通过资本合作等方式建立联合体参与项目投资开发建设。

在一般的综合能源项目中,主要由服务单位、用能单位、融资单位、运维单位、建设单位五方参与,并随之形成相应的能源服务合同法律关系、运维法律关系、建设工程合同法律关系、融资法律关系。每一种法律关系中均会涉及多份书面协议,且各份书面协议中存在关联条款,对综合能源项目的开发、建设、运营均会产生实质影响。

综合能源服务协议

6.1.1　能源服务协议的架构及要点

据统计,目前节能效益分享模式仍然是综合能源服务的主流模式,因此,以节能效益分享型能源服务协议为例,其架构及要点梳理见表 6-1。

表 6-1 节能效益分享型能源服务协议的架构及要点梳理

条　款	内　　容	
第一条	名词解释	合同能源管理、节能量、能源绩效、能源基准、基期、基准能源费用、节能服务费、节能效益和节能效益分享等
第二条	项目概况	项目名称、节能改造对象、节能技术、项目服务范围、项目地点、拟改造的设备系统及耗能状况等
第三条	能源审计和能源基准	能源消耗量的测算等
第四条	项目的设计方案	甲乙双方就项目设计方案的权利义务、项目技术方案等
第五条	项目投资	甲乙双方对项目的投资比例、投资时间安排等
第六条	设备的采购、安装、调试	设备到货时间，设备到货后的验收、安装调试费用承担，安装调试期限，设备调试过程中的要求等
第七条	项目验收	项目验收的主体、验收报告的内容、项目验收的时间安排等
第八条	移交	设备安装并验收合格后，项目移交工作安排等
第九条	售后服务	质量保证期、故障维修义务、质保期结束后的维修服务等
第十条	项目的运行管理与培训	甲乙双方对项目运行管理和培训的权利义务划分、运行管理费用承担等
第十一条	设备所有权约定	设备的占有权、设备的使用权、设备的所有权、设备的处分权、项目运行的收益权安排等
第十二条	节能量的确定	节能量的测量方法、节能量的验证方法等
第十三条	节能效益的计算和分享	节能效益的计算方法、节能效益的分享期限、节能效益的分享比例、节能效益期满后的节能收益归属等
第十四条	节能效益分享款的付款安排	节能效益分享款的付款方式、节能效益分享款的付款数量、节能效益分享款的付款时间等
第十五条	用能设备和其他用能项的增减	用能设备和其他用能项增减的确认等
第十六条	违约责任	项目验收前的违约责任、项目验收时的违约责任、项目延误的违约责任、设备安装完毕后的违约责任等
第十七条	设备的变更	设备的更新、改进、改动、拆除、损坏、丢失等
第十八条	设备的停止运行／关闭	合同有效期内，对设备的停止运行或关闭的相关约定
第十九条	合同的变更和转让	项目设备所有权的转移、节能效益分享款的权利转让等
第二十条	合同的终止	合同的解除或终止、合同解除后的赔偿责任等
第二十一条	其他条款	保密和知识产权、保险、担保、不可抗力、法律适用和争议解决、合同的生效及其他

6.1.2　能源服务协议的法律风险及控制

在正式签署能源服务协议并开展合作前，综合能源服务公司及用能单位均应充分了解综合能源服项目的模式及服务内容。用能单位需明确自身需要及合作目的；

综合能源服务公司则应充分了解综合能源相关的政策及技术要求，保证提供的服务合规、合法，同时满足项目投资收益的要求。在能源服务协议的签署过程中，综合能源服务公司应重点关注以下风险，并从完善合同条款的角度进行风险防控。

1. 用能单位拒绝付款的风险

任何合同都有债务人不付款的风险，综合能源服务管理项目的用能单位不付款，会致使综合能服公司损失。因此，综合能源服务公司应通过谨慎选择用能单位及制定严谨的合同条款来规避相应风险。

用能单位不付款存在下述各种理由：项目设备运行不稳定，节能量不足等。因此，谨慎选择用能单位十分重要，尽量选择同行业优质、守信用的企业作为合作对象，例如政府资金支持的政府机关、行政、事业单位、大型国有企业是各大综合能源服务公司优先开发的用能单位。另外，还需要尽可能通过合同条款来防范用能单位不付款的风险。

2. 能源服务收益分配的风险

若以节能效益作为确认能源服务收益的标准，相应节能量的认定非常重要，应依托于双方共同委托的节能量审核机构，以节能量审核机构的认定为准。如果合同中规定用能单位或综合能源服务公司自行监测则无法保证测量结果的公平，且容易发生争议。

3. 用能单位提前解除合同的风险

在能源服务合同中，如果不做特殊设计和约定，而用能单位提前解除合同，则综合能源服务公司会遭受较大损失。因此，建议在协议中明确约定，非因综合能源服务公司过错而解除合同时，应当赔偿综合能源服务公司实际损失，包括但不限于能源审计、咨询费用、设施设备购置费用、维修服务费用、设备贬值损失、设备安装、拆卸及运输费、保险费以及项目整个运营期内的预期可得利益损失等。

4. 用能单位兼并、停产、停业、破产风险

综合能源服务公司有可能会遇到用能单位兼并、停产、停业破产的情况。有鉴于此，应当在签订综合能源管理合同时预测到这种可能性并在条款设计上提前做出风险防范。建议针对用能单位上述重大变化的情况，以及在签订综合能源服务合同后的不同阶段出现的类似情况，设置不同的处理方法。综合能源服务公司可以通过用能单位抵押财产或者第三方担保的方式，在用能单位违约的情况下，避免或减少综合能源服务公司的损失。①

---

① 刘春. 合同能源管理项目的法律风险控制 [EB/OL]. （2021-08-18）. http：//blog.sina.com.cn/s/blog_4700cc230102yuiq.html.

6.1.3　能源服务协议典型案例

用能单位经营不善全面停产，综合能源服务公司主张剩余合同期内可得赔偿利益损失。

1. 案例情况

2016年8月，能服公司与用能单位签订了能源服务合同（以下简称"能服合同"），主要约定如下。

（1）能服公司为用能单位安装能源设备共9台（总价值935万元），预计平均节能率为15%，用能单位根据实际用电量按月支付能源服务费，服务期限为7年，自2016年10月1日起至2023年9月30日止。

（2）合同期内当能服公司获得的能源服务费达到1 223万元（不含国家财政补贴）时，合同自然终止；未达到1 223万元时，可按照合同结束时间顺延，但是能服公司不再承担合同顺延期间的设备维护费用。

（3）当本合同一方发生以下任一情况时，另一方可书面通知对方解除本合同：一方进入破产程序；或一方的控股股东或者是实际控制人发生变化，而且该变化将严重影响到该方履行本合同下主要义务的能力；或一方违反本合同下的主要义务，且该行为在另一方书面通知后10日内未得到纠正。

2016年11月，能服公司为用能单位安装了7台设备（价值920万元），经双方共同测试节能率均在15%以上，尚有2台设备未安装（价值15万元）。经查未安装的2台设备为附属配套设备，不影响项目整体效果。

2016年11月底，双方签署了《设备安装验收移交单》。

项目运行过程中，用能单位一直拒绝为能服公司提供其实际用电量数据，也一直未与能服公司结清能源服务费。2017年5月，能服公司向用能单位发出《催告函》，要求用能单位按照合同约定结清款项，但用能单位未予回应。

2017年6月15日，能服公司向用能单位发出《律师函》，要求用能单位一次性支付前期能源原服务费并提供担保以保证合同顺利履行，否则将单方解除合同，并要求用能单位赔偿一切损失，用能单位仍未予回应。

2017年6月下旬，用能单位经营不善，全面停产。

2017年7月，能服公司向法院起诉，主张解除合同，并请求用能单位赔偿可得利益损失1 223万元。

法院经审理认为，首先，用能单位庭审中提供的证据是整个工厂总用电量，非本案设备特定用电回路的用电量，与本案无关；且双方曾在2016年11月对节能率进行检测，共同盖章确认，可以认定案涉项目符合合同约定的用能效果。其次，用能单位既未向能服公司提供安装能源设备后的用电数量，也一直未向能服公司按月支付能源服务费用。且在 2017 年 6 月，用能单位因经营不善，已经全面停产，致使合同目的不能实现，因此用能单位已构成根本违约。故合同约定解除条件已经成就，能服公司有权要求解除合同。再次，可得利益是合同在适当履行以后可以实现和取得的财产利益，作为一种可期待利益，在合同生效后即受保护。在合同目的不能实现时，当事人可行使合同解除权，并主张损害赔偿来实现合同目的。案涉合同对于可得利益有明确的约定，即合同期内当能服公司获得的能源服务费达到 1 223 万元时合同终止，若合同能够正常履行，双方均可预见到能服公司将获得 1 223 万元的服务收益。考虑能服公司尚有 2 台非必要配套设备未安装（设备价值 15 万元左右，占总设备价值 2%；负载功率仅占总设备负载功率 7%），应在可得利益赔偿总额中扣除未安装的 2 台能源设备可能产生的收益。同时综合考虑合同订立时已预见的能源服务费收益（1 223 万元）、户安装设备价值（920 万元）在总设备中的价值比例（占98%），及已安装设备占总设备负载功率比例（占 93%）等情形，本案中，法院最终酌情判定用能单位支付能服公司可得利益损失为 1 200 万元。

2. 风控建议

1）重视前期尽职调查

由于能源服务周期较长，用能单位出现经营不善、停产转产，甚至解散、破产的可能性大，能服公司在订立合同之初即需要考虑此等风险。因此建议能服公司在合同正式签订前进行必要的尽职调查，对用能单位履约能力、资信情况、涉诉情况、经营状况、市场状况，甚至行业大背景进行充分了解。

2）合理设置合同条款

在能源管理协议签署后、履行中，如用能单位存在停产/停业风险，能服公司可考虑参考前述案例的条款设置方式。本书建议如下。

（1）将因各种原因导致无法结算的用电量、节能数据时在合同中直接固定，而不能完全依靠于用能单位逐次抄表、确定用电量再进行结算，进而规避用能单位停产/停业导致无法确定用电量或无法收取能源服务费的风险。

（2）建议能服公司在签订合同时，对合同条款进行细致全面审核，详细列举用能单位可能出现的违约情况，如擅自拆除、更换、停止、转产或关闭设备导致项目不能正常运行等；或其他因用能单位原因导致合同不能继续履行的情形，例如歇业停业、解散、进入破产或清算程序等，并约定明确的赔偿标准。

（3）建议在签订合同时尽量明确约定合同解除或终止时，违约方是否需赔偿剩余合同期内的可得利益及相应的科学的计算方法，以尽量减少索赔不能的风险。

（4）如果因项目特性，利用上述条款无法计算出明确的赔偿标准，建议在合同中约定由于用能单位原因导致合同无法继续履行时，用能单位有义务按照约定的标准收购项目残值以赔偿能服公司的投资损失。

（5）建议能服公司在条件允许的情况下，要求用能单位提供一定的担保或承诺等增信措施，以保证合同目的的实现（但同时考虑合同订立之初，能服公司在谈判中处于较弱势地位，要求用能单位提供担保可能较为困难）。

 ## 6.2 设备采购协议

在项目建设过程中，EPC总承包模式下的综合能源项目下的多个子项目会涉及诸多专业设备，这些设备往往专业性、技术性较强，且设备的到货时间及质量与项目的运营状况及整体收益息息相关，因此，在签订设备采购合同前，应首先对设备采购合同的架构及要点进行梳理和分析。

6.2.1 设备采购合同的架构及要点

设备采购合同的架构及要点梳理见表6-2。

表6-2 设备采购合同的架构及要点梳理

条 款		内 容
第一条	定义	对于合同内所涉概念进行定义
第二条	合同标的	包括所买卖的设备数量、型号及与合同设备有关的中央监控系统和远程监控系统、技术文件、技术服务和技术培训
第三条	价格	包括合同总价及其包括内容、税费、价格表
第四条	支付条款	包括支付方式、支付进度、买方抵消权、银行费用负担与特殊情况下的价格调整
第五条	交货、运输和保险	包括交货时间、交货批次、运输方式、运输前的通知义务、风险负担、保险的种类与购买
第六条	包装和标记	包括卖方包装的标准、标记的内容以及未尽包装标记义务的责任
第七条	技术文件和技术培训	包括卖方提供技术文件和技术培训的期限、内容、费用与员工待遇
第八条	售后服务	包括质量保证期期限、在质保期内/外卖方的义务与买方的义务以及卖方所承诺给予的其他售后服务
第九条	标准和检验	包括设备的质量标准，在设备检验过程中买卖方的权利义务

条　款	内　　　容	
第十条	安装、调试及验收	包括在安装、调试、验收过程中买卖方的权利义务以及费用负担
第十一条	紧急事件的处置	紧急事件发生时卖方的保护、补救与费用承担义务与买方权利
第十二条	保证、索赔和罚款	包括卖方对于完全履行合同的承诺及未适当履行合同所承担的赔偿金、违约金
第十三条	知识产权	卖方对于设备无知识产权瑕疵的承诺
第十四条	双方代表	包括双方代表的选定以及代表的权利义务
第十五条	不可抗力	包括不可抗力的内容、效果，不可抗力发生时相应的通知、采取必要措施义务以及长时间不可抗力发生时时对于合同履行的处理
第十六条	税费	包括税费的负担与税率调整
第十七条	争端的解决	包括当事人选定的争端解决方式与具体的细节
第十八条	适用法律	即合同所适用的法律
第十九条	合同的生效、终止及其他	包括合同的生效时间、终止后的法律效果、文本分数与效力、修改形式、通信方式、禁止债权债务移转、语言等补充条款
第二十条	法定地址	即在合同履行中双方承认的通信地址

6.2.2　设备采购合同签署注意事项

1. 质量与质保风险

施工材料的质量决定建筑工程的质量，承包商按照合同约定和法律规定对发包方承担质量责任、保修责任，对因质量问题给第三人造成的损失承担赔偿责任。作为建设工程项目承包商，在采购过程中需要注意以下几点。

（1）充分考量卖方资信。卖方资信反映了卖方的债务承担能力，不管合同约定的条款多完备、对采购人多有利，只要卖方不具备责任承担能力和偿债能力，合同的追责条款和质量保证条款都失去意义。故，承包商在采购时建议选择正规的、有履约能力且诚信的供应商。

（2）关于质保期起止时间要考虑承包商对发包方的质保期限。根据法律规定，承包商就其施工的建设工程向发包方承担质量保证责任。根据《建设工程质量管理条例》，承包商对基础工程和主体结构在设计期限内承担终身保修责任，有防水要求的部位承担至少5年的质保责任，其他部位承担至少2年质保责任。根据施工合同一般规定，质保期限从建设工程通过竣工验收起计算。由于建设工程会因为资金、设计等各种原因工期延长，所以承包人在采购材料设备时，应约定供应商对材料设备质保期的期限不能少于承包商对发包方的质保期限，供应商对材料设备质保结束时间不能早于承包商对发包方的质保结束时间。

（3）重视出厂验收。进场验收主要是通过外观验收质量，真正的验收需要通过试验才能得出结果。但是试验具有滞后性，若等试验结果不达标再去更换材料设备，会打乱施工进展，影响施工进度，有时也会对承包商信誉造成影响。所以，对于一些高温高压或需要通过试验检验、破损检验的材料设备，应在出厂前充分利用供应商的设备、场地和条件进行检验，确保发货的材料设备满足质量要求。

（4）重视进场质量验收。进场验收不仅仅是承包商验收，承包商还要考虑施工合同中对材料设备验收约定，提前通知发包方代表、施工监理进行联合验收。

（5）及时提出质量异议。根据《民法典》第六百二十一条的规定，买方应在合同约定的检验期限内提出质量异议，合同没有约定异议期的应当在合理时间内提出，如果合同约定质量保证期没有约定质量异议期，应当在质量保证期内提出质量异议，没有约定质量保证期的异议期不超过2年，买受人在质量异议内没有提出质量异议的，视为质量合格。因此，承包商在采购时应当与卖方签订书面合同约定质量保证期。

2. 交付与履约风险

设备供应商能否按期供货，决定了承包商能否按期完成施工、履行承包商的施工合同义务，最终将会影响项目的预期收益。实践中，在"抢装潮"背景下，设备供应商延期供货的情况层出不穷，供应商的延期供货原因非常多，有的是产能低、供货慢；有的是供应商根本无货可供，如某些地区在环保检查期间砂石料等地材确实无法供应；有的是因亏损原因故意不供货；有的是以不供货为由胁迫承包商提高价格。面对这些问题，承包商在采购时需要采取以下应对措施。

（1）选择供应商时要选择信用高、实力强的单位，而不应唯低价中标论。采用简单的选择"最低价"的方式选择供应商，不可取。一些供应商故意低价中标，但是一旦出现市场价格变化，便以不供货的方式胁迫承包商涨价；或者当某些材料设备因市场价变化导致亏损时，故意不交付。因此，在选择供应商时要看其规模和信誉。

（2）合同中应当约定供应商延期交付违约责任。违约责任是承包商督促供应商及时供货的重要合同条款，是承包商保护自身利益的重要手段。

（3）根据材料设备的不可替代性特征，要求供应商交付履约保函或提供履约担保。对于一些通用材料设备，如果供应商没有及时供货，承包商可以选择其他供应商；但是对于某些需要在政府备案，更换起来非常复杂的材料设备，承包商应当要求供应商提供适当履约保函或有效担保，以此提高供应商的履约积极性，万一因供应商履约问题给承包商造成损失的，承包商也可以利用担保实现权利救济。

（4）供应商要求提供预付款的，承包商应尽量协商要求供应商提供预付款保函。

（5）注意保留通知供货证据。因为能源工程的特殊性，故买卖合同上一般不会要求具体供货日期，而是要求供货商在收到承包商交货通知后多少日内交付货物，所以承包商要求供应商交货品种、时间的交货通知非常重要。由于供应商地址一般距离施工项目现场较远，不可能采用书面交付签收的方式完成订货，故承包商在订货时一般采用邮件或传真的方式，在买卖合同中约定好采用邮件方式订货及双方的指定联系邮箱，在具体采购时直接发邮件，其优点在于邮件可作为往来证据。但是需要注意的是，承包商要长期保留好证据，不要删除邮件。

3. 收货、盘点、验收与支付风险

收到货物之后按照合同约定的付款比例支付货款，是一般市场行为。在建设工程领域存在的问题是，承包商要求供货商分批次交货次数很多，所以款项一般都是每月盘点到货量之后支付货款，而不是简单的"一手交钱一手交货"。所以，容易发生现场收货、到货验收、实际付款三个时间相脱节的情况。尤其是承包商项目时间过长，又没有在过程中仔细进行收货盘点和验收工作的情况下，就容易发生付款数额与收货数量相偏离、付款与收货质量相偏离的情况，给承包商带来损失。因此建议承包商采取以下措施。

（1）承包商应当在采购合同中指定收货人，约定除非承包商指令变更收货人，否则合同约定的收货人应当作为收货票据上签字的唯一授权人员。

（2）承包商要把收货单据上是否是约定收货人签字，作为承包商内部合规检查的重要部分。

（3）改变收到货物进行单向签收的模式，变更为交接单模式，即收货单据不再是送货人单方持有、收货人单方签字，而是卖方有印章买方有签字、买卖双方各自持有的模式。建议采购合同应附有交接书样式。

（4）财务付款时，除了审查到货签收的单据外，还要审查验收入库的单据。如果没有验收单，财务禁止付款。

4. 违约风险

在工程合同中，违约条款既应包括承包商违约条款，也应当包含供应商违约条款。供应商违约条款主要用于督促供应商履约，因上文已经讨论故此处不再赘述。本书此处所述违约金风险，是指买卖合同中应约定承包人未及时支付货款的违约金。为什么合同中应当约定承包商违约责任条款呢？《最高人民法院关于审理买卖合同纠纷案件适用法律问题的解释》（2020年修订）第十八条第四款规定："买卖合同没有约定逾期付款违约金或者该违约金的计算方法，出卖人以买受人违约为由主张赔偿逾期付款损失，违约行为发生在2019年8月19日之前的，人民法院可以中国

人民银行同期同类人民币贷款基准利率为基础，参照逾期罚息利率标准计算；违约行为发生在 2019 年 8 月 20 日之后的，人民法院可以违约行为发生时中国人民银行授权全国银行间同业拆借中心公布的一年期贷款市场报价利率（LPR）标准为基础，加计 30%~50% 计算逾期付款损失。"很多买卖合同中由于没有约定承包商逾期付款的违约责任，从而导致法院直接按照银行罚息标准计算损失。2019 年 8 月 19 日后，不再使用人民银行同期同类人民币贷款基准利率，而是适用 LPR 贷款市场报价利率。贷款市场报价利率是指由各报价行根据其对最优质客户执行的贷款利率，按照公开市场操作利率加点形成的方式报价，由中国人民银行授权全国银行间同业拆借中心计算得出并发布的利率。各银行实际发放的贷款利率可根据借款人的信用情况，考虑抵押、期限、利率浮动方式和类型等要素，在贷款市场报价利率基础上加减点确定。一年期贷款市场报价利率于 2021 年 9 月为 3.85%。所以建议，承包商应当在合同中约定逾期付款违约金的计算方式，建议适当高于 LPR。但不要过分高于，一般以所受损失的 30% 为限。《民法典》合同编第五百八十五条规定："当事人可以约定一方违约时应当根据违约情况向对方支付一定数额的违约金，也可以约定因违约产生的损失赔偿额的计算方法。约定的违约金低于造成的损失的，人民法院或者仲裁机构可以根据当事人的请求予以增加；约定的违约金过分高于造成的损失的，人民法院或者仲裁机构可以根据当事人的请求予以适当减少。当事人就迟延履行约定违约金的，违约方支付违约金后，还应当履行债务。"《全国法院贯彻实施民法典工作会议纪要》第 11 条规定："约定的违约金超过根据民法典第五百八十四条规定确定的损失的百分之三十的，一般可以认定为民法典第五百八十五条第二款规定的'过分高于造成的损失'。"

5. 商标侵权风险

在建设工程领域存在低价竞争现象，承包商低价中标后，也会同样低价采购降低成本；而且，发包方指定品牌也同样存在价格竞争的情况。供应商低价取得承包商的订单后，受利益驱动，容易选取以次充好的贴牌生产。贴牌的设备质量无法得到保障，继而引发对整个项目的影响。贴牌行为本身就侵犯了商标所有人的商标权。一旦商标权人发现工程使用的材料设备侵犯了自己的商标权，会提起诉讼，要求停止使用侵权产品、追究侵权赔偿责任，虽然是由设备商贴牌的，承包商没有参与或合谋制作贴牌产品，但是如果使用贴牌产品，同样需要承担法律责任。同时，由于工程采用的贴牌产品需要更换，这将给承包商带来巨大损失，更换设备毫无疑问也同时给项目投资人综合能源服务公司及用能单位都带来不利影响。

对于通过经销商采购的品牌商品，由经销商提供品牌持有人的委托文书是必需的，即品牌持有人授权经销商出售产品。但如果实际上品牌持有人和经销商之间也是合作关系而非授权经销关系，这类授权文书根本起不到对品牌持有人的约束力，品牌持有人与经销商之间是授权关系，而非委托关系，更非卖方。所以，本书建议买卖合同签订之前，经销商应提供其与品牌持有人的委托文书，即品牌所有权人委托经销商以经销商自己的名义代表品牌持有人签订合同、交付产品的书面文件。这样可以从实质上将品牌持有人和经销商主体责任一体化，在最大程度上避免因商标权人和授权经销商之间的纠纷，损害承包商和项目投资人的利益。为防止委托书造假，建议要求经销商提供经公证的委托书。[①]

6.2.3　设备采购协议典型案例

综合能源设备质量纠纷——设备质量问题导致能源服务合同解除，能源服务方要求解除设备采购合同并赔偿罚款。

1. 案例情况

2017年11月13日，能服公司与科技公司就在用能单位开发建设综合能源项目的相关事宜签订了设备采购合同，合同总价为2 420万元，由科技公司向能服公司提供项目工程所需设备及相关备品备件。合同约定科技公司应按约在收到合同总价30%的预付款后向能服公司提供用能单位用能量汇总表、图纸等工程技术资料；技术协议则对案涉设备应当达到的技术要求、指标、规格等质量标准作出了明确约定。（注：合同中未明确约定设备质量不符合约定标准时科技公司应承担的违约金。）

2017年11月17日，能服公司依约支付预付款。至2018年1月21日，科技公司将部分设备运送进场，但经过双方多次沟通，科技公司始终未提供相关技术资料。

2018年1月26日，案外人A公司为科技公司就案涉设备出具了设备制造监督检验证书，证明相应设备安全性能符合国家相关技术监察规程的要求。甲市质检所于2018年3月13日对科技公司所供设备零件出具结果为合格的检验报告，并于14日对科技公司所供设备零件出具了准予作为案涉项目工作级别使用的检定结论。

设备使用过程中，能服公司对相关设备进行质量检查，发现科技公司提供的设备技术指标未达到合同约定的标准，能服公司多次要求科技公司按合同约定的标准

[①] 孙玉军. 承包商采购合同风险与应对 [EB/OL]. (2021-08-13). https://mp.weixin.qq.com/s/QNKrzGt9B_prlO6TjZPirg.

更换设备，但科技公司未予更换。

2018年3月22日至4月期间，能服公司为保证案涉设备正常运行，自行花费约230万元购买了配套备件，安装至科技公司提供的设备上。

后由于设备质量不合格，用能单位提出解除与能服公司签订的能源服务合同，并另选厂家重新购置设备安装使用。在项目结算工程款时，能服公司因延误工期向用能单位承担了罚款约480万元。能服公司遂向法院起诉，要求与科技公司解除设备采购合同，退还货款，并赔偿能服公司支付的罚款。

法院经审理认为，科技公司未按约定提供技术资料，且其提供的设备质量虽然能够达到相关行业标准的要求，但与合同约定的技术标准不符，在能服公司提出更换要求后也未予以更换。以上行为导致能服公司不能履行与第三人用能单位签订的能源服务合同，致使其合同目的无法实现，科技公司属于实质违约。由于用能单位现已另行安装其他厂家设备，案涉合同已不具备履行条件，只能解除，由科技公司退还货款并自行运回相关设备。法院最终判决解除《设备采购合同》，酌情判令科技公司支付已付货款金额20%的违约金；由科技公司承担另行购买电仪设备的损失约230万元；而能服公司主张的延误工期罚款480万元于法无据，不予支持。

2. 风控建议

（1）当能服公司与用能单位签订的能源服务合同被解除时，相应的设备采购合同存在因不具备继续履行条件而被法院判令解除的风险。若能源服务合同系因设备质量问题而解除，设备供应商应按采购合同约定向能服公司承担违约责任。实践中，相关企业应在签订采购合同时多加注意违约责任条款的设计，尤其是在当事人在项目中对合同设备质量标准或技术标准具有高于行业标准的特定要求时，可以通过约定一定比例的违约金或明确的违约金数额以增加违约方的成本，进而达到约束相对方全面、妥善履行合同的目的。一旦进入诉讼程序，当事人亦应积极主张违约金，以期最大限度地保障自身合法权益。

（2）根据《民法典》第五百八十四条的规定，当事人履行合同不符合约定时，另一方当事人有权要求违约方承担相关损失，其中包括可得利益损失。在设备采购合同中，采购方可向设备供应商主张损失需至少满足以下两个条件。

①由设备质量问题引起的损失。

②属于签约时供应商可以预见的损失。

如若无法同时满足上述条件，则该等索赔主张存在不被法院支持的风险。

 6.3 建设工程施工合同

6.3.1 EPC总承包合同的概念

综合能源项目一般为大型建设工程，通常采用 EPC（Engineering-Procurement-Construction，设计—采购—施工工程总承包）总承包模式进行建设，由发包方综合能源服务商与 EPC 总承包方签署 EPC 总承包合同。

EPC 总承包合同是指发包方将建设工程发包给具备 EPC 总承包施工能力的工程公司，由其承担整个建设工程的设计、材料、采购、施工、安装调试及项目管理和施工管理等工作，并对所承包的建设工程质量、安全、工期、造价负全面责任，直至向发包方提交一个符合发包方要求、合同约定，满足使用功能、具备使用条件并经竣工验收合格的建设工程施工合同模式。

6.3.2 EPC总承包合同的架构及要点梳理

EPC 总承包合同的架构及要点梳理见表 6-3。

表 6-3 EPC 总承包合同架构及要点梳理

部　　分	条　　款	内　　容
第一部分 合同协议书	一、	工程概况
	二、	合同工期
	三、	质量标准
	四、	签约合同价与合同价格形式
	五、	工程总承包项目经理
	六、	合同文件构成
	七、	承诺
	八、	订立时间
	九、	订立地点
	十、	合同生效
	十一、	合同份数

部　分	条　款		内　容
第二部分 通用合同条件	第 1 条	一般约定	1.1 词语定义和解释 1.2 语言文字 1.3 法律 1.4 标准和规范 1.5 合同文件的优先顺序 1.6 文件的提供和照管 1.7 联络 1.8 严禁贿赂 1.9 化石、文物 1.10 知识产权 1.11 保密 1.12 《发包人要求》和基础资料中的错误 1.13 责任限制 1.14 建筑信息模型技术的应用
	第 2 条	发包人	2.1 遵守法律 2.2 提供施工现场和工作条件 2.3 提供基础资料 2.4 办理许可和批准 2.5 支付合同价款 2.6 现场管理配合 2.7 其他义务
	第 3 条	发包人的管理	3.1 发包人代表 3.2 发包人人员 3.3 工程师 3.4 任命和授权 3.5 指示 3.6 商定或确定 3.7 会议
	第 4 条	承包人	4.1 承包人的一般义务 4.2 履约担保 4.3 工程总承包项目经理 4.4 承包人人员 4.5 分包 4.6 联合体 4.7 承包人现场查勘 4.8 不可预见的困难 4.9 工程质量管理
	第 5 条	设计	5.1 承包人的设计义务 5.2 承包人文件审查 5.3 培训 5.4 竣工文件 5.5 操作和维修手册 5.6 承包人文件错误

部　　分	条　　款	内　　容	
第二部分 通用合同条件	第 6 条	材料、工程 设备	6.1 实施方法 6.2 材料和工程设备 6.3 样品 6.4 质量检查 6.5 由承包人试验和检验 6.6 缺陷和修补
	第 7 条	施工	7.1 交通运输 7.2 施工设备和临时设施 7.3 现场合作 7.4 测量放线 7.5 现场劳动用工 7.6 安全文明施工 7.7 职业健康 7.8 环境保护 7.9 临时性公用设施 7.10 现场安保 7.11 工程照管
	第 8 条	工期和进度	8.1 开始工作 8.2 竣工日期 8.3 项目实施计划 8.4 项目进度计划 8.5 进度报告 8.6 提前预警 8.7 工期延误 8.8 工期提前 8.9 暂停工作 8.10 复工
	第 9 条	竣工试验	9.1 竣工试验的义务 9.2 延误的试验 9.3 重新试验 9.4 未能通过竣工试验
	第 10 条	验收和工程 接收	10.1 竣工验收 10.2 单位 / 区段工程的验收 10.3 工程的接收 10.4 接收证书 10.5 竣工退场
	第 11 条	缺陷责任与 保修	11.1 工程保修的原则 11.2 缺陷责任期 11.3 缺陷调查 11.4 缺陷修复后的进一步试验 11.5 承包人出入权 11.6 缺陷责任期终止证书 11.7 保修责任

部　分	条　款		内　容
第二部分 通用合同条件	第 12 条	竣工后试验	12.1 竣工后试验的程序 12.2 延误的试验 12.3 重新试验 12.4 未能通过竣工后试验
	第 13 条	变更与调整	13.1 发包人变更权 13.2 承包人的合理化建议 13.3 变更程序 13.4 暂估价 13.5 暂列金额 13.6 计日工 13.7 法律变化引起的调整 13.8 市场价格波动引起的调整
	第 14 条	合同价格与 支付	14.1 合同价格形式 14.2 预付款 14.3 工程进度款 14.4 付款计划表 14.5 竣工结算 14.6 质量保证金 14.7 最终结清
	第 15 条	违约	15.1 发包人违约 15.2 承包人违约 15.3 第三人造成的违约
	第 16 条	合同解除	16.1 由发包人解除合同 16.2 由承包人解除合同 16.3 合同解除后的事项
	第 17 条	不可抗力	17.1 不可抗力的定义 17.2 不可抗力的通知 17.3 将损失减至最小的义务 17.4 不可抗力后果的承担 17.5 不可抗力影响分包人 17.6 因不可抗力解除合同
	第 18 条	保险	18.1 设计和工程保险 18.2 工伤和意外伤害保险 18.3 货物保险 18.4 其他保险 18.5 对各项保险的一般要求
	第 19 条	索赔	19.1 索赔的提出 19.2 承包人索赔的处理程序 19.3 发包人索赔的处理程序 19.4 提出索赔的期限

续表

部　　分	条　　款	内　　容	
第二部分 通用合同条件	第 20 条	争议解决	20.1 和解 20.2 调解 20.3 争议评审 20.4 仲裁或诉讼 20.5 争议解决条款效力
第三部分 专用合同条件	第 1 条	一般约定	
	第 2 条	发包人	
	第 3 条	发包人的管理	
	第 4 条	承包人	
	第 5 条	设计	
	第 6 条	材料、工程设备	
	第 7 条	施工	
	第 8 条	工期和进度	
	第 9 条	竣工试验	
	第 10 条	验收和工程接收	
	第 11 条	缺陷责任与保修	
	第 12 条	竣工后试验	
	第 13 条	变更与调整	
	第 14 条	合同价格与支付	
	第 15 条	违约	
	第 16 条	合同解除	
	第 17 条	不可抗力	
	第 18 条	保险	
	第 19 条	索赔	
	第 20 条	争议解决	
专用合同条件 附件	附件 1	《发包人要求》	
	附件 2	发包人供应材料设备一览表	
	附件 3	工程质量保修书	
	附件 4	主要建设工程文件目录	
	附件 5	承包人主要管理人员表	
	附件 6	价格指数权重表	

6.3.3　EPC总承包合同签署注意事项

1. 综合能源项目EPC总承包合同招投标合规风险

《招标投标法》第三条规定，"在中华人民共和国境内进行下列工程建设项目包括项目的勘察、设计、施工、监理以及与工程建设有关的重要设备、材料等的采购，必须进行招标"，尤其针对"大型基础设施、公用事业等关系社会公共利益、公众安全的项目"。国家发展改革委2018年印发的843号文《必须招标的基础设施和公用事业项目范围规定》，明确将"煤炭、石油、天然气、电力、新能源等能源基础设施项目"列为必须招标的具体范围，即只要达到法定资金性质和规模标准的能源工程项目（包括综合能源项目中的各个能源子项目），就必须采用招标方式采购其勘察、设计、施工、监理以及与工程建设有关的重要设备、材料等，未达到法定资金性质和规模标准的，可以采用竞争性谈判或者竞争性磋商的方式进行采购。

综合能源项目中的子项目多为各类能源发电项目的集合体，因此如果依法必须招标的新能源项目未按法律规定进行招标的，属于规避招标行为，将面临行政处罚，相关的建设工程合同也将直接被认定为无效。根据《招标投标法》，必须进行招标的项目而不招标的，或者将必须进行招标的项目化整为零或者以其他任何方式规避招标的，将由有关机关责令限期改正，可以处项目合同金额千分之五以上千分之十以下的罚款；对单位直接负责的主管人员和其他直接责任人员依法给予处分。此外，根据《最高人民法院关于审理建设工程施工合同纠纷案件适用法律问题的解释（一）》第一条第（三）项，建设工程必须进行招标而未招标或者中标无效的，其签订的建设工程施工合同将直接被认定为无效。

2. 工期延误及工程质量风险

对于新能源项目的发包方而言，EPC总承包合同下最为常见的风险即为工期延误及工程质量风险。在新能源"抢装潮"背景下，工期延误对于新能源项目而言无疑是巨大的考验，严重者可能导致项目丧失补贴、电价降低、无法顺利并网等问题，影响整体收益；而工程质量则关系着项目的运营状况（发电小时数、发电量），最终也将影响项目收益。基于此，发包方应在签订EPC合同时即对工期、工程质量验收标准作出严格的约定，并设置相应的违约责任甚至发包方单方解除权，保证在发包方遭受损失时可以采取最为有效的救济措施，获得最大程度的赔偿。

6.3.4 建设工程施工合同典型案例

逾期并网纠纷——分布式光伏项目逾期并网，非业主发包方索赔 25 年电价补贴损失。

1. 案例情况

发包方某太阳能公司与承包方某施工单位签订《总承包合同》一份，约定由承包方某施工单位承建某分布式光伏项目（发包方某太阳能公司并非项目业主，该项目业主系某电力公司）。合同附件约定：如果本项目并网时间超过 2017 年 6 月 30 日，承包方需赔偿发包方 25 年电价（补贴）损失。

根据《国家发展改革委关于完善陆上风电光伏发电上网标杆电价政策的通知》（发改价格〔2015〕3044 号）及《国家发展改革委关于调整光伏发电陆上风电标杆上网电价的通知》（文件）发改价格（2016）2729 号的规定，案涉项目于 2017 年 6 月 30 日以后并网将导致电价补贴 0.13 元每千瓦的损失。

在实际建设过程中，案涉项目分三个并网点并网。2017 年 10 月 12 日，涉案项目整体竣工；2017 年 10 月 25 日，涉案项目经竣工验收合格；2017 年 11 月 14 日，承包方某施工单位将涉案工程交付发包方某太阳能公司。

结算过程中，双方对案涉项目实际并网时间存在争议。发包方某太阳能公司主张承包方某施工单位应赔偿电价损失总计约 3 340 万元。

关于被告某施工单位是否应按照合同约定承担电价损失，法院认为：《总承包合同》第四部分合同附件 1 第 2 条电价损失承担条款是违约条款，该条款提供了违约责任的计算标准，其适用的前提是某太阳能公司因承包方某施工单位的违约行为使某太阳能公司遭受到电价损失。

首先，本案中，某太阳能公司不是享受电价补贴的主体，享受电价补贴的主体是项目业主某电力公司。电价补贴的多少不会给某太阳能公司带来直接损失，但是会影响项目业主的利益。

其次，涉案工程每年的发电量不是恒值，政府对电价的补贴也会随着形势不断调整，项目业主遭受到的损失不能提前预估，某太阳能公司是否会为此遭受损失更不能提前预知，附件 1 第 2 条的适用条件并未成就，因此某太阳能公司的诉请应当予以驳回。

2. 风控建议

1）合理设置合同条款

第一，能源服务方作为发包方，在签署 EPC 总承包合同时，应注意设计在产生预期电费收益损失情形下，双方如何分配损失承担责任。建议发包人与承包人协商在合同中明确约定因承包人原因造成项目未能如期并网，影响正常投产的，未正常运营期间所产生的电费损失由承包人承担，以免出现承包人提出以下抗辩：由于在签约时没有明确约定上述间接损失由其承担，因此对于电价补贴或发电量损失无法预测，不符合民法典规定的"可预见性"规则，因而不予赔偿。

第二，在明确承包人在延期并网后承担发电量损失责任的基础上，应明确约定预期电费损失的计算方法。例如按照（项目预期的年度应发未发小时数×项目实际装机容量×电价单价）来锁定每年预期收益，并根据光伏项目的实际情况科学合理地约定每年合理的衰减率。明确约定未来年度的电费损失，以降低能源服务方无法举证证明损失电量的风险；或虽然承包人认可存在损失，但是最终难以确定合理的具体损失金额的风险。

2）一方违约后，另一方应及时采取补救措施

一方发生违约情形并造成损失的，另一方当事人应及时采取补救措施防止损失继续扩大，此为非违约方的法定义务。如果非违约方有能力及时减损/止损，却又怠于履行减损/止损义务的，就扩大的损失部分，非违约方应自行承担。例如，如果能源服务方发现施工单位已经因其租赁施工设备延期到场导致工期延误，就应催促施工单位尽快采取补救措施选择新的设备租赁方，如施工单位确实无法尽快处理相关事宜，能源服务方应及时考虑替代方案，以防止损失进一步扩大。

3）关注逾期并网的政策性风险

2020 年 11 月，财政部办公厅发布了《财政部办公厅关于加快推进可再生能源发电补贴项目清单审核有关工作的通知》（财办建〔2020〕70 号），要求抓紧审核存量项目，分批纳入补贴清单。该通知及其附件中明确规定，全容量并网时间由地方能源监管部门或电网企业认定，都无法认定的，应按照补贴项目承诺的全容量并网时间、电业务许可证明确的并网时间、并网调度协议明确的并网时间中最晚的时间确认全容量并网时间。且项目并网时间滞后于企业承诺时间且影响电价的，将对延后 1 个月以内、3 个月以内和 3 个月及以上的不同情况分别、逐级给予核减补贴直至移出补贴名单的处理。

综合能源服务方应关注类似政策变化，妥善安排项目建设进度，保证项目在规定期限内全容量并网并取得电力业务许可证，尽可能地减少逾期并网对电价补贴及项目收益造成的负面影响。

6.4 购售电合同

综合能源项目中的分布式光伏及分散式风电等发电项目仍需单独取得并网接入手续，项目获得电力接入批复后，综合能源服务方应着手与电网企业签订并网调度协议及购售电合同，购售电合同则是综合能源服务方取得项目电费收益的关键。

6.4.1 购售电合同的架构及要点梳理

购售电合同的架构及要点梳理见表 6-4。

表 6-4　购售电合同的架构及要点梳理

条　款		内　容
第一条	总则	合同当事人信息及合同目的
第二条	定义与解释	对于合同内所涉概念的定义与对于合同的解释
第三条	双方陈述	甲乙双方对于无任何影响合同效力的因素的承诺
第四条	双方权利和义务	包括在合同有效期内过程中甲乙双方具体的权利义务，特别是乙方运行电厂以满足甲方要求的义务
第五条	购电量计划	包括甲方每年根据国家规定签订年度购电合同权利以及乙方接受甲方电网调度管理，按要求按时报送下一年度、季度和月度电厂各台发电机组的设备检修计划和发电建议计划义务
第六条	电能计算	包括电能计算装置及相关设备质量标准与安装标准、校验标准，异常处理和日常运营维护责任、安装调试检验责任与问题报告责任的负担
第七条	电量计算	包括：电量计算标准，电量抄录，电量计算和上网电量与网供电量关系
第八条	电价、电费及支付	包括：电费结算方式、支付方式、电价确认、电价调整、计量差错调整的电费支付、发电计划完成考核以及纳税信息
第九条	不可抗力	包括不可抗力的法律效力，不可抗力发生时相应的通知、采取必要措施义务以及长时间不可抗力发生时对于合同履行与否的处理
第十条	违约责任	包括：违约的定义、通知与损害赔偿责任；设备维护和事故责任分界点，不可抗力免责范围以及其他具体违约情形和相应的违约金
第十一条	合同生效及期限	包括合同的生效时间、期限与延长期限的条件以及合同终止的条件
第十二条	适用法律及争议解决	包括合同适用的法律与发生争议时解决争议的方式
第十三条	合同变更、转让及终止	包括：合同变更的条件和方式，合同转让的条件和方式以及合同解除、终止的条件
第十四条	其他	包括保密条款、附件内容、合同完整性条款、合同份数、通知与送达条款以及参与履行的分公司

6.4.2 购售电合同签署注意事项

鉴于我国能源市场中电网公司的垄断地位，购售电合同一般采用电网公司提供的范本合同，修改空间较小，但综合能源服务方仍应关注购售电合同中的相关风险，并在合同签署时注重防范。

1.签署时间

购售电合同应在项目取得电力接入批复、即将建设完工时签署，否则可能导致项目最终无法成功并网。

2.电价、电费及支付

电价批复文件被取消后，行业内部一般将购售电合同视为新能源项目电价的确认文件，即项目最终适用的电价将在购售电合同中列明。综合能源服务方应仔细审阅并与电网公司核实项目在电网系统内显示的并网时间、电价及电费支付标准及期限。

3.合同期限

根据各地消纳及电网公司要求的不同，购售电合同的有效期也会有所不同，综合能源服务方应尽量签署期限较长的购售电合同，并在合同到期前及时与电网公司续签；部分项目为了保证并网时间，会在首次并网时与电网公司签署临时购售电合同，建议此类综合能源服务方在项目全容量并网后及时签署正式购售电合同，避免在电价、电费支付等方面产生不必要的争议。

6.5 运维合同

目前综合能源项目的运营期普遍为20~25年，因此，在项目建成后，长期的运维工作也可谓影响项目整体收益的核心要素，如何签订一份对项目有利、有效保障综合能源服务方利益的运维合同，至关重要。

6.5.1 运维合同的架构及要点梳理

运维合同的架构及要点梳理见表6-5。

表 6-5 运维合同的架构及要点梳理

条 款		内 容
第一条	定义	对于合同内所涉概念进行定义
第二条	总则	包括合同目的、乙方主要义务与甲方的约定合同解除权
第三条	合同双方陈述	包括甲乙双方对于无任何影响合同效力的因素的承诺及对附件效力的承认
第四条	委托范围、工作内容、工作目标及委托期限	包括甲方委托乙方所做的运维工作的范围、具体工作内容、工作目标（包括生产经营、检修、安全及经营目标）和委托期限
第五条	合同价格与付款方式	包括：合同的总价及范围，支付方式与具体付款时间，存在争议费用时无争议费用支付与损失费用计算与支付
第六条	合同双方的权利和义务	包括：在运维过程中甲乙双方具体的权利义务，包括甲方的所有权、监督检查权与支付保险费、服务费，负担约定费用的义务；乙方日常管理权、收取服务费的权利、代理权以及生产运行管理义务、检修管理义务、安全管理义务、经营管理义务
第七条	合同双方人员	包括甲乙双方负责人的信息、乙方负责人的选定程序以及乙方工作人员的标准
第八条	相关收益与财产权归属	即保障了甲方享有乙方履行委托事务过程中取得的约定的收益和财产
第九条	保险与免责	包括：保险的种类和投保方与保险不予赔付的不可抗力损失的免责部分的负担
第十条	违约责任	包括甲乙双方具体的违约情形和相应的违约金
第十一条	不可抗力	包括不可抗力的内容、法律效力，不可抗力发生时相应的通知、采取必要措施义务以及长时间不可抗力发生时对于合同履行与否的处理
第十二条	合同终止	即合同终止的各种情形，包括不可抗力、违约与正常解除
第十三条	争议解决	包括争议的定义及合同发生争议时解决方式
第十四条	适用法律	包括合同的签订、有效性、解释、履行和争议的解决执行的法律
第十五条	其他约定	包括合同中额外约定的内容、协商和沟通机制、公文传递与信息通报机制、单方建议机制以及额外服务处理、合同修改及条件程序约定和送达
第十六条	合同生效	即规定合同生效时间
第十七条	其他说明	包括：合同未言明事项处理方式，合同补充条款、附则法律效力以及合同份数

6.5.2 运维合同签署注意事项

在综合能源项目开始运营后，项目的供能越多，其收益往往越高，运维单位的服务质量将直接影响综合能源服务方在该项目上的盈利。如果运维合同约定无论运维单位提供的服务质量如何均可以获得固定的服务费，将可能出现项目运营不能达到预期目标的风险。

项目后续运营期间，项目业主应注意建立安全机制及运维管理制度，及时跟踪项目的运营状况，按照合作协议的约定用能；综合能源服务方则应严格按照合作协议约定履行相应的运维义务。

为保证运维单位的工作质量，建议综合能源服务方在相应运维合同中明确运维单位应当遵守的运维服务标准、应当达到的运维质量。同时，服务单位可以考虑选择设置固定收入加激励收入相结合的模式，对于综合能源项目运转超出预期盈利目标的部分，对运维单位予以激励。

此外，综合能源服务方也应当设置运维质量不达标的违约条款，如运维不善导致不能实现预期目标的，则由运维单位承担收益补足责任。

最后，建议注意安全责任的约定，一旦由于运维不当导致安全事故，如火灾等，由运维单位承担全额的赔偿责任。

6.6 本章小结

综合能源项目各方主体存在各种错综复杂的法律关系，项目的投资和建设需投注大量人力、物力和财力，因此妥善管理项目中的各类合同，是防范协议带来的商业风险和法律风险的重要环节，防控措施不当将影响综合能源服务企业长久永续的经营发展。

综合能源项目各类协议的签署及履行过程中，把控项目风险至关重要，充分认识、识别综合能源相关合同管理中存在的风险，减少、消除综合能源相关合同签订前的法律风险，避免、杜绝综合能源相关合同签订时存在的法律风险，注意、发现、解决综合能源相关合同履行过程中的法律风险，及时采取适当的补救措施，才能在综合能源相关合同产生纠纷时争取主动权。

即测即练6

第 7 章

安全管理及相关立法

安全管理事关人民福祉，事关经济社会发展大局。安全是民生大事，一头连着群众生命财产安全，一头连着经济社会发展。

党的十八大以来，习近平总书记站在党和国家发展全局的战略高度，对安全生产管理问题发布了一系列重要讲话，作出了一系列重要指示批示，指出："人命关天，发展决不能以牺牲人的生命为代价。这必须作为一条不可逾越的红线。"要始终把人民生命安全放在首位。"安全生产是民生大事，一丝一毫不能放松，要以对人民极端负责的精神抓好安全生产工作，站在人民群众的角度想问题，把重大风险隐患当成事故来对待，守土有责，敢于担当，完善体制，严格监管，让人民群众安心放心。"

因此，安全管理亦是综合能源项目施工建设及后续运维过程之中的核心，应当在充分了解安全生产法律法规和项目核心要点的基础上将安全管理作为红线把握。

7.1 综合能源项目安全管理

7.1.1 综合能源项目的建设期安全管理

1. 项目施工建设常见安全问题

1）不可抗力

强风 / 暴风是并网施工期最大的风险因素之一，如在光伏发电项目施工过程中，在安装光伏组件时，组件与支架之间的固定连接尚未达到要求的设计强度，如果在该阶段适逢暴风或者沿海地区的台风灾害可能导致组件因直接碰撞、挤压而严重受损，同时导致支架变形损坏。加上强风灾害有区域性及规律性特点，一般在项目施工后期随设备投入量增加，将造成巨额财产损失。

因此施工单位应在施工期对组件的安装工作进度和工作质量应进行严格控制，避免由于施工和设备安装失误造成在强风与暴风中的损坏。对承保方而言，也需要认真评估区域风灾风险以及施工方的进度安排，设置合适的承保条件。

雷击是较常见的自然灾害，可直接造成接触物体、建筑物、设备的严重损坏，感应雷强大的脉冲电流可对周围的导线或金属物产生电磁感应发生过电压以致发生闪击[1]，如果项目建筑物设备设施没有配置有效避雷措施，可能造成电气元件及电路板等的严重损坏。施工期的综合能源项目中避雷设施尚不完善，雷暴天气极易造成电气设备、设施的损坏，雷击灾害是施工期较为常见的风险因素，应在完成主体工程建设的同时提前完成避雷等安全设施的建设，避免雷击造成重大财产损失。

2）火灾

综合能源项目中的设备材料例如光伏组件等多为易燃物。众所周知，电池组是一种含高能物质的部件，本身具有危险性，因此，国内外能源项目施工现场均有储能电站出现着火、爆炸事故的案例。而且，随着电池比能量和比功率的提高，发生事故的危险性将增大。目前国内针对电化学储能电站消防方面的规范标准要求较低，且不能满足施工现场需求[2]，工程中应用的灭火系统没有相应标准支撑，灭火剂和灭火措施的有效性均无法得到验证，储能电站在施工过程中，面临很大的安全隐患。

2. 应对建议

建议在综合能源项目施工过程中，坚持"安全第一、预防为主、综合治理"的方针，严格执行国家及所在单位有关安全生产管理的法律、法规、部门规章及业主有关安全生产管理的规章制度。全面运行《职业健康安全管理体系规范》管理体系，贯彻实施《中华人民共和国安全生产法》（以下简称《安全生产法》）、《建设工程安全生产管理条例》、《电力建设安全工作规程（火电发电厂部分）》（DL 5009.1—2014）等国家、行业及上级主管部门有关安健环、电力建设安全文明施工的法律、法规、条例和标准。建立健全有关安全管理制度，增强施工人员的安全意识，贯彻"谁主管、谁负责""管生产必须管安全"的原则，认真执行以各级行政正职为安全第一责任人的安全生产责任制，建立健全严密的安全保证体系、安全监督体系，确保

---

① 刘冬山.船闸雷击防护初探[J].江苏水利，2006（2）：32-33.

② 王春力，贡丽妙，亢平，等.锂离子电池储能电站早期预警系统研究[J].储能科学与技术，2018，7（6）：1152-1158.

现场的安全管理和安全施工秩序处于可控、在控状态，努力提高安全文明施工水平，实现安健环管理目标。

7.1.2　综合能源运维安全管理

综合能源项目应贯彻国家技术政策和产业政策，执行国家有关法律法规文件和相关设计规程规范，符合现行国家标准和相关行业标准。采用成熟、先进的技术手段，实现区域内能源基础设施和信息技术的深度融合，优化区域能源分配和能源流向，提升清洁能源渗透率，提高区域供能、用能水平，降低企业用能成本，打造"泛在、融合、智能、低碳"的国家级综合能源系统。

当前综合能源系统的运维系统建设参差不齐，已经无法满足日益提高的管理需求，存在以下问题。

1. 缺乏建设规划

缺乏建设规划导致运维系统各类功能分散、重复建设，相互之间的集成工作滞后，建设通常着眼于当前的需求，存在部分功能重复、数据冗余存放的问题。

2. 安全建设管理建设滞后

防火墙、入侵检测系统（IDS）等安全产品得到了广泛应用，但相互之间缺乏协作，无法保证安全事件的及时发现、分析和后续响应。

3. 缺乏统一制度与规程

各级均制定了运维相关的管理制度与操作规程，但是无统一的管理制度与操作规程，导致各级管理操作存在差异无法统一管理与操作。①

4. 缺乏对设备的合理维护

运维工作具体实施过程中，很多工作人员对相关设备功能和组成部分了解不足，在进行维护方面不重视，还是利用旧式的维护思维和措施，导致很多的变电设备存在安全问题。

针对目前综合能源运维所存在的安全问题，可以采取如下措施。

（1）统一采集、管理数据。对所有的运行、安全以及资产数据统一采集，获取所需要的原始系统数据，数据会直接进入统一管理信息数据库或者经过中间层的处理汇总到统一管理信息数据库。①

---

① 陈玉慧，蒋元晨. 打造电网特色的信息运维综合管理系统 [J]. 电力信息化，2011，9（2）：165-169.

（2）对于"源网荷"系统中的全部电气、热力设备，从设备的设计、采购、监造到投运、验收、运行、改造至更换、报废的每个环节，做好设备的全寿命周期管理。

（3）针对综合能源示范项目的各个能源站及子系统，编写对应的工艺技术规程，指导运维工作开展。严格执行国家关于电气设备、热力设备等的调试验收标准，如《电气装置安装工程 电力变压器、油浸电抗器、互感器施工及验收规范》（GB 50148）《工业安装工程施工质量验收统一标准》（GB 50252）《电气装置安装工程、电气设备交接试验标准》（GB 50150）等最新版规范的要求，确保安装调试质量。

（4）隐患排查治理和设备更新改造。根据隐患排查和治理制度要求，严格执行设备隐患的排查、分级、消除规定，对需要更换的设备及时进行更新改造，保证设备处于良好的运行状态。

（5）提高智能运维水平。通过区域能源综合管理平台和各个子站自治系统的建设，通过信息技术和能源技术的深入融合，建设互联网＋智慧能源的能源供应体系，提高供能系统的智能水平，及时发现故障、隔离故障、处理故障，缩小故障范围，最大限度保证区域供能安全平稳。

7.2 示例：储能站相关安全风险

储能项目的安全性一直是投资人关注的重点，新能源装机容量快速上升，其不稳定性对电网的安全性带来隐患，因此国家发展改革委、国家能源局于 2021 年发布《国家发展改革委 国家能源局关于加快推动新型储能发展的指导意见》（发改能源规〔2021〕1051 号），该意见要求新建新能源发电项目必须配备储能才可以完成市场化并网。储能在综合能源项目的应用也占据不可忽视的地位。因此我们以储能为例分析相关安全问题。

1. 安全风险

2021 年 4 月 16 日，北京某公司一储能电站发生火灾。消防队在对电站南区进行处置过程中，电站北区在毫无征兆的情况下突发爆炸，导致 2 名消防员牺牲、1 名消防员受伤、电站内 1 名员工失联。近年来，储能电站火灾爆炸事故屡见不鲜，据统计，过去一年全世界发生储能电站火灾超过 30 起。2017 年 8 月至 2021 年 9 月，仅韩国就发生了 29 起储能电站火灾事故。此外，2019 年 4 月 19 日，美国亚利桑那州发生电池储能项目爆炸，导致 4 名消防员受伤，其中 2 名重伤。

1）储能站火灾风险

电化学储能电站的火灾可以分为两类：一类是电气引发的火灾，如常规电站可能发生的变压器火灾、电缆火灾等[①]，针对此类火灾，传统的火警系统及七氟丙烷灭火器可以有效扑灭；另一类是储能系统中电池引发的火灾，危害大且一旦火起就不可控，针对此类火灾以自动灭火方式为主，包括七氟丙烷自动灭火系统、气溶胶等。在带电状态下，电气火灾和电池火灾都属于 E 类火灾，不适合用水或泡沫扑灭。

储能电站火灾危险性主要在于其电池组高度聚集，在电池过充过放、过热、机械碰撞等内外部因素影响下，容易引起电池隔膜崩溃和内部短路，从而导致热失控。如果热失控在电池模组内发生传播，会导致系统的火灾事故的发生。电池采用的电解液有机溶剂多为可燃易燃液体，又增加了其发生火灾的隐患。此外，储能电站电池充放电频繁、电池梯次利用等自身特点也会在一定程度上增大火灾风险。

蓄电池在充放电过程中外部遇明火、撞击、雷电短路、过充或过放等各种意外因素有发生火灾爆炸的危险性：蓄电池因过压或过流导致设备温度过高，形成引燃源；电池电解液温度上升，换热系统故障导致设备高温运行，如通风道堵塞、风扇损坏、安装位置不当、环境温度过高或距离外界热源太近，均可能导致蓄电池系统散热不良，影响设备安全运行，引发火灾；储能系统的蓄电池在充放电过程中长期运行，电解水会产生微量的氢气，若室内通风不畅或排出管道堵塞，氢气在室内或局部的封闭空间聚集达到一定浓度，同时外部遇明火、撞击、雷电或静电放电火花、短路、过充或过放等各种意外因素，就可能造成爆炸事故；储能系统箱式变压器装置若为带油设备，变压器装置内部故障时会引起电弧加温，亦有燃烧和爆炸的可能。

此外，系统设计缺陷、运营管理不规范、消防保护不完备也是影响较大的安全因素。传统的消防措施难以有效抑制电池的热失控，进而导致初期火灾蔓延，演变为大规模火灾，产生的有毒可燃气体也为火灾扑救带来挑战，可能进一步引发爆炸事故。

2）其他系统异常

电池系统测量温度、液面等数据的传输线受电磁干扰等影响可能产生测量误差，造成储能系统工作不正常。

电池管理系统故障，如模拟量测量功能失效、电池管理系统报警功能失效、电池管理系统保护功能失效、本地运行状态显示功能失效等，都有可能影响电池管理

---

① 胡振恺，李勇琦，彭鹏．电池储能系统火灾预警与灭火系统设计 [J]．消防科学与技术，2020，39（10）：1434-1438.

系统保护功能，若不能及时发现电池或系统故障，将引发更大的事故，导致电池组设备损坏等。

储能电站厂房内，应保证环境湿度不超过国家标准规范要求，防止电子设备因空气湿度过大发生故障，造成安全生产事故。

3）人员伤害：触电、中毒、窒息、灼烫伤

储能系统带有危险的直流和交流电压，即使在没接通电源或系统关闭时，部分部件可能仍然处于带电状态。在打开或接触系统时，若没有穿戴好相应护具，可能发生触电危险。电池模块放置的平台、基架之间的绝缘电阻较小，绝缘不良，可能发生漏电、触电事故。若室内温度控制不良，使电解液发生溶质析出现象，会影响电池寿命，也会对人员健康造成威胁。

全钒液流电池电解液发生溶析现象时，理论上可能析出五氧化二钒、三氧化二钒、硫的氧钒三种盐，其中析出晶体有剧毒，对呼吸系统和皮肤有损害作用，急性中毒可引起鼻咽、肺部刺激症状，接触者出现眼烧灼感、流泪、咽痒、干咳、胸闷、全身不适、倦怠等症状，重者出现支气管炎或支气管肺炎，皮肤高浓度接触可致皮炎、剧烈瘙痒，慢性中毒长期接触可引起慢性支气管炎、肾损害、视力障碍等。此外，还可能对周围水体造成污染。

锂离子电池常用的电解质六氟磷酸锂可能产生有剧毒和腐蚀性的氟化氢（HF）气体，对皮肤、眼睛、黏膜有强烈刺激作用，吸入后可引起呼吸道炎症、肺水肿。储能装置室可能采用制氮机对室内产生的氢气进行吹扫。吹扫系统主要危险有害因素体现在制氮机的使用和维护上。制氮机在运行及停止的过程中，会从设备外侧的气体排放口以及设备（包括计测室设备）内释放出氮气及高浓度的氧气。若没有开通排风扇进行换气，吸入氮气以后可能会导致窒息，甚至死亡，如果在氧气浓度非常高的气体氛围中使用烟火，则会发生爆炸性的火灾。此外，在制氮机的空气压缩机、MS 吸附器、加热器的周围有高温的部分，用手接触可能发生烫伤。

蓄电池的电解液具有酸性，对设备具有腐蚀性。若电池外壳、电解液输送管道、储液罐的材料工艺耐腐蚀性达不到要求、维护不善或因外力破坏，设备会被腐蚀，致使电解液发生泄漏事故，严重时会发生电解液喷溅，若不能及时发现，酸雾挥发将导致整个厂房内腐蚀性气体扩散，腐蚀设备引发环境污染。此时若运行维护人员在正常检修或事故情况下未能穿戴防护设备，不慎将电解液沾到皮肤或眼睛等，没有及时处理，可能导致严重烧伤。[①]

---

① 王雪．浅谈储能电站安全生产隐患 [J]．机电信息，2017（9）：112-113.

2. 应对策略

1) 政策与标准完善

目前多个国家都制定了储能电池相关的安全标准，如澳大利亚包括户用在内的离网电池系统安装标准已经形成，澳大利亚标准协会起草的 AS/NZS 5139 安全标准，禁止锂离子电池储能系统安装在室内和车库内，并要求其安装在独立的建筑中。美国很多组织机构也为储能技术应用出台了相应的规范和标准，涵盖安装、认证、消防等。

我国有关储能的审批和标准体系还不够健全，急需设计储能安全准则和标准体系，并将相关事件报告纳入数据库进行管理和公示。同时，国家有关部门与项目涉及的企业应尽快针对此类项目的火灾危险性以及其他风险指标开展评估，通过实验取得真实数据，进而分析、论证有效的风险控制措施，制定相关标准，保障该项目得到有利发展。

2) 系统改进设计

对电池管理系统逐级设计更为安全的保护措施，使其在下一级出现问题时能够保持工作状态，发挥管理功能：一是及时断开故障区域，二是将故障状态发送至上一级的中央控制器直至远程控制系统。同时，应增设火灾监控系统与中央控制器的通信线路，并设置相应的安全防护措施，在发生火灾时将该类数据信号及时报送中央控制器[①]，在火灾征兆发生的萌芽阶段及时预警并介入消防措施，使总体状况安全可控。

3) 人员管理

应根据系统设计和运行过程中可能存在的风险，依据现有规范标准组织安全评估论证，制定相应的预防和处置预案，加强对消费者和设计安装人员的提示，并对设计和安装等相关从业人员进行培训和认证，严格地执行运维手册，特别是进行有针对性的消防培训，提高行业安全水平和事故处置能力。

4) 规避风险

安全性既然是一个事故概率问题，安全因素控制得好，发生危险事故的概率就会降低，但无法保证完全避免。建议项目投资方购买安全保险，以规避这种意外事故带来的损失。

电化学储能是解决新能源消纳、增强电网稳定性、提高配电系统利用效率的合理的解决方案，在整个电力价值链上能够起到重要的作用，涉及发、输、配、用各个环节。随着风电、光伏等新能源在能源结构中占比不断提升，以及动力锂电池成

---

① 张华东，张宏亮．一起火电厂储能系统火灾事故的调查与认定 [J]. 消防科学与技术，2017，36（10）：1473-1476.

本的快速下降，电化学储能在峰谷电价套利、新能源并网以及电力系统辅助服务等领域的应用场景正不断被开发并推广开来。① 以江苏、河南为代表率先完成了储能示范工程建设，在迎峰度夏期间发挥了重要作用。储能是未来能源改革中重要的一环，将安全因素控制好，降低发生危险事故的概率，储能会拥有巨大的发展空间。

7.3　信息及网络安全

综合能源项目中均设计了系统控制平台，以统计用能信息，实现各种电源的优化和耦合，所以综合能源又被称为智慧能源。因此，信息及网络安全对综合能源项目也至关重要。当今世界新一轮科技革命和产业变革加速演进，数字经济成为全球未来的发展方向，要大力发展数字经济，加快推进数字产业化、产业数字化，推动数字经济和实体经济深度融合。随着数字经济重要性、活跃度的不断提升，网络安全对数字经济健康发展的作用也不断凸显，已成为重塑国际战略格局、抢占国际竞争制高点、争夺发展主动权的战略要素。近年来，我国网络安全发展取得显著成效，但也面临新问题、新挑战。在当前数字经济大发展和国内外安全形势胶着时期，下文将对我国网络安全发展成效及未来趋势进行系统的梳理和展望。②

7.3.1　网络安全政策法规及管理体系

我国不断强化网络安全顶层设计，从国家全局出发做出长远部署和谋划，在数据安全、关键信息基础设施安全、新兴领域安全、产业安全等领域出台了多项法律政策，逐步形成自上而下的政策法规和安全管理体系。在顶层立法方面，自我国第一部网络安全领域基础性法律《中华人民共和国网络安全法》（以下简称《网络安全法》）出台后，《中华人民共和国密码法》《中华人民共和国数据安全法》（以下简称《数据安全法》）相继出台，电信法立法进程也在不断推进，形成了网络空间安全管理的基本法律遵循，为各行业网络安全、数据安全监管提供了法律依据，有力支撑数字化经济的安全、有序发展。

在配套制度方面，各领域政策法规逐步出台，强化网络安全监管力度。《数据安全法》已于 2021 年 9 月 1 日正式实施，着重增加对企业国外上市的数据安全监管。

① 罗绪. 高密度储能装置对电力系统暂态稳定的影响 [D]. 杭州：杭州电子科技大学，2020.
② 邓若伊，余梦珑，丁艺，等. 以法制保障网络空间安全构筑网络强国——《网络安全法》和《国家网络空间安全战略》解读 [J]. 电子政务，2017（2）：2-35.

工业和信息化部、国家互联网信息办公室、公安部联合发布《网络产品安全漏洞管理规定》，网络安全产业发展行动计划有序推进，行业领域安全管理和服务政策不断细化，推动安全工作各项措施落地实施。在安全标准方面，已形成国家、行业、团体标准协同工作机制。目前，网络安全相关标准共 300 余项。网络安全标准已成为规范安全管理和推动技术要求落地的重要手段，有效地促进了网络安全发展，同时也为国际标准制定合作提供基础。[①]

7.3.2　能源数据安全

1. 数据安全的重要性

随着我们社会向数字化、网络化、智能化方向发展，数据资产对于企业的发展越来越重要。数据资产体系建设是否成功，决定了一个企业在未来激烈的竞争中能否取得优势地位。[②]

能源安全一直是我国安全体系建设中非常重要的一环，直接关系到我们国家的存亡，关系到工业的运转，关系到普通大众生活的便利。与能源安全伴生的能源安全大数据未来会对我国的能源安全体系建设起至关重要的作用。[③]能源安全大数据体系的建设应该注意以下几个问题。

其一，要从国家安全的角度来统筹能源安全大数据体系的建设。能源安全大数据要能够在短期内对一些重要的能源安全事件进行预警，将能源安全事件的影响降到最低；从长期来讲，能源安全大数据要能够对我国的能源安全体系建设提供决策参考，起到未雨绸缪的作用。

其二，要注意能源安全大数据的隐私保护体系建设。很多国内外的网络间谍专门攻击我们的数字化基础设施，窃取我们重要的能源安全数据，因此，有必要在能源安全大数据领域尽快立法，对于偷窃、转卖国家能源安全大数据的行为要进行严厉打击，严重的要按照叛国罪处理。

其三，尽快建立起我国的能源安全数据监控体系。一方面，可以确保我们能源开发和应用安全；另一方面，也可以为我国长期的能源安全规划提供数据参考。

其四，建立国家能源安全大数据基础设施，这些基础设施包括数据中心、骨干网络、云计算设施、能源存储设施等。

---

① 邓若伊，余梦珑，丁艺，等 . 以法制保障网络空间安全构筑网络强国——《网络安全法》和《国家网络空间安全战略》解读 [J]. 电子政务，2017（2）：2-35.
② 许宪春 . 数字经济、数字化技术和数据资产在经济社会发展中的作用 [J]. 经济研究参考，2020（24）：4.
③ 杨玲 . 大数据视域下地方政府治理创新研究 [D]. 重庆：西南大学，2020.

其五，建立国家能源安全大数据开发平台，鼓励科技开发人员在平台上进行能源安全数据相关的开发工作，最大化挖掘能源安全大数据的应用价值。

2. 能源数据的归属问题

数据是信息系统的灵魂，一个完整的信息系统必然是以数据为核心的，信息系统总是围绕数据的采集、管理、计算、分析、共享、发布、展示等多个环节进行的。[①]对于电站信息系统而言，数据更是出发点和落脚点。

在综合能源系统中，一般情况下数据是属于项目投资人，即综合能源服务单位，通过协议约定可以由用能单位使用。如果项目数据中包含了用能单位的商业秘密，项目综合能源服务单位也具有法定的保密义务。

3. 数据的安全维护问题

能源数据安全保护难点主要体现在以下三方面。

一是数据安全合规风险加大。我国数据安全法律法规要求不断完善，持续加大了对数据和个人信息安全的监管和处罚力度。数据安全合规工作需根据国家要求持续完善，避免滞后于国家政策要求，造成数据业务发展的法律风险。

二是数据安全管理机制不健全，人员数据安全保护意识薄弱。企业数据海量集中存储处理的方式，扩大了数据泄露暴露面，加大了数据外泄防控难度，提高了数据安全管理要求。且数据业务开展过程中，"重业务、轻安全"思想普遍存在，人员数据安全保护意识薄弱，数据安全防护不到位，导致大规模数据泄露事件发生。

三是新技术应用使数据泄露风险增加。数据挖掘、机器学习、人工智能等技术的发展使得大数据分析能力进一步提升，从碎片化、非敏感的数据中可以提取出敏感信息，海量数据的聚合甚至可以分析出涉及企业核心利益以及国家安全的信息。[②]

4. 智慧能源数据安全问题

智慧能源数据安全风险复杂严峻。智慧能源数据的价值高、战略意义重大，日益成为黑客的重点攻击对象。能源相关行业，如煤炭、石油、电力、天然气、石化以及有色等，这都是国家重要的基础性战略资源。2014年，俄罗斯某石油勘探节点遭攻击，黑客窃取了石油勘探数据，并通过弱口令和身份欺骗等方式入侵俄罗斯能源部数据库。2018年11月，黑客对法国公司Inferop发起网络攻击，窃取与法国核

① 李辉，陈教超，司风琪，等. 数据预处理技术在电厂运行优化系统中的应用研究 [J]. 华东电力，2007（11）：110-113.
② 朱洪斌，安龙，杨铭辰. 电力大数据安全治理体系研究 [J]. 电信科学，2019，35（11）：140-145.

电站计划相关的机密文件。2019 年 2 月，印度天然气公司 Indane 暴露了数以百万计的身份识别数据。

智慧能源数据全生命周期各环节安全风险无处不在。在数据采集阶段，会有数据接口、数据形态、数据格式以及通信协议，这些环节都有数据安全遭到威胁的可能。在传统的数据传输阶段，传统高强度加密措施难应用，缺乏完整性保护安全措施，数据难以追踪溯源。数据存储阶段，分类分级储存难，缺乏授权访问机制，区域隔离难，安全存储难。数据实用阶段，大数据真实性验证以及低扰化分析难以适用。

智慧能源促进行业发展的同时，能源大数据安全风险隐患加剧：①智慧能源大数据平台汇聚海量数据吸引黑客攻击，平台自身安全脆弱性威胁数据安全；②智慧能源大数据环境下导致数据安全主体责任不清晰，大数据平台上的数据责权模糊加大隐私泄露风险；③智慧能源大数据环境下数据安全风险跨域传播的级联效应愈发明显；④智慧能源大数据分析结果面临被黑客操控的安全风险。

此外，能源大数据安全风险还在于智慧能源行业企业数据安全意识与防护能力薄弱。企业数据安全意识不足，不清楚如何开展安全防护工作，不清楚如何评估安全防护效果[①]；企业主体责任不明确，对数据安全不重视；企业管理不严格，缺乏数据安全管理制度；同时企业技术欠缺，缺乏专门的数据安全防护产品。

智慧能源数据安全管理机制与顶层设计也存在问题：①安全责任难落实，监管机制不健全；②尚未出台专门的数据安全法规政策文件，缺乏数据安全标准；③分类分级、分级防护等安全监管思路不明，安全防护体系尚未建立。

5. 解决建议

对上述问题，建议应健全安全管理机制。坚持"安全分区、分类分级、依法合规"的防护原则，以法规监管、业务需求、标准指引为出发点，统筹规划，构建覆盖组织、策略、流程和工具的安全管理体系，既防内又防外，对关键信息基础设施重点保护。

树立起法律红线的意识，推进安全合规机制建设。紧跟国家法律法规要求，深入贯彻《网络安全法》《数据安全法》《中华人民共和国个人信息保护法》等法律法规要点，加强数据安全法律意识宣传，培养法律法规红线意识。

建立数据安全技术服务能力，推进标准化统一管理。加快数据脱敏、水印溯源、态势感知等技术的应用，探索匿名化、多方安全计算等技术应用场景，逐步实现数据安全能力模块化、标准化；打通各级数据中心，贯通数据保护环节，形成一体化运作的数据安全防护体系；提升数据安全监测、攻防验证能力，持续完善数据安全技术和工具，实现对数据安全技术和工具的能力验证。

---

① 余章馗，刘京娟. 工业大数据安全研究 [J]. 网络空间安全，2019，10（5）：107-113.

能源互联网具有极大的开放性和互联性，在数据采集和通信、认证等方面都可能存在一些潜在的安全漏洞，这必将引发一定量的信息安全问题。网络系统的攻击可能直接导致信息系统瘫痪，而分布式能源站中所有基础设施的控制都依靠互联网，因此信息安全威胁将直接影响整个系统的安全。分布式能源站控制系统的信息安全是一个具有复杂性的问题，仅仅靠单一安全技术解决方案可能无法实现系统的整体安全防护，必须采用综合多种防护手段的信息安全防护技术，以及遵守国家等级保护等相关标准与法规，分域和分层部署各种较为成熟的安全防护措施，以提升控制系统的整体信息安全防御能力。① 本书提出以下建议。

（1）加强顶层设计和安全监管。制定出台法规政策与标准规范，实施数据安全分类分级安全监管，加强智慧能源数据安全工作指导。

（2）强化数据安全保障能力建设。建设智慧能源数据安全检测与防护平台，推动区域级、企业级平台建设，构建智慧能源数据安全防护检测体系。

（3）落实企业安全主体责任。提升企业数据安全意识，引导企业开展智慧能源数据安全防护建设，并将重要敏感数据特征、数据安全风险等与国家级平台进行对接与交互。

7.3.3　相关案例

（1）2020 年底，英国能源供应商 People's Energy 遭受数据泄露，影响了整个客户数据库，包括以前客户的信息。英国能源供应商 People's Energy 的联合创始人卡琳·索德（Karin Sode）告诉 BBC 新闻，其客户的敏感个人信息，包括姓名、地址、出生日期、电话号码、电费和电表 ID 皆被黑客窃取。在发现该违规行为之后，公司已与所有 270 000 名当前客户联系，以告知他们该违规行为。此外，黑客还侵入 15 名小企业客户的银行账户和分类代码，People's Energy 公司表示，已分别通过电话与它们取得联系。目前暂未发现其他客户的财务信息被获取。该公司补充说，它已经被黑客入侵一事通知信息专员办公室（ICO）的入侵，以及国家网络安全中心（NCSC）和警方。②

（2）2020 年 4 月，vpnMentor 报告了一次严重数据漏洞，美国 RigUp 公司在亚马逊云科技 S3 存储桶 [Amazon Web Services （AWS）S3（Simple Storage Service）bucket] 被发现暴露了美国能源行业组织和个人的数万个私人文件。据了解，部分泄

---

① 彭道刚，卫涛，姚峻，等 . 能源互联网环境下分布式能源站的信息安全防护 [J]. 中国电力，2019，52（10）：11-17，25.
② 张雨童 .《环球电力热点观察》期刊文章英译汉实践报告 [D]. 保定：河北大学，2020.

露文件还与能源行业人力资源相关，包括大量的个人身份信息，如雇员和候选人简历、个人照片、保险单和能源计划相关的文书工作和 ID。同时，数据库中还包括许多能源公司业务运营、项目和内部记录，包括项目建议和应用、项目大纲、钻井设备的技术图纸以及公司保险文件。对于此次严重的数据泄露事件，报告表示目前泄露的数据是非常危险的，如果恶意黑客发现了该数据库，那么对于黑客而言，这些数据绝对是对能源行业发起网络攻击的"金矿"。vpnMentor 公司还指出，此问题的根本原因是由于 RigUp 没有完整地保护数据库的安全，从而使大量机密信息被暴露。RigUp 公司在收到有关此事的警报后表示，此类漏洞大概率与人为错误相关，要么是数据管理人员不遵循文档说明，要么是安全人员在部署的过程中未能完整执行重要安全步骤。因此，对于此类事件仍然需要不断提高人们对与网络安全相关风险的认识，以及在涉及人为行动时保持警惕。在避免数据泄露事件上，树立安全意识是任何组织减少网络泄露的第一步，也是最重要的一步。[①]

（3）2021 年，攻击者入侵了 Accellion 的 FileTransfer Appliance（FTA）安全文件共享系统，从而导致能源巨头壳牌公司发生了数据泄露事件。荷兰皇家壳牌有限公司是一家石化和能源领域的跨国集团，在 70 多个国家拥有 86 000 名员工。根据《财富》全球 500 强排名，壳牌在 2020 年收入位列第五。攻击未影响壳牌网络。壳牌在公司官网上发布的公开声明中披露了该起攻击事件，并表示该攻击事件仅影响到用于安全传输大型数据文件的 Accellion FTA 设备。壳牌表示："在得知该事件后，壳牌与其服务提供商和网络安全团队共同解决了这一漏洞，同时开展调查，以更好地了解该事件的性质和程度。""没有证据表明此次攻击对核心 IT 系统产生任何影响，因为文件传输服务与壳牌的其他数字基础设施是相互隔离的。"在发现攻击者攻破 Accellion FTA 设备并获取其传输文件的访问权限之后，壳牌主动联系了相关数据的主管部门和监管机构。据该公司称，在攻击过程中攻击者获取到的一些数据属于利益相关者和壳牌子公司。声明称，"一些数据中包含个人数据，还有一些数据包含壳牌公司和利益相关者的数据。""壳牌正在与受影响的个人和利益相关者保持联系，我们正在与他们合作，以应对潜在的风险。"壳牌公司发表声明中提道：网络安全和个人数据隐私对壳牌公司来说至关重要，我们将不断努力以改善我们的信息风险管理实践方式。我们将持续监测 IT 系统并提高安全性。我们对这一事件给大家带来的不便深表歉意。潜藏在一系列勒索事件背后的 Clop 和 FIN11 尽管未被壳牌公司的声明披露，但 Accellion 和 Mandiant 在上个月发表的联合声明中更加详细地介绍了这起攻击，并将此次攻击与 FIN11 网络犯罪组织关联起来。Clop 勒索软件团伙也一

---

① 能源数据安全遭遇重创，数据库泄露数万份文件.

直在利用 Accellion FTA 的 0-day 漏洞（在 2020 年 12 月中旬披露）来攻击和窃取多家企业的数据。Accellion 表示，有 300 位客户使用了 20 年前的旧版 FTA 软件，其中有近 100 位客户遭到 Clop 勒索软件恶意团伙和 FIN11 恶意组织的攻击。Accellion 声称，近 25 名受害者遭遇了严重的数据泄露事件。BleepingComputer 报告称，针对 Accellion FTA 的攻击导致了多个组织受到影响，包括网络安全公司 Qualys、超市巨头 Kroger、新西兰储备银行、澳大利亚证券和投资委员会（ASIC）、新加坡电信、QIMR Berghofer 医学研究所和华盛顿审计师办公室（SAO）。

（4）电力大数据包括营销、电网、物资、财务等数据，呈现数据量多、用户规模大、覆盖面广等特点。一旦数据被篡改、泄露或攻击，将会对电网生产、经营管理、用户服务，甚至国家安全及社会稳定造成极大的影响。乌克兰国家电力系统被黑客攻击事件充分表明，通过网络攻击导致国家大规模断电成为可能。5 月 8 日，美国最大天然气和柴油运输管道公司遭黑客攻击，甚至严峻到美国当局直接宣布进入国家紧急状态。由此可见，能源行业及电网企业网络和数据安全防护工作任重道远。

7.4 安全生产法修订背景及解读

7.4.1 安全生产法修订背景

2021 年 6 月 10 日，全国人大常委会表决通过了关于修改《中华人民共和国安全生产法》的决定，自 2021 年 9 月 1 日起执行。现行的《安全生产法》自 2002 年制定，后经 2009 年第一次修改，2014 年第二次修改和 2021 年的第三次修改。

2020 年，全国发生电力人身伤亡事故 35 起、死亡 44 人，其中，电力生产人身伤亡事故 23 起，死亡 24 人 [①]，因此在安全事故高发的电力企业中，安全生产无疑是企业文化的重中之重，国家能源局曾提出各单位要认真吸取 2020 年事故教训，总结事故规律，落实安全生产责任，完善安全措施，进一步提高电力安全生产水平，强化应急能力建设，坚决遏制事故发生。

此次新法修改决定共计 42 条，修改条款涉及原《安全生产法》达一半之多，与国家能源局的监管建议也存在诸多共通之处，为安全生产工作提供法治保障，护航安全生产。新《安全生产法》七大亮点：树牢安全发展理念、健全安全生产双重预

---

① 来源：国家能源局。

防机制、落实安全生产国家标准、安全事故责任实行"双追究"制度、大幅提高法律责任及惩处力度、新增安全生产公益诉讼及强化新兴行业和特定领域的监管。

7.4.2　安全生产法解读

综合能源项目一般是由多个子项目组成的发电或节能项目，其中建设施工和运维均是《安全生产法》所规范的生产范围，因此有必要对新《安全生产法》进行解读。

1. 树牢安全发展理念

此次《安全生产法》在总则中明确提出安全生产工作应当以人为本，坚持人民至上、生命至上，把保护人民生命安全摆在首位，从源头上防范化解重大安全风险。强调安全生产工作实行"三管三必须"，即管行业必须管安全、管业务必须管安全、管生产经营必须管安全，强化和落实生产经营单位主体责任与政府监管责任。[①]

1）生产经营单位主体责任

生产经营单位必须遵守安全生产的法律、法规，建立健全全员安全生产责任制和安全生产规章制度。[②]安全生产经营单位的主要负责人是本单位安全生产第一责任人，其他负责人对职责范围内的安全生产工作负责。[③]生产经营单位的全员安全生产责任制应当明确各岗位的责任人员、责任范围和考核标准等内容。[④]国家能源局在2020年度电力安全生产事故分析报告中提出，企业安全生产第一责任人要组织建立安全生产监督体系、保证体系和支持体系的安全生产责任清单和到位标准，督促三个体系对照清单和到位标准履职尽责。

2）政府监管责任

国务院和县级以上地方各级人民政府应当加强对安全生产工作的领导，建立健全安全生产工作协调机制。[⑤]县级以上地方各级人民政府应当组织有关部门建立完善安全风险评估与论证机制，并对位置相邻、行业相近、业态相似的生产经营单位实施重大安全风险联防联控。[⑥]县级以上各级人民政府应当组织负有安全生产监督管理职责的部门依法编制安全生产权力和责任清单，公开并接受社会监督。[⑦]

---

① 《中华人民共和国安全生产法（2021年修正）》第三条。
② 《中华人民共和国安全生产法（2021年修正）》第四条。
③ 《中华人民共和国安全生产法（2021年修正）》第五条。
④ 《中华人民共和国安全生产法（2021年修正）》第二十二条。
⑤ 《中华人民共和国安全生产法（2021年修正）》第九条。
⑥ 《中华人民共和国安全生产法（2021年修正）》第八条。
⑦ 《中华人民共和国安全生产法（2021年修正）》第十七条。

山东省已于 2021 年 8 月 27 日发布《山东省生产经营单位全员安全生产责任清单》①，对生产经营单位主要负责人，生产经营单位分管负责人（安全总监），分管生产、设备、技术等其他负责人，安全生产管理机构、安全生产管理人员，生产、设备、技术等其他职能部门负责人，生产经营单位车间（区队）主任、班组长及岗位员工均明确了各自职责范围内的安全生产责任清单。可预见的是，未来更多省份也将发布各省市的安全生产责任清单，重视安全生产责任的落实与防范。

新法还明确，负有安全生产监督管理职责的部门应当加强对生产经营单位行政处罚信息的及时归集、共享、应用和公开，对生产经营单位作出处罚决定后七个工作日内在监督管理部门公示系统予以公开曝光，强化对违法失信生产经营单位及其有关从业人员的社会监督，提高全社会安全生产诚信水平。②

2. 健全安全生产双重预防机制

新修订的《安全生产法》强调需加强安全生产标准化、信息化建设，构建安全风险分级管控和隐患排查治理双重预防机制，健全风险防范化解机制。③自 2020 年 6月以来，应急管理部已就危险化学品企业安全风险分级管控和隐患排查治理双重预防机制有序推进。此次新《安全生产法》颁布后，本书预测在新法规定的安全生产领域内，将效仿危化品管理，试点涵盖全员、责任清晰、分工明确的隐患排查工作机制。

安全风险分级管控，落实在电力行业，首先是各地政府电力主管部门、派出机构和电力企业要严格落实《关于进一步加强电力安全风险管控和隐患排查治理督办通报工作的通知》要求，落实电力安全风险隐患挂牌督办制度，建立健全风险隐患台账，加强信息报送，国家能源局将对电力企业的落实情况进行通报。④

生产经营单位应当建立安全风险分级管控制度，按照安全风险分级采取相应的管控措施。生产经营单位应当建立健全并落实生产安全事故隐患排查治理制度，采取技术、管理措施，及时发现并消除事故隐患。事故隐患排查治理情况应当如实记录，并通过职工大会或者职工代表大会、信息公示栏等方式向从业人员通报。

同时，新《安全生产法》第二十一条提出生产经营单位的主要负责人负有组织建立并落实安全风险分级管控和隐患排查治理双重预防工作机制的职责⑤，并对未建立安全风险分级管控制度或者未按照安全风险分级采取相应管控措施的生产经营单

---

① 《关于印发生产经营单位全员安全生产责任清单的通知》，鲁安办发〔2021〕50 号，2021 年 8 月 27 日。
② 《中华人民共和国安全生产法（2021 年修正）》第七十八条。
③ 《中华人民共和国安全生产法（2021 年修正）》第四条。
④ 来源：国家能源局。
⑤ 《中华人民共和国安全生产法（2021 年修正）》第二十一条。

位可责令停产停业整顿，并处罚款，构成犯罪的，追究刑事责任。①

隐患排查治理落实在电力安全生产，指各电力企业要正确认识风险、隐患与事故的内在关系，以落实国家能源局的安全生产专项整治行动为抓手，排查并解决制约企业安全发展的"老大难"风险和根源性隐患，对攻坚整治和措施落实情况实施责任追溯，建立问题举一反三防范长效机制，严防风险升级、隐患演变而导致事故。②

3. 落实安全生产国家标准

新《安全生产法》提出国务院有关部门按照职责分工负责安全生产强制性国家标准的项目提出、组织起草、征求意见、技术审查。③

根据"十三五"规划，国家建立以强制性标准为主体、推荐性标准为补充的安全生产标准体系。根据安全生产执法结果、事故原因分析和新工艺技术装备应用等情况，及时制修订相关技术标准。本次新法进一步明确了国务院标准化行政主管部门、应急管理部门及有关部门在安全生产国家强制性标准方面的职责。主要是：①国务院应急管理部门统筹提出安全生产强制性国家标准的立项计划；②国务院标准化行政主管部门负责安全生产强制性国家标准的立项、编号、对外通报和授权批准发布工作；③国务院标准化行政主管部门、有关部门依据法定职责对安全生产强制性国家标准的实施进行监督检查。

4. 安全事故责任实行"双追究"制度

新《安全生产法》明确国家实行生产安全事故责任追究制度，追究生产安全事故责任单位和责任人员的法律责任。④新法新增了责任单位的追究制度，这意味着安全生产事故不仅可以追究个人责任，也可追究单位责任。

5. 大幅提高法律责任及惩处力度

新修《安全生产法》加大了处罚力度，新增处罚类型，安评、认证、检测、检验机构需实施服务公开和报告公开制度，不得租借和挂靠资质，生产经营单位主要负责人未尽安全生产管理职责，最高处上一年年收入百分之一百的罚款，生产经营单位可按日连续处罚，罚款最高可达 1 亿元。

1）安评、认证、检测、检验机构实施服务公开和报告公开制度

承担安全评价、认证、检测、检验职责的机构应当具备国家规定的资质条件，并对其作出的结果的合法性、真实性负责。承担安全评价、认证、检测、检验职责

---

① 《中华人民共和国安全生产法（2021 年修正）》第一百零一条。
② 来源：国家能源局。
③ 《中华人民共和国安全生产法（2021 年修正）》第十二条。
④ 《中华人民共和国安全生产法（2021 年修正）》第十六条。

的机构应当建立并实施服务公开和报告公开制度，不得租借资质、挂靠、出具虚假报告。① 如上述机构出具失实报告的，责令停业整顿，并处罚款。如租借资质、挂靠、出具虚假报告的，没收违法所得，并处违法所得二倍以上五倍以下的罚款。②

2）生产经营单位负责人的罚款大幅提高

生产经营单位主要负责人未尽安全生产管理职责，处二万元以上五万元以下的罚款；逾期未改正的，处五万元以上十万元以下的罚款。③ 如未尽安全生产管理职责导致安全事故的，一般事故处上一年年收入百分之四十的罚款，较大事故的处上一年年收入百分之六十的罚款，重大事故处上一年年收入百分之八十的罚款，特别重大事故处上一年年收入百分之一百的罚款。④ 生产经营单位的其他负责人和安全生产管理人员未履行本法规定的安全生产管理职责的，也可处罚款，导致安全事故严重者，可吊销其与安全生产有关的资格。由此可见，新法将安全事故责任落实到每个人，实现"管生产经营必须管安全"。

3）生产经营单位可按日连续处罚，罚款最高可达 1 亿元

生产经营单位违反《安全生产法》规定，被责令改正且受到罚款处罚，拒不改正的，负有安全生产监督管理职责的部门可以自作出责令改正之日的次日起，按照原处罚数额按日连续处罚。⑤

生产经营单位发生特别重大事故的，处一千万元以上二千万元以下的罚款。情节特别严重、影响特别恶劣的，应急管理部门可以按照罚款数额的二倍以上五倍以下对负有责任的生产经营单位处以罚款。⑥

同时，《生产安全事故报告和调查处理条例》第三条规定："（一）特别重大事故，是指造成 30 人以上死亡，或者 100 人以上重伤（包括急性工业中毒，下同），或者 1 亿元以上直接经济损失的事故"，由此可见，新《安全生产法》实施后，如发生特别重大事故，且情节严重的，电力生产企业或将面临高达 1 亿元的罚款，相关负责人或将面临上一年年收入百分之一百的罚款。

6. 新增安全生产公益诉讼

因安全生产违法行为造成重大事故隐患或者导致重大事故，致使国家利益或者社会公共利益受到侵害的，人民检察院可以根据民事诉讼法、行政诉讼法的相关规

---

① 《中华人民共和国安全生产法（2021 年修正）》第七十二条。
② 《中华人民共和国安全生产法（2021 年修正）》第九十二条。
③ 《中华人民共和国安全生产法（2021 年修正）》第九十四条。
④ 《中华人民共和国安全生产法（2021 年修正）》第九十五条。
⑤ 《中华人民共和国安全生产法（2021 年修正）》第一百一十二条。
⑥ 《中华人民共和国安全生产法（2021 年修正）》第一百一十四条。

定提起公益诉讼。① 因此，人民检察院可就安全生产违法行为提起行政公益诉讼或民事公益诉讼，通过立法明确了公益诉讼的起诉主体。2021 年 3 月 23 日，最高人民检察院和应急管理部联合发布安全生产领域公益诉讼典型案例，其中包括自备成品油、轻循环油、燃气等危险化学品、易燃易爆物品；尾矿库污染、违规采矿导致地面坍塌；违法建设、违法施工带来的消防、交通安全隐患，以及加油站扫码支付安全隐患等问题。②

7. 强化新兴行业和特定领域的监管

餐饮等行业的生产经营单位使用燃气的，应当安装可燃气体报警装置，并保障其正常使用。③ 餐饮等行业的生产经营单位使用燃气未安装可燃气体报警装置的，应责令整改，并处罚款，情节严重的，责令停产停业整顿；构成犯罪的，依照刑法有关规定追究刑事责任。④

矿山、金属冶炼建设项目和用于生产、储存、装卸危险物品的建设项目的施工单位应当加强对施工项目的安全管理，不得倒卖、出租、出借、挂靠或者以其他形式非法转让施工资质，不得将其承包的全部建设工程转包给第三人或者将其承包的全部建设工程肢解以后以分包的名义分别转包给第三人，不得将工程分包给不具备相应资质条件的单位。⑤ 如矿山、金属冶炼建设项目和用于生产、储存、装卸危险物品的建设项目的施工单位未按照规定对施工项目进行安全管理的，应对单位及责任人员处罚款；逾期未改正的，责令停产停业整顿。以上施工单位倒卖、出租、出借、挂靠或者以其他形式非法转让施工资质的，责令停产停业整顿，吊销资质证书，没收违法所得，并处罚款；对其责任人员处罚款；构成犯罪的，依照刑法有关规定追究刑事责任。⑥

平台经济等新兴行业、领域的生产经营单位应当根据本行业、领域的特点，建立健全并落实全员安全生产责任制，加强从业人员安全生产教育和培训，履行安全生产义务。⑦

8. 总结

新《安全生产法》的修订和实施，将"人民至上，生命至上"写入总则，强调

---

① 《中华人民共和国安全生产法（2021 年修正）》第七十四条。
② 来源：最高人民检察院：《最高检、应急管理部联合发布安全生产领域公益诉讼典型案例》。
③ 《中华人民共和国安全生产法（2021 年修正）》第三十六条。
④ 《中华人民共和国安全生产法（2021 年修正）》第九十九条。
⑤ 《中华人民共和国安全生产法（2021 年修正）》第四十九条。
⑥ 《中华人民共和国安全生产法（2021 年修正）》第一百零三条。
⑦ 《中华人民共和国安全生产法（2021 年修正）》第四条。

筑牢安全底线，从源头上防范化解重大安全风险，加大惩处力度。能源企业应严格落实相关法律法规，牢牢守住安全生产防线，建立行之有效的安全生产合规体系与合规文化，加强安全生产的宣贯与培训，明确各方的安全生产职责，增强全体员工的守法意识，营造安全良好的生产氛围。

7.5 本章小结

综合能源项目建设、施工、运维的安全管理以及综合能源数字化平台信息及网络安全，无疑是综合能源相关投资企业应当重点考虑的管理责任。

就综合能源项目建设、施工、运维的安全生产而言，综合能源企业应当遵照国家有关安全生产的法律法规、制度和标准，建立健全的综合能源项目安全生产责任制，加强综合能源项目安全生产管理，完善综合能源项目安全生产条件，确保综合能源项目安全生产。

《中华人民共和国数据安全法》已于 2021 年 9 月 1 日起施行，当前，大数据正在成为信息时代的核心战略资源，对国家治理能力、经济运行机制、社会生活方式以及综合能源企业均产生深刻影响。与此同时，各项技术应用背后的数据安全风险也日益凸显。近年来，有关数据泄露、数据窃听、数据滥用等安全事件屡见不鲜，保护数据资产已引起各国高度重视。在我国数字经济进入快车道的时代背景下，综合能源企业如何开展数据安全治理，如何应对政府相关部门的监管，均是综合能源企业应当关注的问题。

即测即练7

第 8 章

综合能源项目典型案例分析

2021 年 9 月，国家发改委印发《完善能源消费强度和总量双控制度方案》，该方案指出应积极推广综合能源服务、合同能源管理模式，持续释放节能市场潜力和活力，作为经济政策之一。

业内各界人士也认为，综合能源项目与国家重点关注的"双碳"工作，尤其是能源消费侧"双碳"工作方向十分契合。而推广综合能源服务模式的最佳方式即为加强其在实际场景中的应用，通过分析我国及域外综合能源项目典型案例和进行项目后评估，有针对性地提出风险防控建议，可以更好地总结归纳综合能源项目未来的着力点，有利于激发综合能源服务的市场潜力。

◆8.1 我国典型案例分析

在我国政策引导下，综合能源服务产业有了快速发展，近年来已经有数个项目成功落地，其中不凡优秀案例产生。本章将选取部分案例进行探讨，取其成功经验供参考。

8.1.1 上海电力大学智能微电网项目（高校）

2017 年 10 月，国家电网有限公司（以下简称"国家电网"）发布《国家电网公司关于在各省公司开展综合能源服务业务的意见》，正式宣布进军综合能源服务行业，致力于构建多元化分布式能源服务。同年，国家发展改革委员会、国家能源局通过发改能源〔2017〕870号文公布了首批28个新能源微电网示范项目，在这份名单中，上海电力大学临港新校区智能微电网项目作为上海首个、高校唯一的示范项目，备受关注。[①]

1. 项目简介

2014年11月，上海电力大学与国网节能服务有限公司（现更名为"国网综合能源服务集团有限公司"，以下简称"国网综合能源"）签署战略合作协议，为双方在绿色校园能源系统建设、节能技术开发和应用等方面的合作奠定了基础。2017年，双方签署上海电力大学临港新校区智能微电网项目（以下简称"项目"）合作协议并开展项目建设工作，2018年9月，项目与临港新校区同步建成并投入使用。

本项目建设有光伏发电系统、风力发电系统、混合储能系统、空气源热泵辅助太阳能热水系统、智能微电网系统、光电一体化充电站和一体化智慧路灯，项目的整体能效及运营情况通过智慧能源管控系统进行追踪（表8-1）。

表8-1　项目简介

序　号	类　　别	设备名称	单　位	数　量
1	热水类	太阳能＋空气源热泵热水系统	套	17
2	发电类	分布式光伏	kW	2 061
		光电一体化充电站	kW	49
		分布式风力发电	kW	300
		燃料电池	kW	1
3	储能	铅碳＋磷酸铁锂＋超级电容	kW	350
4	微电网	运行控制系统	套	1
5	平台类	建筑能效监测管理系统	套	1
		智慧能源管控系统	套	1

本项目核心建设内容有6个部分，如图8-1所示。

（1）光伏发电系统：全校共有22栋建筑屋顶（含光电一体化充电站车棚顶部）建设有分布式光伏系统，总装机容量达2 061千瓦，光伏组件综合选用单晶、多晶、切半、叠片、BHPV、PERC等多种形式。该系统在为学校提供电力支持的同时，还为学校师生研究和学习清洁能源技术提供了绝佳的"实践基地"。

---

① 封红丽. 综合能源服务模式成效调查 [J]. 电器工业，2018（10）：42-45.

风力发电系统　　　　　　　　　　　　　　　三星级绿色示范建筑

储能系统　　　　　　　　　　　　　　　　　建筑能效管理系统

屋顶PV光伏发电系统

风力发电系统

绿色智慧示范园区
智能能源管控系统平台

多晶硅光伏　　单晶硅光伏　　　　　　　　　　智能监控系统
发电系统　　　发电系统　　一体化智慧
太阳能空气源　　　　　　　路灯系统
热泵热水系统　　智能用电　　　　充电桩
　　　　　　　　管理系统

图 8-1　核心建设内容

（2）风力发电系统：装机容量为 300 千瓦，设于校区一角，采用水平轴永磁直驱风力发电机组，一年发电量可达到 450 000 千瓦 / 时。

（3）储能系统：储能系统搭载 100 千瓦 ×2 小时的磷酸铁锂电池、150 千瓦 ×2 小时的铅炭电池和 100 千瓦 ×10 秒的超级电容等储能设备，与光伏发电系统、风力发电系统等共同组成智能微电网系统。

（4）空气源热泵辅助太阳能热水系统：包含 33 台空气源热泵，分布在 10 栋公寓楼楼顶，采用空气源热泵及太阳能集热器组合以提高系统的节能效率，为学校一万余名师生提供生活热水。

（5）智能微电网系统（风光储一体化）：由前述光伏发电系统、风力发电系统及储能系统组成，将智能变压器等智能变配电设备与电力需求侧管理和电能质量控制技术相结合[1]，以提供综合能源管理及智慧办公互动服务，达到用电信息自动采集、系统故障迅速响应等效果。[2]

（6）智慧能源管控系统：由上海网能能源科技有限公司（以下简称"网能科技"）自主研发的管控系统成功实现了智能微电网中"源网储荷"的协同优化，该

---

[1]　封红丽 . 综合能源服务模式成效调查 [J]. 电器工业，2018（10）：42-45.
[2]　封红丽 . 上海电力大学微电网示范项目成效调研 [J]. 电器工业，2019（11）：50-53.

系统可用于同时监测风电、光伏、储能及热水系统的运行情况，便于业主和服务方对于用能状态和节能效率进行实时监控与管理，实现了高效的信息集成及数据共享，是本项目的"点睛之笔"。

2.项目合作模式

1）项目运作基本模式

本项目系由上海电力大学与国网综合能源合力打造的智能微电网示范项目，国网综合能源采用综合智慧能源服务方式，对项目下的系统平台、热水供应、新能源三大子项目进行投资、设计、建设、运营、维护，由网能科技负责智慧能源管控系统的建设及运维。如图 8-2 所示。

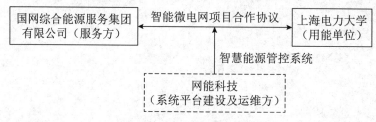

图 8-2　项目运作基本模式

项目投资：项目全部由国网综合能源投资，投资回收期由合作双方协商调整。其中，风机的投资回收期最长，热水投资回收期最短，本项目保险费用由服务方国网综合能源承担，列入项目总投资。

项目收益：项目收益分为热水供应收益与电费收益（自发自用＋余电上网），储能、管控平台不直接产生经济效益，收益稳定。[1]

2）商务约定

本项目与上海电力大学临港新校区同步建设，综合服务期为项目投入使用之日起 240 个月（20 年）。在合作协议顺利履行完毕之前，本项目下的项目所有权属于服务方。合作协议顺利履行完毕即 20 年运营期满后，由服务方依法将项目设备及项目继续运营所需材料移交给业主。

双方对本项目的具体实施进行了整体约定，其中包括网络连接、交换机安装及核心会聚交换等技术问题。因履行合作协议所产生的知识产权由服务方享有，但业主可以在本项目中免费使用。项目设备移交至业主后，业主即上海电力大学可无偿继续使用设备所涉相关技术或相关知识产权开展科研工作。

本项目综合能源服务费用包括热水供应费及电费，水电费用分别按照实际使用量结算，双方概括约定每季度按优惠价格结算并支付相应费用。

---

① 封红丽 . 综合能源服务模式成效调查 [J]. 电器工业，2018（10）：42-45.

由于本项目合作双方之间存在长期合作与信任基础，双方亦概括约定了项目运行、维护、保养等服务由国网综合能源负责，国网综合能源实际委托第三方网能科技负责智慧能源管控系统的建设和运维。

3. 综合智慧能源项目合作协议主要条款风控建议

1）项目运营期限

由于新能源项目的设备及相关组件均有相应的固有衰减率及使用寿命，因此，综合智慧能源项目应格外注意协调各分项项目的运营期限，进而合理确定项目整体的综合服务期。

该案例中的综合智慧能源项目建设与园区建设同时进行的建设模式，适合应用于新建园区。对于已经建成的既有园区，业主拟通过使用综合能源服务以满足节能需求的，由于项目建设已无法实现与园区建设同步，因此需通过一定改造满足项目建设要求。服务方应于项目实施前全面细致进行实地踏勘，保证项目设计符合实际需求，双方亦应在合作协议中对设计合理性、可行性、效益性等作出一定要求。

2）项目质量标准

综合智慧能源项目包含多个子项目，涉及面较广，技术问题较为复杂，对服务方的资质和技术水平要求较高。为避免对项目建设进度、整体质量、后续运维等造成影响，建议合作双方提前了解综合智慧能源项目的相关技术标准，并在合作协议中作出明确约定。

如遇质量标准约定不明晰的情况，2021年1月1日生效的《民法典》规定：质量要求不明确的，按照强制性国家标准－推荐性国家标准－行业标准－通常标准或者符合合同目的的特定标准的履行顺位确定质量标准。合作双方应注意质量约定不明时适用标准的优先顺序，并尽量于合同签订时约定明确的质量标准，避免产生不必要争议。

3）项目经济效益

由于合作双方分别以节约用能和获取节能效益为目的，为保证自身利益最大化，双方可视情况选择在合作协议中明确约定项目最低节能率及业主最低用能量。

4）费用结算

费用结算条款是合作协议的核心条款之一，也是争议高发区。由于综合能源服务与以往的合同能源管理服务不同，涉及多种新能源的混合利用，结算方式较为复杂，提醒相关企业在类似项目中注意结算模式是否具有可操作性，结算周期是否能够形成闭环。同时应注意结算依据，即计量值的公允性，以及对结算依据产生争议时的处理原则。

此外，应注意项目费用结算与项目节能效益是否挂钩。对于用能单位而言，应考虑是否将项目节能率作为付款的前提条件；而对于服务方而言，则应注意评估投资收益回收期限，即对用能单位周期性最低用能量是否有一定要求。

5）运维

类似项目中，合作双方需考虑运维标准、运维义务、响应机制等条款设置是否明确、是否合理。

6）所有权

对项目用能单位而言，合作协议如约定服务方对项目的所有权具有保留权，那么用能单位在未付清电费等相应款项之前可能无法顺利取得综合能源服务项目所有权。

同时在合同无约定的情形下，可能出现标的物风险负担人与所有权人不一致的情形，从而加重用能单位的义务。建议类似项目中，双方根据实际需求合理协商确定项目所有权转移、风险负担转移的相关约定。

7）知识产权

除项目过程中形成的知识产权归属问题外，针对综合智慧能源项目中的知识产权问题，仍应注意以下要点。

（1）项目实施前，项目用能单位与服务方既有知识产权的确认与保护问题。

（2）项目过程中，就知识产权的使用边界、使用许可与费用协商一致。

（3）项目运营期满后，基于本项目形成的新知识产权归属及使用问题。

8）违约责任

建议综合智慧能源项目各合作方就逾期履行、质量违约等不同违约情形进行分类列举，通过逾期违约金、损失赔偿、解除权等不同违约责任的承担方式设置违约责任，使其更具有合理性和可操作性。

就赔偿损失而言，双方应注意考虑根据实际需求确定损失赔偿是否包括可得利益等损失。

9）项目保险

实践中，项目投保责任可由双方具体协商约定，同时应注意及时告知对方已有的或准备进行的相关项目、财产和人员的投保情况，避免重复投保而增加不必要的成本支出。

4. 综合智慧能源项目全过程风控提示

通过前文对上海电力大学临港新校区智能微电网示范项目合作模式的分析，及对综合智慧能源项目合作协议条款的风控提示，在此，本书对同类项目全过程风控管理措施简要总结如下。

1）项目合作协议签约前的调查与论证

在正式签署合作协议并开展合作前，合作双方应充分了解综合能源服项目的概念及内容。用能单位需明确自身需要及合作目的；服务方则应充分了解综合能源相关的政策及技术要求，保证提供的服务合规、合法。

同时，双方均应注意在选择合作相对方前做好尽职调查工作，厘清拟合作方的经营状况、诉讼与执行情况、企业信用及专业资质等，避免在合作过程中因相对方的"硬件问题"引发不必要的争议。

2）项目合作协议条款的协商与谈判

在签署合作协议时，合作方应审慎核查协议内容，建议在协议中详细列明合作内容、合作方式以及双方具体权利义务（包括设计、采购、建设及运维等）。

尤其应当注意根据用能单位和服务方的不同身份在协议中明确约定项目设计标准、综合服务期、项目最低节能率及用能量、综合能源服务费用的结算条件及方式、设备设施所有权及知识产权归属、项目质量及验收标准、用能安全、违约责任及协议解除风险等，尽量在友好磋商的前提下明确争议解决方式，以保证自身利益。

3）项目合作协议履约及运维

项目建设与实施过程中，服务方在签署专项咨询、设计、建设、设备采购、技术服务等合同时，应审慎选择专项合同相对方，同时注意相应专项合同与合作协议的衔接，避免出现条款冲突情形，除了双方权利义务、违约责任、合同解除等常规风险，还应尤其注意各专项方案的可行性与合理性、各专项项目时间节点的可控性、各专项合同下的质量及验收标准、施工安全、业主信息安全以及项目对既有设施/建筑/环境的影响等附随问题。

项目后续运营期间，用能单位应注意建立安全机制及运维管理制度，及时跟踪项目的运营状况，按照合作协议的约定用能；服务方则应严格按照合作协议约定履行相应的运维义务。

5. 项目风险

作为校园运营项目，高校综合能源系统特征和风险重在"校园"，从用能特性讲，部分建筑负荷（如公共教学楼、文体中心、实验室、生活园区等）存在明显的寒暑假特性，同时宿舍区与教学区负荷存在明显的时空互补特性。因此从该特征出发，校园项目存在部分时间段（寒暑假）用能明显减少、部分时间段（师生在校期间）用能急剧增加的现象。校园的用能量受到师生是否在校的影响较大，如节假日学生离校等原因，则可能导致学校用能量大幅降低。

应对此风险，建议从以下几个方面考虑。第一，规划阶段需要系统考虑校园整体的资源禀赋与用能特征，不仅要注重校园内部能源资源的跨时间循环利用，同时还要充分挖掘其与周边区域能源系统之间的跨空间资源统筹，实现校园"内循环"与区域"大循环"的协调发展。第二，在合同约定中，应考虑学校寒暑假用能少的特点，将综合能源服务费用，包括热水供应费及水电费用分别按照实际使用量结算，概括约定每季度按优惠价格结算并支付相应费用。

8.1.2 某综合能源服务客户服务中心项目（商业楼宇）

1.项目情况

某综合能源服务中心于 2015 年 6 月投运，总体建筑面积达 14.28 万平方米，主要包括运行监控中心、呼叫中心、生产区服务管理中心、生活区客户服务管理中心等 10 栋大型高层商业楼宇，日常可容纳 2 600 余名工作人员在此进行日常办公、生活。该服务中心所在产业园区作为集生产、办公、生活配套服务于一体的大型产业园区，已实现中国绿色复合型能源产业园区和绿色智慧服务型科技创新产业园区的融合建设，并进一步成功获得了中国绿色建材行业标志国家认证。

该产业园区以电能作为唯一外部能源，企业自主创新研发成功建设光伏节能发电、地源热泵、冰箱式蓄冷等多种可再生能源的能源转换发电设备，并且创新性地引进了光伏节能发电树、光伏充电单车以及国内首个广泛应用于光伏项目的光伏发电场节能地砖等，高效开发利用了该区域内的太阳能、地热能、空气热能三类可再生能源。依托中国绿色复合能源运行调控平台，实现了对工业园区内冷、热、电的综合监测分析、统一调度和综合优化。如图 8-3、图 8-4 所示。

图 8-3 某综合能源服务中心园区（一）　　图 8-4 某综合能源服务中心园区（二）

2.技术方案

绿色复合能源网运行调控平台由光伏发电系统、储能微网、太阳能空调系统、太阳能热水、冰蓄冷、地源热泵、蓄热式电锅炉七个子系统及能源网运行调控平台组成。[①]

（1）光伏发电系统：总容量为 813 千瓦，其中在 8 栋楼的屋顶安装装机容量 785 千瓦的多晶硅光伏组件，屋顶及连廊南立面安装装机容量 28 千瓦的薄膜光伏。

（2）储能微网系统：由 50 千瓦 ×4 小时铅酸电池储能、48 千瓦光伏发电以及 40 千瓦公共照明组成。

（3）太阳能空调系统：能够供冷、供暖和提供生活热水。屋顶还铺设有 630 平方米槽式集热器，夏季供冷时，由高温导热油驱动溴化锂吸收式冷水机组制备冷冻水；冬季供热时，通过油—水换热器进行热交换产生空调热水。配置两台总制冷量为 1 060 千瓦的风冷冷水机组及 3 台总输入功率 57 千瓦的空气源热泵作为后备冷热源。

（4）太阳能热水：利用太阳能集热器制备生活热水。在屋顶铺设约 1 470 平方米的承压玻璃真空管（U 形管）。蓄热式电锅炉的蓄热水箱高温水作为热水补充。[②]

（5）冰蓄冷系统：与地源热泵和基载制冷机组配合在夏季为园区供冷。两台双工况机组，总制冷量 6 300 千瓦，制冰量 4 284 千瓦，放置在地下室集中能源站；采用蓄冰盘管形式，蓄冰总量 10 000 冷吨 / 时，放置在地下。[②]

（6）地源热泵系统：与冰蓄冷和基载制冷机组配合为园区夏季供冷，与蓄热式电锅炉配合为园区冬季供暖。三台地源热泵机组，放置在集中能源站，总制冷量 3 585 千瓦，制热量 3 801 千瓦；室外 629 口地源热泵井，分布在八块区。

（7）蓄热式电锅炉系统：与地源热泵配合为园区冬季供暖，同时作为太阳能热水的补充热源。4 台电锅炉，总制热量 8 280 千瓦，放置在集中能源站，三组蓄热水箱，总体积 2 025 立方米，放置在地下。[②]

（8）能源网运行调控平台：据悉，该平台每天零点对前一天园区的能源使用状态进行综合分析，并且根据节能或经济等不同的需求模式，生成当天园区各能源子系统的综合运行方案，实现园区内多种能源的优化协调、经济运行。[③]

3. 效益分析

2015 年 6 月 29 日当天统计的产业园区的能效比例约为 4.97%，可再生能源能效占比为 43.57%。其在智能电网、微电网的运行调控，分布式电网接入。即时网络协同等多个领域已经进行了许多具有创新性关键技术的研究探索和应用实践，并且已经成功取得了相当多的研究成果。

由于目前中心所在城市的风力发电资源不够丰富，而且利用天然气价格不稳定，难以确保其经济性，在该项供电系统中未得到充分体现。园区内各类能源系

---

① 王佳丽. 综合能源服务万亿盛宴 [J]. 能源，2019（5）：16-21.
② 封红丽. 综合能源服务模式成效调查 [J]. 电器工业，2018（10）：42-45.
③ 封红丽. 综合能源服务模式成效调查 [J]. 能源，2018（9）：34-37.

统的总体布局遵循了基本原则，即能够在地源热泵所需要的地方完成打井，屋顶能够铺光伏的全部地点已完成光伏铺设，并且再辅之以蓄冷、蓄热等设备，整体的经济性优良。

就园区的整体经济效益来看，目前已经建成投运 7 年，运行效果良好，经济效益也初见成效。园区的冰蓄冷系统、地源热泵系统、蓄热式电锅炉系统、太阳能加热系统、光伏发电系统、太阳能空调系统、运营调控平台七项的年生产效益合计高达 987.7 万元。其中以地源热泵系统效益最高，其次为光伏发电系统。

从实际的经济效益来说，地源热泵的使用经济性最佳，占比大约为 53%；光伏发电系统、运营调控平台、太阳能热水系统等节省成本排在第二个阶梯，分别各占 16%、11% 和 9%；太阳能空调系统、冰蓄冷系统及蓄热式电锅炉系统的节省成本各占 5%、5% 和 1% 左右。

从节约电费成本情况来看，按目前园区试运营的相关数据资料分析计算，园区每年累计实现节约用电支出总量约 1 100.2 万千瓦时，年节约电费支出总额为 987.7 万元。

从环境效益看，按目前园区能源系统年节约能源数据分析，折算标煤 3 531 吨左右，减排二氧化碳约 1 万吨，二氧化硫约 73 吨，氮氧化物约 40 吨。

某综合能源服务客户服务中心项目也是首次采用"7+1"的综合能源托管服务模式，它已经成为国内率先以电为中心、包含多种能源形式的能源服务管理系统，创新了屋顶光伏、光伏储能微网、太阳能热水、冰蓄冷空调、地源热泵、蓄热式电锅炉等七大能源子系统集成应用，并且相应地依托能源调控平台向广大客户免费提供能源优化与托管服务。这种以电力为中心、多方合作共赢的新型能源托管模式已经逐渐成为中心所在城市乃至全国其他 6 个国家重点工业园区积极模仿的重要标杆，并正被中关村现代科技城等 6 个重点园区全面复制和推广运用。

4. 项目风险

集商业、办公、居住于一体的商业性园区通常分布在城市建成区内。这类园区存在高品质负荷需求，能源消费以电力为主，没有高强度采暖、蒸汽、燃气负荷需求，项目运营风险主要集中于电能质量、各个楼宇之间的用能协调及安全问题。因此该类园区的综合能源系统应侧重以电为主的综合能源供给模式，具体表现如下。

充分发挥电能的高品位能源特性，优先采用公共配电网供能，适应电力市场改革方向，进一步提升电能质量；充分发挥电力基础设施在系统布局、用户配置等方面的平台优势，兼顾各种能源系统特点，科学合理配套其他能源供应方式，实现园区综合能源的最高效利用；充分利用电能可精确测量、可精准控制、可统一调控的特点，构建园区级智慧电力能源管理平台，与城市管理系统协同融合，实现园区综合能源系统的智慧化管控；因地制宜推广新能源发电、高效储能、交直流电网等电力新技术、新设备。

8.1.3 某机场综合能源建设项目（机场）

1.项目简介

项目为某市新机场工程十个子项之一（即 M 子项），主要为航站楼、交通中心及停车楼、南办公楼、北办公楼等供冷，总供冷建筑面积约为 550 706 平方米，集中空调供冷的设计冷负荷合计为 76 275 千瓦。

2.项目内容

项目主要建设内容包括：制冷系统，包括能源站内的制冷系统、蓄能设备及补水系统，以及能源站至蓄能设备的管道（不包括能源站本身的暖通系统）；土建工程，包括设备基础；配电工程，包括冷冻机房设备控制柜下口的电缆和桥架建设；自控系统，包括能源内的自动控制系统并预留控制接口。

3.项目商业模式

1）投资模式

本项目由某集团有限公司、某综合能源服务集团有限公司、某综合能源服务有限公司、某电力设备有限公司成立项目公司实施，由项目公司负责机场航站区综合能源站项目和配套工作区综合能源站项目的投资、建设和运营工作。其中为保证新机场建设进度，由某集团有限公司负责航站区综合能源站项目的土建工程建设，待土建工作完成后，将能源站所在土地及地上建筑物以租赁方式提供给项目公司使用；该项目所需的设施、设备由项目公司负责投资购建。如图 8-5 所示。

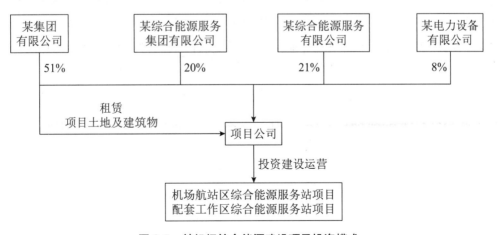

图 8-5 某机场综合能源建设项目投资模式

项目投资：本项目动态投资 15 600 万元。

项目收益：项目收入为供冷收入，供冷收费标准为每年 77.17 元 / 平方米。运营期内项目年均收入 3 703 万元。

2）商务约定

（1）关于运营主体，某集团有限公司、某综合能源服务集团有限公司、某综合能源服务有限公司、某电力设备有限公司四方成立合资公司，四方出资比例为51∶20∶21∶8。

（2）关于项目收益，四方约定了项目规划供冷建筑面积 550 706 平方米，根据项目投资概算进行基准测算，供冷取费标准为 77.17 元 /（平方米·年）。最终数值以通过评审的收口可研为准。供冷建筑面积由某集团有限公司确认。

（3）关于项目土地费用，确认能源站土建租赁费用由项目公司支付。能源站建筑产权单位租赁费用为 50 元 /（m²·月），约为 215 万元 / 年。

（4）关于项目建设，四方约定由项目公司和某集团有限公司参与建设。并就项目建设四部分内容：能源站土建、制冷工艺系统、电气系统和自动控制系统建设中二公司的具体承建部分做出了约定。

（5）关于供冷单价的变动，四方约定了在国家售电价格调整和主要设备衰减严重，需要更换时，重新核算供冷取费单价。

4.项目风险

作为机场项目，该类综合能源项目在设计建设运营时应当注重项目运营地的特殊性所带来的风险与要求。首先，机场相比较于其他项目，用能量较大，同时没有较为明显的用能低峰期。其次，机场常年日夜运行，除非由于天气等不可抗力原因，综合能源系统极少停止运作。最后，作为公共交通枢纽，机场人流量大，人员密集，因此设备安全性要求极为突出。因此，应当在设计综合能源系统时考虑到提供 365 天 ×24 小时的不间断运维服务，建设完善的用能检测系统和储能系统，为用户提供最灵活的用能体验，同时规定故障响应时间，综合能源服务公司应当在设备发生故障时以最快速度予以响应、修复。另外，应当突出全系统的安全要求，在设计、建设过程中强调安全性，能源管理合同期内，节能服务公司应定期组织项目环评及项目风险源评估。发现任何影响项目安全稳定运行的事项，应尽快解决。

8.1.4 某市市民中心"能源托管型"合同能源管理项目（政府大楼）

1.项目简介

某市市民中心"能源托管型"合同能源管理项目是经该市机关事务管理局通过公开招标，以整体水、电、气费用总包干形式，委托某综合能源服务有限公司进行能源托管型服务，由该市政府支付相应能源托管费用，保证年均下降 2% 以上节能目标任务的实现，合同期限为 5 年，自 2019 年 1 月 1 日至 2023 年 12 月 31 日。实施市民中心能源托管合同能源管理，是该市公共机构节能的创新之举，在全国也颇具影响。项目的正式落地实施，有利于践行"绿色发展、机关先行"，持续推进绿色市民中心建设；有利于提高能源使用效率，保证节能减排目标任务的实现；有利于形成示范效应，推动全市公共机构合同能源管理的有序开展。

2.商业模式

1）基本模式

本项目为"能源托管型"合同能源管理项目，用能单位委托能源服务公司对能源系统进行投资、设计、建设、改造和运行管理，并按照合同约定支付能源托管费用。能源服务公司通过提高能源效率降低能源费用，并按照合同约定收取能源费用（图 8-6）。[①]

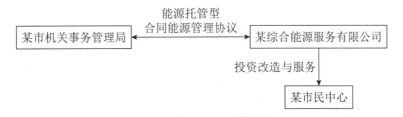

图 8-6 某市市民中心"能源托管型"合同能源管理项目基本模式

2）商务约定

（1）项目改造部分。

①双方按照合同附件所列的项目方案文件的要求以及合同的规定进行项目的实施。用能单位负责提供原能源系统的设计、施工方案、图纸等，能源服务公司提供节能改造相应的设计、施工方案、图纸等。因未获用能单位或相关部门施工审批而影响工期的，工期自动顺延。依照项目方案的规定开始项目的建设、实施和运行。

---

① 宋高歌.基于资源节约的产品服务系统协调机制研究 [D].上海：上海交通大学，2007.

②双方建立项目运营提升机制，采用新技术应用、运营策略优化、在线监测、定期分析评估改进等措施，不断提高项目运营水平，达到预期目标。

③双方约定能源服务公司投资范围为用能单位水、电、气等能源相关设备，具体改造时应征得用能单位同意（不包括消防设施）。能源服务公司承诺合同期内利用空调系统自动化节能改造技术、能源在线监测技术等国内外先进能源技术，统筹推进市民中心能源系统改造，实现能源利用高效化、清洁化、智能化、数字化。

④在合同到期并且用能单位付清合同下全部款项之前，本项目下的所有由能源服务公司采购并安装的设备、设施和仪器等财产（简称"项目财产"）的所有权属于能源服务公司。合同顺利履行完毕之后，该等项目财产的所有权将无偿转让给用能单位，能源服务公司应保证该等项目正常运行。[①]

（2）项目效益部分。

①双方确定采用"能源托管型"合同能源管理模式，由用能单位委托能源服务公司对现有能源系统进行改造。合同期内，由能源服务公司对用能单位能源系统日常运营维护及管理给予技术协助，用能单位需按照协议约定向能源服务公司支付能源使用费用，并由能源服务公司负责代缴用能单位能源费用托管期内的电费、水费及天然气费用。

②双方基于现有的用能设备现状及能源费用，约定能源费用托管期内用能单位需向能源服务公司支付人民币 1 888 万元 / 年。因国家相关部门或国家电网、供排水部门、供燃气部门给予用能单位、能源服务公司优惠政策而降低的能源资源消耗费用应由用能单位和能源服务公司各自受益。支付方式为用能单位在收到能源服务公司当期服务发票（税率 6%）后，以银行电汇方式每月 25 日前向用能单位指定账户支付 1 573 333 元（屋顶光伏和地面停车棚光伏发电项目电费由能源服务公司代缴或在能源托管费用中扣除）。如发生用能设备增、减（200 千瓦及以上），极端天气及设备损坏、遭外力破坏，办公人员增、减（50 人及以上）、价格调整等原因导致的能源费用变化，双方可协商能源费用调整方式，并经市财政和采购中心确认。具体方式以书面补充协议形式确定。

③根据项目年度整体节能降耗比例，奖励相应费用。以 2018 年 1 月至 2018 年 12 月期间能耗数据为基数，能耗每降低 1%，奖励当年总能源服务费用的 6‰。能耗每增加 1%，扣除总能源服务费用的 6‰。奖惩限额为 100 万元，奖惩费用在次年 1 月能源费用调整时一次性体现。

---

① 盛虎宣 . Newdream 服务公司创业计划书 [D]. 成都：电子科技大学，2011.

（3）项目考核部分。

供暖质量：供暖季保证每天房间室内温度满足不低于 18 ℃的条件。

供冷质量：供冷季保证每天室内温度满足不高于 26 ℃的条件。

服务指标：项目服务满意率 95% 以上。

服务时间：提供 365 天 ×24 小时的不间断运维服务指导，为用户提供最灵活的用能体验。

故障响应时间：能源服务公司投资的设备发生故障应在 2 小时内予以响应，8 小时内修复，因特殊零配件原因 48 小时内修复，并持续协助故障的最终解答或解决。

节能改造投入：在服务期内，能源服务公司每年投入节能改造费用需达到中标价格的 7.5% 以上（平均每年 142.5 万元）。

以上核心数据应维持良好水平，数据达标率保持在 99% 以上，每降低 0.1%，扣除总能源服务费用的 1‰，增加 0.1%，奖励总能源服务费用的 1‰。奖惩限额为 10 万元，奖惩费用在次年 1 月能源费用调整时体现。

3. 案例评析

首先，该项目降低了行政运行成本。2019 年，单位面积能源费用从 54.80 元 / 平方米减少到 46.86 元 / 平方米，费用缩减率 10% 以上。项目实施以来，能源服务公司一次性投入 700 余万元，实施了绿色照明、空调变频、电梯余能回馈和 1.55 兆瓦光伏太阳能发电等一批能效提升工程，提高了设备设施能效水平，也减少了财政投资风险。例如，LED 绿色照明和空调变频改造是市民中心节能管理的最大潜力和迫切需要，由于近几年一般性财政支出压减而一直未能实施，在合同履行第一年，能源服务公司就一次性更换了 5 万支 LED 灯管和 21 台空调变频改造，节能率近 50%。[1]

其次，该项目发挥了"头雁效应"。合同签订后，作为当时全国公共机构第一大规模的合同能源管理项目，受到了各级各界的广泛关注，也在全社会节能行业引起了热烈的反响，为推进工业节能、建筑节能、交通运输节能等其他领域节能发挥了"头雁效应"，进而带动了产业的转型升级，彰显出节能减排的生态效应。同时，也为推进公共机构合同能源管理提供了实践范本。2019 年以来，该市所在的省政府累计签订 28 家合同能源管理项目，合同金额超过 3 亿元。

最后，该项目实现了"双赢"可持续发展。合同设定的激励机制和运营机制以及确定的"三不"原则（即不改变用户原本的物管形态，不大幅更换原本的设施设备，

[1]　冯晓明 . 无锡市公共机构节能的激励和"三不""三化"合同能源管理头雁效应是怎样形成的 [J]. 中国机关后勤，2020（9）：40-41.

不降低保障供给标准）都是比较合理且切实可行的，结合点把握得比较准确，既保证了用能单位的节能降费预期目标，又兼顾了能源服务公司的合理利润。其中限额100万元的节奖超罚，形成倒逼效果，达到了合同能源管理项目的应有意义和目的。同时，项目的实施，也带动了一批节能服务企业的广泛参与，助推了绿色产业发展，体现了公共机构节能应有的社会责任担当。

4. 项目风险

政府合同能源管理项目相较于其他设施，由于一方主体一般为机关事务管理局，资金来自公共财政预算资金，因此在项目的资金合规性方面要求严格。一般流程上要符合政府采购的有关法规，由公共机构对照政府采购集中采购目录和采购限额标准，确定采购形式和采购方式。政府机构启动合同能源管理项目政府采购之前，应邀请节能专业评估机构对项目技术方案、成本核算、基准能耗量和费用、预计节能量和费用以及合同期限等进行评估。[①] 双方要根据相关法规和政策要求细化合同条款，明确各方权利义务、合同标的、合同期限、基准能耗及计算方式、节能量及节能量调整核定方式、服务费用支付方式等专项条款内容，特别是明确能源费用基准确定、能源托管费支付等问题。对项目实施前涉及原有设施设备等国有资产处置的，按照国有资产管理有关规定，做好相关资产处置工作，做到合法合规使用财政资金。

8.1.5 某医院低碳供能示范区综合智慧能源项目（医院）

1. 项目简介

某医院低碳供能示范区综合智慧能源项目是某电力公司通过地源热泵、空气源热泵、太阳能热水器机组等冷热源模式的耦合，并集成光伏车棚、充电桩、智能路灯，构建的具有能源站、生活热水系统、空调终端及辅助系统监控显示、模拟控制、链条防护等功能的监控设备和自动化系统的综合智慧能源系统。该项目实现了某医院的清洁供应，并通过某电力公司御能控制系统形成了有效的运行管控，节约了运行成本。

2. 项目内容

本项目充分利用了区域内丰富的地热资源、光照资源，合理地制定运行方式，在利用清洁资源的同时做好资源保护，确保资源利用的最大效力和年限。

---

① 上海：合同能源管理项目实行政府采购 [J]. 招标与投标，2015（7）：18.

（1）冷热系统：布置了两台地源热泵，单台制热量 1 936 千瓦，制冷量 1 931 千瓦；17 台空气源热泵，单台制热量 141 千瓦，制冷量 130 千瓦，地埋管系统采用双 UPE 管，管径为 32 毫米，地埋井数量 944 口，井间距 4 米，深 120 米。

（2）生活热水系统：布置 180 组太阳能集热器，每组面积 7.6 平方米，共 1 368 平方米，11 台超低温空气源热水机组，单台制热量 80 千瓦。

（3）配套系统：光伏车棚安装 16 块 450 Wp 单晶组件，总容量 7.2 kWp，建设三台 60 千瓦直流充电桩及四座功率 100 瓦的智慧型光伏路灯。

（4）数字化管理系统：包括空调机房智能管理、空调末端节能管理、智能照明节能管理、生活热水管控系统、变配电站监管、室内微环境监测、光伏充电桩监管、能源综合管理、运维管理系统等智能化子系统功能模块。

3. 商业模式

1）基本模式

本项目为某电力公司的合同能源管理项目，该项目供冷（热）总面积为 57 500 平方米，合同期限为 15 年，商业模式采取了"企业投资 + 合同能源管理"模式。用能方为某医院，能源服务方按照与该医院签订的《能源管理服务合同》，为医院急诊住院综合楼提供空调夏季制冷所需冷水和冬季采暖制热用热水以及全年生活热水，并收取一定费用。冷热服务费、生活热水费及自发自用电费已经在《能源管理服务合同》中明确。如图 8-7 所示。

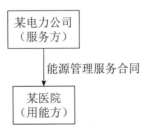

图 8-7 某电力公司合同能源管理项目基本模式

2）商务约定

本项目协议约定了能源服务费用价格、支付方式和运营期限，保证了服务费用准时收取。在设计阶段严格控制标准，在建设期间加强管理力度，确保工程质量，对安全、成本、进度等作出有效的控制。

4. 项目效益

项目所用的技术方案与传统的电供暖方案相比可以降低 70% 的电力消耗，制热系统的效率比燃气锅炉的效率平均提高约 5%，比燃油炉的效率高出 75%。与风冷形式及冷却塔冷却形式制冷相比，机组效率大大提高，可为用户节约 30%~40% 的运行费用，每年为医院方节省电量约 300 万千瓦时。

5. 案例评析

本项目属于园区能源服务－医院应用场景，项目商业模式采用了"企业投资＋合同能源管理"模式，盈利模式稳定，抗风险能力强，具有良好经济性。本项目在环境效益和社会效益方面具有医院运营行业中较好的优势，提升了医院域内的绿色环保空间，对医院应用场景具有实际意义。

6. 项目风险

医院作为具有公共服务性质的医疗中心，用能系统和设备相对复杂，对于运行稳定性与安全性要求较高。同时医院作为半开放性的公共场所，具有人流密度高、流动性大、来往人员复杂等特点，综合能源的用能安全是开展综合能源服务时首先考虑的问题。

现代化医院在为患者提供高质量诊疗服务的同时，还要为患者提供优质、绿色、健康的治疗环境。健康环境是建设绿色医院重要组成部分，对促进医院的发展、增强医院竞争力具有十分重要的作用。

为保证在医院项目中的安全与健康两个要素的实现，建议综合能源服务方注重以下几个方面：①进行负荷等级划分及差异化供电，优先保证急诊、手术室、治疗室、走道照明、手术室空调、恒温箱、主要计算机系统、监控系统、电子信息设备供电；②能源稳定运行和能源安全监测常态化；③建立备用储能系统，不仅作为备用电源，保障设备的正常用电，同时缓解局部供电不足问题，提高供电稳定性；④做好环境、空气和水质检测和净化工作，保障所提供的能源服务健康安全。

8.1.6 某集团公司可再生能源制氢示范项目（光伏制氢）

1. 项目简介

某集团公司可再生能源制氢示范项目是以该地能源化工基地成熟的现代煤化工和石油化工产业基础为依托，集制氢站、加氢站、配套光伏电站及氢能下游综合应用产业等为一体的综合智慧能源示范项目。

2. 项目内容

世界能源理事会的报告将氢气按照生产来源分为"灰色""蓝色"和"绿色"三类。灰氢：目前，96% 的氢气来自化石燃料，通过蒸汽甲烷重整（SMR）或煤气化技术制取氢气。该过程制造的氢气成本较低，但是碳强度最高，因而社会接受度最低。蓝氢：蒸汽甲烷重整技术或煤气化加上碳捕捉和贮存（CCS）制氢，碳强度较低，成本昂贵，社会接受度较高。绿氢：使用可再生能源进行电解，二氧化碳零排放，成本昂贵，但社会接受度最高。

本项目采用可再生能源＋谷电制氢，余电有偿利用的模式，制得的氢气用于精细化工企业，未来还可以用于氢燃料电池车，实现了"可再生能源制氢＋工业供用电耦合＋绿氢供应"新模式。项目分三期建设。本工程为第一期，新建一座规划制氢容量为 4×500 Nm³/h 的制氢站，本期制氢容量为 2×500 Nm³/h，并建设本期配套 12 MWp 光伏发电场。本项目年制氢量为 536 t，年均发电量 1 943.84 万千瓦时。

3. 商业模式

本项目采用"企业投资 +EPC 建设"的商业模式，由集团公司下某新能源公司投资运营，由某研究院公司作为 EPC 方进行建设。如图 8-8 所示。

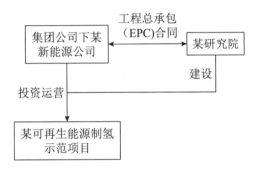

图 8-8　某集团公司可再生能源制氢示范项目商业模式

4. 项目效益

本项目每年可减少二氧化碳排放约 1.7 万吨，减少二氧化氮排放约 12 吨，减少二氧化硫排放约 6 吨，减少烟尘排放约 2 吨，节能降耗及环境效益十分显著。本项目将促进过剩电力消纳及清洁能源综合利用，符合国家倡导清洁能源的基本国策，对于提高电力系统利用率、推动该区域绿色能源革命、促进低碳经济发展有巨大的示范意义。

5. 案例评析

该项目考虑当地的光照优势以及绿氢大规模需求的市场，通过白天光伏＋夜间谷电制氢，余电有偿消纳的模式，实现了过剩电力的消纳和清洁能源的综合利用。制得的氢气将作为原料用于精细化工企业。这种创新商业模式有利于提高项目自身的经济性和氢气供应的稳定性以及余电消纳企业的经营效益，并在一定程度上降低了消纳企业的碳排放水平。该项目技术上采取成熟且成本较低的碱性水电解工艺，同时配套了20 MPa无油无污染风险的氢气隔膜压缩和储运系统，满足了绿氢制备的需要。

利用可再生能源制氢，不仅是清洁制氢的重要路线，同时也是促进可再生能源消纳和构建新型电力系统的重要措施。随着可再生能源发电成本的不断降低，大规模可再生能源制氢成为未来氢能发展的趋势。在我国2060年实现碳中和目标的背景下，该项目积极探索可再生能源制氢模式，推动低碳经济的发展。

6. 项目风险

在碳中和目标下，从环境和生态的角度来看，通过风电、光伏等可再生能源制氢，不仅能够实现"零碳排放"，获得真正洁净"绿氢"，还能够将间歇、不稳定的可再生能源转化储存为化学能，促进新能源电力的消纳，由此带来的生态环境效益和经济效益是难以估量的。

但是就目前的技术而言，可再生制氢成本较高。根据国联证券的研究报告，到2030年国内绿氢成本可实现与灰氢平价，绿氢的大规模应用或将在2035—2040年实现，目前成本和应用均存在风险，同时，氢气的制、储、运、用及涵盖整个产业链的氢安全也是目前应当重点考虑的风险，应该全面看待其安全相关属性。一方面，氢具备有利于安全的特性，比如无毒无刺激，直接接触对健康无害。氢气密度低、扩散系数大，泄漏之后很容易向周围扩散，不易形成可燃气云。氢气燃烧辐射热较低，不易对周围人员和设备产生热伤害。另一方面，氢气也有不利于安全的特性，比如氢的分子很小，很容易通过连接部位泄漏。对临氢部件存在氢脆效应，在选择材料的时候要特别注意。氢的点火能相当于天然气或汽油的1/15，很小的能量就能把氢气引燃。另外，氢的燃烧范围很大，比汽油和天然气要大几倍。同时氢火焰在白天无法被看到，很容易无意中被火焰灼伤。近年来发生的多起涉氢事故表明，需要更多关注氢的不安全因素，因为一旦发生严重事故，其产生的影响将是巨大的，可能将造成整个行业的停滞甚至倒退。

因此，光伏制氢应用在综能服务具体项目投资建设之前，应当做好项目的可行性研究工作和尽职调查，充分核算项目的收益和发展前景。与此同时，重点关注氢设施安全风险，建议采用梯级的策略来防范氢气事故或者减少事故危害。首先，防止泄漏，主要体现在系统设计里要有些本质安全的设计，避免出现薄弱环节导致泄漏。施工过程中也应当注意，建议由相应的规程来指导施工，如挪威加氢站爆炸事故就是由于螺栓造成的。一旦发生泄漏，则需要有探测系统来尽快发现泄漏，进而切断泄漏源，避免产生大规模事故。其次，避免氢气聚集，防聚集是整个事故防控中非常重要的一点，因为聚集后可能导致爆炸，在设计上应设置机械或者自然通风，合理设计结构，让氢气尽快消散。最后，避免点火，主要依靠防爆设计以及在操作上具有防静电的措施，尽量把火源消除。上述各个环节一旦失效，最终将导致火灾或者爆炸，这时应考虑如何减少事故危害，主要可以改进防火墙的设计，合理确定安全距离和安全区域，制订消防措施、应急预案，等等。[①]

8.1.7　某工业园区综合能源项目（工业园区）

1. 项目简介

某工业园区综合智慧能源项目系为落实国家"双碳"发展目标，助推该地打造新产业新业态示范项目，实现"智慧能源＋现代农业"的良性互补，由某集团公司联合某咨询院公司建设的项目。项目以"零碳、智慧、经济"为原则，以"先进性、示范性、高效性、资源化利用"为目标进行建设，因地制宜地构建具有地方特色的智慧化能源供能系统，旨在降低用能成本，提升用户体验，打造具有国内影响力的综合智慧能源示范项目。

2. 项目内容

项目分两期实施，一期以植物工厂为基础，并配置光伏、风电、储能和高效空气源热泵，集中为植物工厂供能；同时设置综合智慧能源管控系统，提高系统能源利用效率。二期将结合园区企业入驻情况，建设中深层＋浅层地热系统作为园区企业冷、热供应源，并配套建设充电桩、光伏车棚和智慧路灯等。

该工业园区综合智慧能源项目从"智慧植物工厂"角度出发，建立"智慧能源＋现代农业"应用场景。采用"光伏＋风电＋储能＋电能替代（热泵）＋管控系统"技术路线，实现产业园区综合智慧能源项目，同时提出以"零碳、智慧、经济"为建设原则。项目方案以智慧植物工厂为先导，包含智能植物工厂一座，并同步建设空气源热泵系统、屋顶光伏系统、垂直轴风力发电系统、储能系统及综合智慧能源管控系统。

智能植物工厂是指在封闭的厂房内部，采用人工光源（LED）进行植物照明，通过环控系统实现农作物连续生产的高效农业生产系统。同时，项目通过光伏及垂直风力发电和储能系统向植物工厂供电。针对植物工厂和园区建设，本项目设置了一套综合智慧能源管控平台，对整个园区内电、冷、热等多种能源生产、输送、

---

① 国家电投. 杨福明：氢能设施风险评估与安全保障 [EB/OL].（2021-04-10）[2021-10-27]. https://chuneng.bjx.com.cn/news/20210410/1146585.shtml.

储存、消费各个环节，以及植物工厂内的环境控制（包括温湿度、光照条件等）进行统一监控和优化管理，达到智慧运行、节能降耗等目的。管控系统融合 AI（人工智能）、大数据、物联网、移动应用等现代信息技术，实现能源系统自运行、自诊断、自优化、降成本、降排放和降风险，供需最优匹配，运营效益最大化等，打造安全高效、智慧友好、引领未来的能源生态系统。

3. 商业模式

项目商业模式采用了多方合资共建形式。本项目由某集团公司与某能源化工公司及某科技公司共同发起成立的股份制公司即某光电公司投资建设，资本金占总投资的 20%，资本金以外的 80% 资金向银行贷款。其中某集团公司是控股股东。同时，未来便于植物工厂所生产的蔬菜进行市场培育和推广，本项目与具有一定运营经验的专业公司签订了合作协议，委托经营，共同建设。如图 8-9 所示。

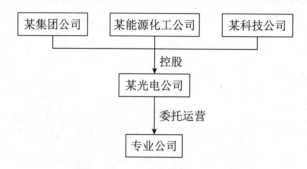

图 8-9　某工业园区综合能源项目的商业模式

4. 项目效益

本项目充分利用当地可再生能源（风电和光伏），实现区域零碳供能示范，且深度融合了先进农业科技与高水平工业技术，实现清洁绿色能源向绿色农作物的转化，除部分生活污水和生产废水外，无其他污染物排放。本项目通过综合能源管控平台对能源供应进行智能调控，提高了清洁能源的利用效率。本工程租赁工业园区内既有厂房进行植物工厂的布置，无水土保持问题。同时有利于巩固扶贫成果，兼具经济、环保和社会效益。

5. 案例评析

本项目是综合智慧能源的典型应用场景。项目从"智慧植物工厂"角度出发，建立"智慧能源＋现代农业"应用场景。具有清洁能源利用、生态环境改善、现代农业产业发展等示范项目特点；综合能源管控系统，对于整体项目（一期、二期）提高系统能效以及多种能源利用起到了积极作用。本项目在环境效益和社会效益方面有效拓展了现代化农业的空间，尤其是现代化农业和智慧能源的完美结合，对引领科技发展和现代化农业示范项目具有现实意义。

6. 项目风险

工业园区综合能源项目中的用能单位多为第二产业单位，往往消耗能源较多，属于资源密集型企业，投资较大，污染较重，需要的劳动力也较多。与此相对，在工业园区开展综合智慧能源项目也需要大量投资，同常规燃煤锅炉、燃气热电联相比没有价格优势，且运行模式更为复杂。

故在工业园区的综合智慧能源项目投资建设以及后续运营的过程中，除了常规法律风险以外，还需格外关注两类风险：一是用能单位的生产安全及自身设备的安全性，工业单位可能存在安全事故隐患，且综合智慧能源项目所用产品设备较传统供能设备往往更为精密，因此建议在生产、建设及投产维运过程中需关注设备安全及用能单位生产过程的合法合规性，避免用能单位生产安全问题影响综合能源项目设备正常运行，或者项目设备安全问题导致生产事故的发生。二是要做好对用能单位的经济评估，根据入驻企业特点和需求来量身定做能源系统，避免设备闲置增加的不必要的投资，并积极争取政策性补贴，提高项目经济性。

8.1.8　某地"生物治沙+乡村振兴+风光储一体化"项目（多产融合基地示范）

1. 项目简介

2021 年，某集团、某新能源公司、某科技公司、某能源公司四方签署了"生物治沙 + 乡村振兴 + 风光储一体化"多产融合基地示范项目合作协议。根据协议，项目拟在当地以光伏、风电等新能源为切入点，充分利用新能源资源和沙生生物，将地区生态环境改善、植被建设、荒漠化防治、矿山治理以及产业发展有机结合。钱学森曾提出把防沙治沙从简单地提升固沙能力逐步转移到沙漠资源的全面开发。[①] 该项目与建设国家现代能源经济示范区和"生态优先、绿色发展"的理念高度契合，也是国家乡村振兴战略的重要典范。

2. 项目内容

该项目分为两批，共三个项目实施。

---

① 　王卓然 . 基于沙产业发展下的鄂尔多斯市沙化土地利用效益研究 [D]. 呼和浩特：内蒙古师范大学，2019.

1）第一批项目

（1）生物治沙＋光伏发电多产融合示范项目，总规划容量为数十万千瓦，规划场址占地面积约为万亩以上，光伏场区拟规划安装单机容量 3.15MW 的光伏发电单元近百个；并新建升压站一座。拟将当地开发建设为生物治沙＋光伏发电的示范基地，充分利用沙生生物和太阳能资源，将生态环境改善、植被建设、荒漠化防治和产业发展共同推进。在高新技术的支持下进行现代化农业型生产，把防沙治沙工作从简单地提升防风固沙能力逐步提升到沙漠资源的全面开发上，创造出新的、可持续发展的能源财富。

（2）采煤沉陷及荒漠治理，光伏领跑多能互补多产融合示范项目，建设总容量为数百万千瓦（包括光伏发电和光热发电），拟将项目建设为矿山环境治理＋生物治沙＋光伏光热发电＋绿色园区能源的示范基地，充分利用沙生生物和太阳能资源，将生态环境改善、植被建设、矿山环境治理、荒漠化防治和产业发展共同推进，在高新技术的支持下提升园区多元能源供给能力，打造绿色用能示范园区，为地区高质量发展全方位助力。

2）第二批项目

"生物治沙＋乡村振兴＋风光储一体化"多产融合基地示范项目，建设地点位于一个沙漠地区，建设总容量为上千万千瓦（拟定，最终方案以设计方案为准），其中光伏项目千万千瓦，风电项目百万千瓦，储能项目百万千瓦，配套建设一条特高压线路作为基地项目的外送线路，配套建设智慧能源管控中心。

3. 商业模式

1）投资模式

本项目系由某集团、某新能源公司、某科技公司、某能源公司合力进行多产融合基地示范项目。项目由上述四家公司通过共同出资成立项目公司并由项目公司进行具体运作的模式进行（图 8-10）。

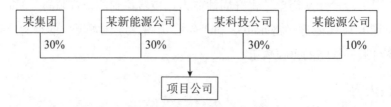

图 8-10 某地"生物治沙＋乡村振兴＋风光储一体化"项目的投资模式

2）项目优势

某集团、某新能源公司、某科技公司、某能源公司依托项目公司充分发挥各自在项目资源、项目开发、技术管理、工程建设、运营以及项目协调等方面的优势，互利共赢，开展合作，以保证项目的成功运作。

（1）某集团充分发挥新能源并网接入等方面的优势，在积极开展和扩大新能源业务的同时，为项目公司各新能源项目电力送出提供参与平台，协助项目公司争取新能源项目送出线路的核准。

（2）某新能源公司充分发挥在新能源领域项目的开发经验，利用先进的技术和管理体系，以及自身的新能源储备项目，积极为项目公司在全国范围内开展各类新能源项目开发建设工作。

（3）某科技公司充分发挥地域优势、技术优势、人才优势，通过项目公司，为项目公司在蒙开展各新能源项目提供参与平台，协助项目公司取得新能源项目开发权。

（4）某能源公司充分利用自身在新能源领域项目的开发经验，发挥地方协调能力，利用区域公司的优势，积极为项目公司在全国范围内开展各类新能源项目开发建设工作。

4. 项目风险

多产融合基地项目涉及主体多，各主体之间优势互补、相互支撑，节约资源，降低项目成本，项目的用能可以得到保证，所产生的能源也能够就近消纳。但目前我国的多产融合能源项目处于初期阶段，还未形成不同产业、不同类型企业之间应当如何有效衔接的相关规范或共识，缺乏成熟的合作融合机制。综合能源服务方需要注意如何实现有效的跨界融合，在多产融合过程中形成有效协调机制以解决多项目多主体之间的产能衔接问题以及利益分配问题。

在项目磋商过程中建议对项目实施方案整体规划，明确各产能各企业之间的权利义务和对接方式，并在合作协议中明确约定用能量不足的情况下的责任承担和解决方式。项目推进过程中，建议定期对项目实施进度进行研究讨论，若与初期计划有变，则应重新就项目各方的权利义务达成共识并重新签署书面协议，避免在后续实施过程中，项目各方以约定不明确或情况有变为由推诿责任或抢占利益的情况的发生。

8.1.9　某村核能综合利用+智慧能源项目（美丽乡村-核能）

1. 项目简介

某村核能综合利用＋智慧能源项目系利用核电厂核能供热和一级海水淡化水富

裕量，加装水处理设施将一级核电厂一级海水淡化水处理至饮用水标准，由核能供热系统加热后，采用水热同传技术，将热和水同时输送到该村的项目。该项目在村中建设分布式光伏发电、电储能、蓄热型储能罐、电锅炉等综合智慧能源设施，通过综合智慧能源管控平台，建造了一个核能综合利用与智慧能源深度融合的综合用能场景，为后续在周边地区发展大规模核能清洁供暖供热、供水提供示范。项目建设投资约数千万元，现已投产。

2.项目内容

（1）水热同传系统：核电厂内设置二级海水淡化装置，并将核能供热热网循环水系统作为热源将二级淡化水加热。海水淡化水经过核电厂热网循水加热升温至 90℃，送至该村接待中心地下换热站，经过水－水换热机组与接待中心地暖循环水换热降温后，再经过园区生活水管道最终接至动力站生活水箱，作为该村的生活用水。

（2）储能罐蓄热系统：根据该村燃气锅炉所供热负荷及接待中心市政供热负荷情况，储能罐最大蓄热功率为 1.98 兆瓦，最大蓄热流量每小时 78 吨；正常工况下最大放热功率 900 千瓦，最大放热流量每小时 35.2 吨，储能罐的蓄热由电锅炉实现。

（3）屋顶分布式光伏发电系统：利用该村的建构筑物屋面、闲置空间建设光伏发电模块。屋顶可用的建筑物有：动力站、室内活动中心、综合服务楼屋顶等。屋顶光伏首年年利用小时数约 1 205，寿期平均年利用小时数 1 116.84。

（4）电储能系统：储能系统主要用于吸收电价低谷时段的电网电能和光伏系统多余的发出电量，在电价尖峰和高峰时段向 7 号箱变的负荷供电，利用电费峰谷价差盈利。

（5）综合智慧能源一体化管控平台系统：基于智能设备状态监测与信息采集，对供能系统内的电锅炉、蓄水罐、供能管网、光伏、蓄电池等的运行状况进行集中监视，提供设备运行状况、故障等信息；对系统的运行参量，如制热量、蓄能量、供热量、温度、流量、压力、压差、液位等进行全面监视，实现智能报警、参量趋势与报表的展示等功能；可对某村用能侧的温度参数进行监视与分析等，为系统级的分析、诊断预警与优化调度奠定基础。

3.项目效益

本项目具备良好的经济效益。首先，在供热与供水方面，项目采用水热同传技术，用一根管线代替传统水热分输的三根管线，与同等规模的水热分输方案相比，可节省投资 50% 以上；可减少输送用泵，节省运行成本 20% 以上。本项目替代村接待中心 10 000 平方米的市政供热，供热年收入约 32 万元。同时每年可向村居民供温水约 6 万吨，年收入约 11 万元。其次，储能罐蓄热系统利用谷电时段，通过电锅炉实现储能罐的蓄热来替代该村现有燃气锅炉供热负荷，年节省运行成本 56.8 万元。最后，屋顶分布式光伏与电储能系统可降低该村运行成本约 29 万元。该项目每年可节省该村运行成本 128.8 万元。

本项目同时带来较高的环境效益和社会效益。项目投入运行后，替代燃气锅炉和相应的市政燃煤机组供热，可节省化石能源 175 吨，减少二氧化碳排放 472.75 万吨，减少氮氧化物排放 0.05 吨，减少二氧化硫排放 0.05 吨，减少烟尘排放 8.1 千克。项目采用水热同传技术，用一根管线代替传统水热分输的三根管线，与同等规模的水热分输方案相比，管线沿程占地空间大幅减少，最大程度节约了国土资源。利用核电厂海水淡化设施，实现海水向居民用生活水的转换和供应，节约了北方缺水地区宝贵的淡水资源。

4. 案例评析

本项目在核能综合利用领域进行了有益的创新和探索。核能在国家"四个革命、一个合作"能源安全新战略和"碳达峰碳中和"行动中将会起到至关重要的作用。本项目充分挖掘核电厂现有核能供热和海水淡化设施潜能，创新利用水热同传技术，由厂区向某村内供热／生活用水，代替了市政煤炭／燃气供暖方式。同时，利用某村建筑物场地，建设分布式光伏 87.72 kWp、50 kW/kWh 磷酸铁锂储能系统和蓄热罐装置，并通过综合智慧能源管控平台实现各系统安全和协调运行，每年节约运行成本近 130 万元。投资资本金收益率 24% 以上，收益较好。

本项目深挖现有系统和资源潜力，最大限度节约土地资源，经济性好，对促进核能综合利用，助力北方清洁供暖具有较好的社会效益和较高的推广价值。

5. 项目风险

本项目最大的特点就是将核能与智慧能源进行深度综合利用。核能的开发利用可以有效地缓解人类社会的能源紧缺危机，避免传统能源所造成的气候变化等各种环境问题和压力[①]，与智慧能源进行综合利用，则可使核能利用的经济和环境效益更大化。

但随着各国对核能利用的不断加强和依赖，核能风险已经成为现代社会的重要风险。就核能事故的发生原因而言，核能电站所发生的各种事故一方面存在着技术性因素；另一方面则更多的是人为因素，包括操作事故、风险管理控制上的缺陷等。[①] 此外，由于核能本身存在的危险性，公众对核能发展，尤其临近其居住地的核能发

---

① 赵洲 . 国际法视野下核能风险的全球治理 [J]. 现代法学，2011，33（4）：149-161.

展多持消极态度。

因此，在项目实施过程中，有必要对项目承包企业进行完全的技术和资质调查，加强生产建设安全的管理，保证项目设备符合国家和行业安全规定，不论是在建设过程中还是后期运维时都要建立起完备的安全合规体系，在最大程度上消除人为因素导致核事故的可能性。另外，在项目开发时必须考虑到周边民众的诉求，使利益相关方有参与决策的机会，项目企业也应当以开放姿态给予民众了解和参与项目的渠道，避免民众的消极态度给项目带来阻力。

8.1.10 某村美丽乡村综合智慧能源项目（美丽乡村-农业）

1. 项目简介

某村美丽乡村综合智慧能源项目是某集团美丽乡村综合智慧能源项目的典型示范。项目依托某村现有资源（太阳能、地热、水源、秸秆等资源），基于"环保、低碳、节能、生态"规划理念，以农村能源革命和数字化发展为驱动力，涵盖村域，考虑多种能源元素并实现一体化智能管理。同时将大数据、云计算、物联网等多种智慧元素融入村务、民生等重点领域中。

根据技术方案，第一阶段某研究院将在小岗村建设清洁能源光伏发电系统、环保节能供冷供暖系统和光伏农业系统，通过集团公司自主研发的绿动慧能 GIES1000 综合智慧能源调度控制平台，将该村的能源农业＋、户用光伏、农光互补、水面光伏、光伏步道、光伏车棚、屋顶光伏、地源热泵、生物质能源站、储能站、乡村微网等数十种模块紧密连接，以大数据、云计算、物联网、人工智能等智慧元素为该村注入新动能。

项目实施后，该村将实现 100% 清洁能源消费和供暖，农作物秸秆综合利用率、生活污水处理农户覆盖率、生活垃圾无害化处理率均将达到 100%，使综合智慧能源真正连接千家万户，创造安全稳定、绿色高效、多元互补的能源结构新形态，重塑美丽乡村现代能源体系，打造农村绿色发展的示范标杆项目，为全国提供可复制、可借鉴、可推广的鲜活样板。

2. 项目商业模式

该项目由某集团投资运营，某研究院作为 EPC 总承包方进行建设（图 8-11）。

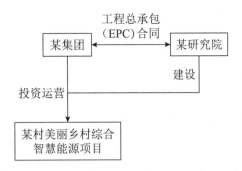

图 8-11　某村美丽乡村综合智慧能源项目商业模式

3. 项目效益

某村美丽乡村综合智慧能源项目规划总投资约 1.5 亿元，建成年发电量约 4 500 万千瓦时，实现供热功率约 7 000 千瓦。

某村美丽乡村综合智慧能源第一阶段项目总装机容量约为 11.25 兆瓦，年均发电量 1 310.14 万千瓦时。建成投运后，平均每年可节约标准煤约 3 612.7 吨 / 年，减排 9 877.4 吨 / 年二氧化碳，环境效益十分显著。经调研村内年用电量为 1 057 万度，通过本项目实施，电能可 100% 由清洁能源替代。

同时，项目采用先进的节电、节水及节约原材料等措施，以达到能源和资源的利用合理，在项目的设计阶段中严格贯彻节能、环保的指导思想。另外，在技术方案的确定，设备、材料选择，建筑结构的构造等多方面，也充分考虑了节能的要求，减少了线路投资，节约了土地资源，并能够适应远景建设规模和地区电网的发展。①

4. 案例评析

某村美丽乡村综合智慧能源项目能促进当地分布式光伏产业发展，对发展当地经济具有深远的意义，使当地尽快发挥本地优势，加快经济建设速度。随着分布式光伏的相继开发，光伏将成为当地的又一大产业，为地方开辟新的经济增长点，拉动地方经济发展，加快实现小康社会。

本项目依托该村的示范效应和安徽省农垦集团的战略支持，规划设计形成不同场景的标准化、菜单式、可实施的美丽乡村综合智慧能源方案。其不仅是该地区能源供应的有效补充，而且作为绿色电能，有利于提高该地区的环境质量，促进该地区经济的持续发展，对于带动地方经济快速发展将起到积极作用，项目社会效益显著。

---

① 张华 . 50MW 分布式光伏发电站和接入电网系统设计 [D]. 西安：西安科技大学，2020.

5. 项目风险

新能源在农村地区的推广应用具备重要意义和良好前景，但同时也存在多方阻力。一方面，受教育背景和传统观念影响，以及新能源的优势在实际生活中并不明显，村成员对新能源方式的利用并不具有积极的态势，对建成的新能源设备亦有失爱护，甚至可能认为该新能源项目会减损村成员的利益，在项目申请许可乃至实施过程中采取过激手段对项目投资人施压。另一方面，新能源在农村的推广得到国家政策及资金支持，在项目运行过程中可能产生某些主体不当牟利行为，损害项目成效。

在乡村综合智慧能源项目的建设过程中，有必要做好相关宣传工作，在项目申报过程中对利益相关的成员如实公开项目细节和后期效益，避免因村成员的误解和阻挠导致项目无法顺利推进；也可以建立规模化标准化的产业链，增加经济效益的同时吸纳一定的就业，也可作为村集体的共同资产，激发村成员利用智慧能源的热情。此外，在项目建设过程中也应当做到公开透明，规避损害项目和村集体利益的事件发生。

8.1.11 某国际酒店综合智慧能源项目（酒店）

1. 项目简介

某国际酒店建筑面积 4.13 万平方米，是中国首座利用太阳能光伏玻璃幕墙与建筑相结合的建筑，酒店设施齐全，服务一流，是国家新能源与能源设备产业基地的标志性建筑。①

2. 项目内容

（1）光伏建筑一体化。酒店楼体外墙采用的是光伏与建筑一体化技术（BIPV），将太阳能光伏组件与建筑材料集成一体，装机容量 300 千瓦，年发电量 28 万千瓦时，所发电量直接并入国家电网，全年可节约 104 吨标准煤，减少二氧化碳排放量 270 吨，减少二氧化硫排放 2.3 吨，减少氮氧化合物排放 1 吨。与酒店功能配套的某广场和商务会议中心装机容量 500 千瓦，年发电量 42 万千瓦时。

（2）污水源热泵系统。整个酒店，包括会议中心的供热和制冷采用的是污水源热泵技术，通过板式换热器进行能量交换，提取污水温差，用于楼内的采暖、制冷和生活用水加热，使城市排放的污水实现循环利用。

（3）智能运维。该酒店太阳能发电系统的监控通过数据采集器采集并网逆变器

---

① 本刊编辑部 . "十一五"节能减排倒计时——河北省环保工作调研侧记 [J]. 世界环境，2010（6）：40-45.

信号，监控整个系统的运行状态，实现就近并网。对传输的数据进行定期维护和数据整理分析，并根据运维规范进行远程监控和现场监控。

3. 商业模式

酒店及会议中心太阳能幕墙全部由英利公司自行设计、生产和安装，未有其他投资者或建设方的参与。

4. 案例评析

某国际酒店综合智慧能源项目利用太阳能光伏玻璃幕墙与建筑相结合，将太阳能光伏组件与建筑材料集成一体发电，同时采用污水源热泵技术，使城市排放的污水实现循环利用，技术方案先进。其以楼宇建筑为基点，充分利用建筑物外立面，创新性地采用光伏与建筑一体化技术，将太阳能光伏组件与建筑材料集成一体，多角度利用太阳能组件，所发电直接并入电网，所产热、冷能源内部消纳，验证了光伏建筑一体化创新理念的可行性，为绿色建筑的发展打下了基础，具有较好的社会效益。

值得一提的是，该项目被国家建设部、财政部评为可再生能源示范项目及建设部可再生能源示范基地，同时被科技部列入"十一五"科技支撑计划，具有创新性和示范性作用。

5. 项目风险

该酒店综合智慧能源项目系由酒店业主自行完成整体建设，其法律风险相对较低，相关的许可手续较为简便，所有权归属相较于其他分布式光伏项目更为明确和清晰。光伏建筑一体化（BIPV）项目最大的风险来自对市场的研判，建造光伏一体化建筑，开发成本必然增加，如果建筑的售价不变或租金不变或无法带来稳定的收益，则意味着业主需要自行承担该部分增加的成本，如果建筑的售价提高或租金提高，则会带来客户接受率降低的市场风险。

目前，我国光伏建筑一体化的技术和体系不健全。没有完整的设计规范、标准及相关图集，也没有建立产品的检测中心和认证机构，更没有完善的施工验收及维护技术规程等，因此光伏建筑一体化项目的生产安全和运维均存在严峻考验。[①]

此外，如果分布式光伏项目并非采用 BIPV 的技术，而是采用传统的 BAPV 模式，则需重点关注建筑的权属情况、抵押情况、质押情况、拆迁规划、业主（用户）资信情况等。

---

① 朱碧雯，李孟．"强推令"下的喜与忧 太阳能热水器建筑一体化推广调查 [J]. 中华建设，2016（8）：12-15.

8.1.12 光伏数字化管理系统（平台）

1. 项目简介

由某能源科技有限公司研发的光伏数字化管理平台，是以 GIS+BIM+LoT 构造的数字化孪生空间为底座打造的数字化、智慧化光伏电站。

2. 项目技术及内容

采用无人机航测、激光雷达等先进测量技术手段获取光伏场站三维空间信息，基于获取的三维空间信息通过逆向建模等方式构建场站"数字化孪生模型"，并统一在同一时空基准的区域"一张图"，结合"数字化孪生模型"汇集场站各类空间和非空间、结构和非结构、静态和实时的多源异构数据，将一些碎片化、无关联的数据通过空间关联起来，基于地理信息系统平台实现物理空间到"数字化孪生模型"的映射。以"数字化孪生模型"为基础，建立信息数据共享交换机制，结合"云大物移智"等技术，实现光伏场站数字化、智慧化的集中统一管理与应用。如场站的三维漫游与展示、基于组级件级的数据信息模型可视化和定位、场站内基于 GIS（地理信息系统）和北斗的定位与导航等。

3. 商业模式

某能源科技有限公司研发的光伏数字化管理平台，能够利用大数据、云计算技术，对接入平台的电站进行集中式监控、智能化管理，助推电站运维向数字化、精细化转型，实现降本增效。其商业模式如图 8-12 所示。

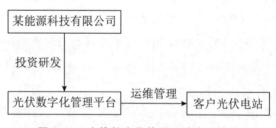

图 8-12 光伏数字化管理系统商业模式

光伏数字化管理平台不仅可以解决传统集控中心数据可视化能力不足的问题，同时可为发电设备故障提供精确的位置信息及场景可视化，结合导航定位移动端应用，可辅助运维人员快速消缺等。构建统一的适用于场站、区域、集团的数字化、智慧化管理平台及其上层应用，可避免信息化、数字化等重复建设，实现区域范围内电站全空间、全寿期的业务数据共享、管理及应用。

4. 项目效益

以"场站二／三维一张图"为数字化智慧化应用基础，构建场站"监测一张网""数据一个库"，通过"智慧光伏数字化管理一平台"，实现对无人机、智能清洗、智能穿戴等前端物联设备、人员、车辆、电站静动态数据信息的统一监管和可视化。

基于 GIS 和北斗的定位与导航可快速预警和定位组件级故障信息，并缩短运维人员检修路途时间；通过智能清洗可提升电量 5%~20% 的发电量；对接现有集控中心平台，结合人工智能等信息新技术进一步打造"云边"数字化协同运营平台，为提高电站安全、运维效率、电量收益保驾护航。

5. 案例评析

将数字化、智慧化融入能源行业是综合能源的重要体现，也是一种新业态。本项目是基于新技术、新设备打造的光伏电站智慧化创新项目，从光伏电站管理角度来看，尤其是分布式电站，传统的现场运维导致"无人值守、少人运维"的目标还无法实现。通过光伏数字化管理平台的建设，可以将区域内电站的运行状态在"一张图、一平台"上统一呈现，依托集控中心强大的数据处理能力，在可视化平台上分析发电量、预测、故障提示及处理方案等，从而实现提升光伏电站管理水平的目的。

光伏电站数字化建设投入成本相对较高，导致其推广和应用受阻。存量电站在优化方案降低成本的同时，需要尽量利用已有的基础设施。对于新建的电站，在设计阶段应充分考虑电站后期的数字化、智慧化运营和管理，做好顶层设计，分阶段实施，降低电站全生命周期的成本，提升电站收益。

需要注意的是，光伏电站数字化建设的初期高投入可能会影响其推广和应用，未来，投资者应通过在商业模式领域进行创新、建立合理的投资分配机制，以促进智能电站复制和推广。

6. 项目风险

数字化能源管理平台通过各种设备将电站能源数据信息集中实现多类能源的耦合，不仅能为接入的电站节约成本和费用，也可以减少能源消耗，还可以随时检测电站运维情况，并实现可持续发展。对政府管理部门而言，能通过此类数字化平台连接和汇总各能源信息数据，支持地区间的能源网络化管理，开展全局性和系统性的能源综合优化分析、调度。能源管理信息化、智能化能带来巨大的经济和社会效益，但数字经济时代更要确保数据的安全，还需重点关注其中的数据安全问题。

企业在利用能源数据构建数字化管理平台的同时，要注重对接入数据的信息保护。除了采取跨平台托管、在云中或以混合模型部署数据库等技术性措施外，数字化管理平台企业自身对数据收集和利用也应增强法律意识，严格在法律法规以及国家行业标准规定内开展业务。接入平台的电站在开展平台服务前，需要评估安全事件的潜在威胁和影响，并将其与对安全相关的投资进行平衡，亦需对平台提供的数据安全协议进行细致的审查，确保信息的采集和利用符合法律规定，不存在关键信息泄露的潜在风险和合规风险。

8.2 域外典型案例

由于某些发达国家综合能源服务起步较早，发展迅速，技术水平和商业模式已经相对成熟，达到了世界领先水平，所以本节着重介绍在这方面具有代表性的三个发达国家，了解这些国家综合能源服务发展的历程，来分析世界综合能源服务的发展现状。

美国是发展综合能源服务最早，也是最积极的国家，为了使综合能源服务体系运行效率更高，促进各能源部门的协调发展，美国成立了能源部（DOE），主要负责能源服务业务的相关政策的制定和能源价格的推动、能源使用的监管，在 2001 年提出了综合能源系统发展计划，目标是提高清洁能源供应与利用比重，进一步提高社会供能系统的可靠性和经济性。在 2007 年颁布了能源独立和安全法，明确要求社会主要供能环节必须开展综合能源规划。美国能源业务，在技术上非常重视高效节能、清洁能源的发展，随后开发了分布式能源及冷热点联供等能源服务。[1] 此外，2008 年到 2016 年，美国加大对综合能源智能电网建设的投入，甚至将其发展定位到国家战略层面，目的是对传统的电网进行改造升级，打造出更高效、更安全、更灵活的智能供电模式。

欧洲的一些发达国家最早提出综合能源服务的理念，由于其投入资金巨大，技术水平更高，所以发展十分迅速。特别是欧盟内部，经过第五、第六、第七欧盟合作框架的商讨，综合能源议题更加深化，有关能源协同优化的研究被放在显著位置，也已经陆续开展了一大批具有大范围影响的综合能源项目，如英国 DG TREN（distributed generation transport and energy）项目，将可再生能源综合开发与交通运输清洁化协同考虑。德国 ENERGIE 项目寻求多种能源协同优化和互补，以实现未来替代或减少核能使用；德国 Microgrid 项目研究用户侧综合能源系统，目的是实现可再生能源用户侧的友好开发；等等。[2]

① 贾宏杰，穆云飞，余晓丹．对我国综合能源系统发展的思考 [J]．电力建设，2015，36（1）：16-25.
② 徐宪东．电 / 气 / 热微型能源系统的建模、仿真与能量管理研究 [D]．天津：天津大学，2014.

日本是亚洲首先发展综合能源服务的国家，如今技术和商业模式日渐成熟。日本能源资源比较匮乏，大部分能源严重依赖进口，所以日本对综合能源服务的发展较为重视，日本一直在努力提高可再生能源和清洁能源的利用率，目的在于减少温室气体的排放，提高环保质量。此外，在日本政府的大力推动下，日本在 2010 年采用了智能社区技术，在智能社区能源系统中，不仅整合了传统的电力、热力及燃气等能源供应，还将交通、信息、医疗等内容相结合，覆盖全社会的各类能源供应，这种集成化管理更高效集中，节省了管理与服务成本。

世界各国根据自身需求制定了其发展综合能源的战略方案。国外综合能源服务起步早，发展迅速，如今已相对成熟。了解国外综合能源服务的发展水平，借鉴其先进的商业模式，取长补短，可以为我国国内综合能源服务的发展提供借鉴经验，本章主要介绍国外两个发达国家综合能源服务典型商业模式案例，总结其运用成功背后的逻辑。

8.2.1　德国RegModHarz综合能源服务项目分析

1. 项目简介

德国十分重视综合能源服务的高质量发展，不断提高分布式能源的比例，优化产业结构，随之也完成了一些能源物联网的实验项目。德国现在有六大能源互联网示范地区，各个地区的"互联网+"智慧能源试验主题也不相同。其中 RegModHarz 项目最具代表性，其最突出的就是综合储能设施、电动汽车、可再生能源和智能家用电器的"虚拟电厂"。用户现在对可再生能源认同感越来越强，更加支持本地"虚拟电厂"能源发展，虚拟电厂逐渐成为协调发电端、零售商和最终用户之间的交易的协调方。

RegModHarz 项目坐落在德国哈兹山区，该项目拥有 1 个生物质发电厂、2 个风电场、2 个光伏电站，计划发电量由预测的日前市场和日内盘中市场的电价及备用市场来决定，现在共 86MW 发电能力。[①]

2. 项目技术及内容

（1）建立家庭能源管理系统，家用电器在此系统上接入就可以使用，同时家用电器的运行状态也能视电价情况决定。另外，根据用户负荷也可追踪可再生能源发电量的变化，由此实现新能源发电和负荷的双向互动。

---

① 杨宇，宋天琦.德国综合能源服务模式与案例研究 [J].上海节能，2020（2）：101-103.

（2）配电网中配备的 10 个电源管理单元，可以用来实时对关键节点的电压和频率等运行指标进行监测，发现电网运行中存在的问题。

（3）虚拟电厂参与电力市场交易由光伏、生物质能、风机、电动汽车和储能装置四大部分组成。

3. 技术和商业成果

（1）OGEMA 软件平台，该软件平台可对外接的电气设备实行标准化数据结构和设备服务，也可独立于厂商支持建筑自动化和能效管理，实现负荷设备在信息传输方面的"即插即用"。

（2）"虚拟电厂"可直接参与电力市场交易，这种方式丰富了配电网系统调节控制手段，为分布式能源参与市场调节提供了参考。

（3）哈慈地区的储能和水电设备调节较好地平抑了风机、光伏等功率输出的波动性和不稳定性，实现了在区域电力市场范围内 100% 的清洁能源供能的目标。[1]

（4）协调分散风能、太阳能、生物能等可再生能源发电与抽水蓄能水电站，使可再生能源联合循环利用达到最优水平。[2] 其核心方案是在用电侧建设了整合储能设施、电动汽车、可再生能源和智能家用电器的虚拟电站，该服务更贴近现实生活的能源需求。[1]

4. 案例评析

在能源服务创新方面，德国一直处于世界领先水平，综合能源服务发展非常迅速，市场商业模式与技术模式开发方面也有明显优势。本节结合 RegModHarz 项目，通过对德国能源市场和虚拟电厂概念贯彻和实施的探讨，分析了其在综合能源服务领域值得借鉴的成果。德国综合能源服务企业在技术成熟的同时，也对商业模式进行了同步改进，整合了各种产能方式和采取多种用能方式，主要利用清洁能源供能，在节能减排的同时，不断提高能源输出效率和利用效率水平，通过建设 OGEMA 开源软件平台和利用虚拟电厂协调电能各个环节的创新模式，致力于家庭用电效能的提高，为用户带来便捷的用能体验，德国的一体化综合能源服务模式值得其他各国学习和借鉴。

---

① 尹晨晖，杨德昌，耿光飞，等．德国能源互联网项目总结及其对我国的启示 [J]. 电网技术，2015，39（11）：3040-3049.

② 田世明，栾文鹏，张东霞，等．能源互联网技术形态与关键技术 [J]. 中国电机工程学报，2015，35（14）：3482-3494.

8.2.2　英国E.ON公司模式和"能源系统弹射器"服务模式分析

英国综合能源技术较为成熟，服务发展较早，特别是智慧能源综合服务创新模式是其综合能源服务的一张名片，当前处于世界先进水平。关于个人用户智慧化能源综合服务，英国共有两个重大创新：多种类能源智慧化控制和跨行业与通信类服务手机或家庭互联网等捆绑服务，英国能源企业能从中获取不菲的收益，下面介绍英国两大公司经营模式案例。

1. 英国E.ON公司模式

英国E.ON公司是欧洲最大的能源服务企业之一，也是综合能源服务提供商，其经营模式主要有以下几种。

（1）直接供电、供暖及天然气。主要对用户家庭、学校、数据中心和部分企业提供用能服务，由于英国地理面积不大，并未采用分布式能源的供应方式。

（2）区分用户情况，设计能源套餐，在帮助消费者节约能源费用的同时，增加营业利润。[①]

（3）由于售电公司不允许拥有配电网资产，英国E.ON公司通过持有部分发电资产对冲自身购电风险以降低运营成本，来获取发电和售电之间的利差。

（4）E.ON公司利用自身技术优势，采用新能源技术为客户提供成熟设备，获取设备销售收益。比如，E.ON公司开展的电热泵和供暖网络项目，公司对项目中的客户进行调研，并对千户居民负载进行模拟，发现了单个用户在有电热泵取暖条件下比不带电热泵取暖时，用电频率更高，同时负载曲线更紧密，需求峰值更大，用电峰值从天然气供暖时的单户4~5千瓦提升到了8千瓦。售电公司通过给用户推荐新的电气设备提高了售电量。此外，用电频率加高后，叠加后的负载潜在变化更小，从而降低了自身风险。[①]

2. 英国"能源系统弹射器"项目商业模式

2015年4月，"创新英国"在伯明翰成立了"能源系统弹射器"项目（Energy Systems Catapult），每年投入3 000万英镑，用于支持英国的企业重点研究和开发综合能源系统。[②]此项目可以说是为了公用事业场所综合能源服务而生。其子项目"现代能源伙伴"专家云集，聚集了来自内阁办公室、商务、能源、工业战略部及私营部门的精英，该子项目从BEIS能源创新计划获得200万英镑的投资，目的是培养

---

① 杨宇，宋天琦. 英国综合能源服务发展与创新模式案例研究 [J]. 上海节能，2020（2）：98-100.
② 吴建中. 欧洲综合能源系统发展的驱动与现状 [J]. 电力系统自动化，2016，40（5）：1-7.

私营公司部门在低碳发电、储存技术和能源需求管理方面的尖端专业人才，使公共事业和更广泛的能源系统最终受益。以上这些项目和计划实质上促进了成本优化和能源系统的改造，因为它们的消耗量足以使能源效率和需求管理解决方案产生重大的经济影响。[1]同时，"能源系统弹射器"项目与国家经济增长和政府工业战略关系密切，足以帮助实现绿色投资、绿色能源的要求。在竞争性招标中，四家私营部门供应商被选定，随后分别被指定到四个地点开发综合能源解决方案。碳信托及其支持联盟被指定到加的夫大学、里卡多和联盟在肯特郡的赫姆普谢佩集群、Centrica 和联合会到汉普郡的 HMS Collingwood、阿特金斯—SNC 拉瓦林集团成员到卡特里克约克郡。首期项目重点目标为：优化附近地区和目标场所的资产和能源使用；为以后能源需求提供设施，如电动汽车的使用等；探寻公共部门怎样灵活地利用资产和系统的支持性设计来支持更加广泛的能源系统转换。[1]除此之外，供应商和综合能源部加强合作，研发了一种比较通用的综合能源解决方案，2019 年在公共部门推广，2021 年在私营部门实施。另外，一项投资了 40 万英镑的可行性研究"能源系统集成指南（ESIG）—分布式能源"对公共部门房地产进行了调研，随后分析了帮助园区、激发园区级项目市场的办法。可行性研究为提高能源效率提供了早期试点的方法。

作为老牌的西方发达国家，英国在能源综合开发方面处于领先地位，更为多元化和智能化的商业服务创新模式正在迅速发展。如针对个人用户智慧化能源综合服务模式的创新，能使我们更好地利用研究和技术手段发掘盈利点，而针对公用事业场所综合服务模式的创新则启发我们利用智慧化综合能源节约公共资金、应对脱碳低碳挑战，并促进能源共享，实现经济效益的明显增长。

 ## 8.3　项目后评估

8.3.1　某酒店改造项目基于合同能源管理模式项目前后对比

1. 某酒店建筑改造项目

某酒店建筑改造项目总体建筑面积为 10 800 平方米，于 2010 年建造，结构为框架剪力墙，该酒店项目包括 1 个宴会大厅、9 个包间、2 个会议室、147 间客房。其中，地面 1~2 楼为酒店宴会厅、包间等，3~7 楼为酒店客房，地下 1 楼为车库。2018 年 11 月，该项目节能改造开始正式实施，于 2018 年 12 月最终完成。该项目对空调通风系统、

---

① 杨宇，宋天琦. 英国综合能源服务发展与创新模式案例研究 [J]. 上海节能，2020（2）：98-100.

生活热水系统、照明系统、供配电系统等做了节能改造。

1）改造方案

建筑参照 GB 50189—2015《公共建筑节能设计标准》中建筑物节能率控制在 50% 左右的要求进行围护结构设计，外保温系统和门窗主体构造均已维护完善，且满足节能的要求，所以该次改造中没有考虑到围护结构。学者沈旸等对常见的节能环保技术进行了分析和统计，并从各地区中选取了三座处于不同气候地带（上海、北京、广州）的城市，通过先进的能耗模拟软件建立了一个基准模型，与实际所得的数据之间相差甚至不到 10%，可信性也比较高，模拟结果给出相关建议。但是，若建筑物的围护结构的各种热工性能都已经完全满足了节能标准，则后续发展潜力微乎其微。[①] 在此次改造中，改造空调通风控制系统已经成为主要的任务目标。

学者商宇轩研究发现宾馆建筑的单位面积能耗指标达到 134.0 kWh/（m² · a），其中空调系统处于较高能耗水平，占 50.6%。对于节能改造效果而言，总体上空调系统效果优于生活热水供应系统效果。[②] 空调系统主要影响因素有主机 COP、冷水进出口温度、水泵效率等。学者杨美林针对夏热冬冷地区的商业综合体建筑进行研究，提出多项节能措施，例如水系统大温差运行技术、变风量送风技术、排风热回收技术、冷却塔免费供冷技术以及集中冷热源技术等。[③] 唐浩等以 100 余栋实际公共建筑的节能改造项目为研究对象，总结了各项节能改造技术并综合分析了各自的节能改造效果，在改造进程中，将照明插座系统以及空调制冷系统置于首位，供配电系统以及动力系统次之。[④]

考虑项目自身特点和改造效益比，项目的节能改造主要包含空调系统节能改造、生活热水系统节能改造、照明系统节能改造、可再生能源利用节能技术改造及能耗监测与节能物管。该次改造前后能源节约比例目标为 24%，全年节约能耗为 6.142GJ。[④]

2）改造前后总体能耗情况

该节能改造项目 2016—2020 年的项目耗电情况折线图如图 8-13 所示，改造前后项目耗电情况对比图如图 8-14 所示。该节能改造项目 2016—2020 年全年耗天然气情况折线图如图 8-15 所示，改造前后耗气情况对比图如图 8-16 所示。

---

① 沈旸，许鹏，沙华晶 . 常见建筑节能改造技术用于既有公共建筑的效能分析 [J]. 暖通空调，2013，43（2）：104-109.

② 商宇轩 . 夏热冬冷地区既有公共建筑节能改造技术研究 [D]. 长沙：湖南大学，2019.

③ 杨美林 . 夏热冬冷地区商业综合体能耗分析及节能空调技术应用 [D]. 哈尔滨：哈尔滨工业大学，2014.

④ 常偲宇 . 基于合同能源管理模式的既有公共建筑用能系统节能改造与评估 [J]. 绿色建筑，2020，12（6）：97-100.

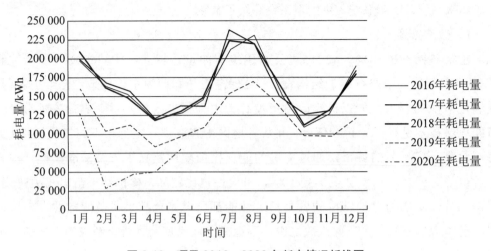

图 8-13　项目 2016—2020 年耗电情况折线图

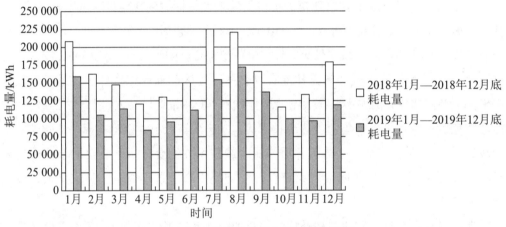

图 8-14　改造前后耗电情况对比图

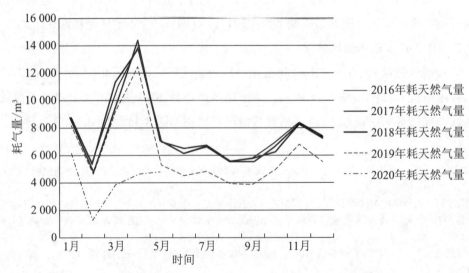

图 8-15　项目 2016—2020 年耗天然气情况折线图

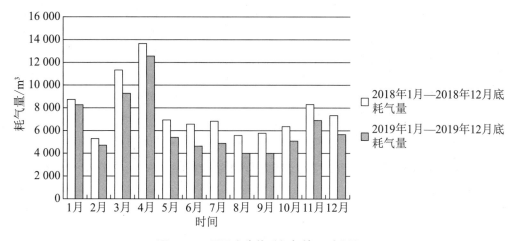

图 8-16　项目改造前后耗气情况对比图

3）项目后评估

（1）经济效益评估。结合上述所得数值可知，2018 年 1 月至 2018 年 12 月该项目消耗电量为 1 951 387 kWh，消耗天然气量大约为 92 614 立方米；2019 年 1 月到 2019 年 12 月消耗电量达 1 443 705 kWh，消耗天然气量达 74 786 立方米。改造后年节省发电量大约为 507 681 kWh，年节约天然气量 17 828 立方米。当地的物价管理局商业电价格标准为 0.671 5 元 /kWh，天然气价格标准为 3.235 元 / 立方米，年节约成本费用为 0.671 5×507 681+3.235×17 828=398 581.37 元，约 39.9 万元。根据该项目的节能改造方案，本次改造总投资约 172.5 万元。根据上述改造前后的运行成本分析，本工程在改造后年实现的节约成本大概是 39.9 万元。该工程的静态投资回收期大概在 4.33%/ 年左右。

（2）环境效益评估。将 2018 年至 2019 年两年用电与耗气量换算成能源量分别为 25.809 GJ（756.42 tce）和 19.354 GJ（567.24 tce），改造前后能耗节约量达 6.455 GJ（189.18 tce），节约比例为 25.01%。根据项目全年常规能源替代量的计算结果，该项目的全年常规能源替代量为 6.455 GJ（189.18 tce），换算成 CO_2、SO_2 及粉尘减排量如表 8-2 所示。[①]

表 8-2　CO_2、SO_2 及粉尘减排量　　　　　　　　　　　t/a

参　　数	标煤节约量	CO_2 减排量	SO_2 减排量	粉尘减排量
换算系数		2.47	0.02	0.01
数值	189.18	467.28	3.78	1.89

---

① 常儇宇 . 基于合同能源管理模式的既有公共建筑用能系统节能改造与评估 [J]. 绿色建筑，2020，12（6）：97-100.

（3）评估结果。通过对比节能改造前（2018 年）及节能改造后（2019 年）前后用能数据，得出进行节能改造后每年节约费用约 39.9 万元，每年节约能源为 25.01%，全年常规能源替代量为 6.455 GJ，完成了年节能量 6.142 GJ、节约能源比 24% 的节能改造计划目标。CO_2 减排量 467.28 t/a、SO_2 减排量 3.78 t/a、粉尘减排量 1.89 t/a，符合标准 DGJ32/TJ 127—2011《既有建筑节能改造技术规程》的改造要求。[①]

2. 河北某教育系统空气源热泵采暖改造工程评价

1）项目技术方案

为减少客户改造成本，充分利用室内原有供暖系统（泵及管道），本项目针对热源进行技术改造。同时，考虑操作方便及清洁环保等需求，将空气源热泵布置在机组房附近，如图 8-17 所示。

图 8-17　空气源热泵实地安装

根据室内外计算参数、民用建筑供暖单位面积热指标估算值以及采暖负荷等确定机组型号以及数量，空气源热泵的主机选用 20 匹低温热水采暖机组，合计配置 120 套。采暖机组关键参数见表 8-3。

表 8-3　采暖机组关键参数

指标	关键参数
机器型号	NERS-G15D
电源规格	380VAC/50 Hz
制热量	42.5 kW
额定功率	11.5 kW
测试条件	干球温度 7 ℃，湿球温度 6 ℃，进水温度 9 ℃，出水温度 55 ℃

整个系统由机组主模块进行控制，主模块给予循环泵及子模块信号逐级启动，

---

① 常僮宇. 基于合同能源管理模式的既有公共建筑用能系统节能改造与评估 [J]. 绿色建筑，2020，12（6）：97-100.

同时系统根据用户室内温度或采暖面积的增减，合理调节机组开启，使系统运行更安全稳定，更环保节能。在补水上，根据检测系统压力变力自动补水，方便省心。

2）商业模式

项目采用合同能源管理（EMC）模式，由学校出资、节能服务公司负责实施。由综合能源服务公司向客户免费提供可靠的能源审计、可行性研究调查、项目规划建设、装置及设备材料采购、工程维护施工、能源节约监测以及质量安全监督系统检测、改造系统的运行、维护和管理等服务。综合能源服务公司通过节约资源和能耗收回成本并获利。

3）项目后评估

（1）经济效益。一个采暖季，耗电量为 1 687 万 kWh。按照 0.52 元 /kWh 的电价，采暖费用约为 8 772 400 元，每季费用仅为 141 元 /m²，低于集中采暖价格。

（2）环保效益。每个采暖季可减少燃煤使用 771.9 吨左右，减少 CO_2 排放 2 321 吨，减少 SO_2 排放 582 吨，减少 NO_2 排放 5.31 吨。

（3）项目经验总结。应考虑室内外计算参数、热指标估算以及采暖负荷等细节，确定最合适的机组型号和数量。同时，应适当考虑极端天气、负荷波动等偶然因素对规划方案可行性的影响。

8.3.2　综合能源服务方案优化

面对不同的用能单位如何规划能源服务方式，设计合理的商业模式达到其节省能源费用的诉求，同时达到综合能源服务投资商的利润率要求，是成功投资综合能源项目的重要一步，即如何优化能源服务方案。本节将介绍 NPC-PASS 七步法和多角度优化方案。

1.商业模式方案优化概念："NPC-PASS七步法"

第一步：Need——界定需求。

在对商业模式进行案例研究、分析以及设计的过程中，从对企业价值贡献的角度对客户进行分类，并根据不同需求类别的不同特点，进行两个层面的分解：第一层面是功能、外观、性能、使用便利等，即对公司为其生产或服务提供的产品本身的创新及改进需求，其由于受工艺、技术和创新影响，可能实现产品 / 服务的升级和换代；第二个层面是流程、模式、实现手段等，即对生产或服务链条某个或某些环节进行的调整和重组，其由于受经营理念创新和技术发展的影响，可能导致颠覆性的变革，比如互联网的兴起对传统经营模式的冲击。

第二步：Profit——寻找利润点。

建议从两个维度展开，寻找商业模式优化的突破点、利润点，一是市场环境分析，二是价值链分析。在市场环境分析中，充分借鉴战略分析领域的成熟理论和方法，找出外部环境中对企业实现客户需求的各种影响因素。在价值链分析中，通过数据对比或标杆管理的多种方式，找出企业关键因素和核心能力中需要进行价值评估的差距，以进一步发现企业可以实现的盈利机会。根据环境和价值链分析的结果，将影响因素、关键因素等分类，评价各因素对行业的影响力及企业对各因素的控制能力，找到企业可控的利润点。

第三步：Chance——发现盈利机会。

找到利润点的过程，更多的是对企业外部环境、客户需求及行业竞争与水平进行分析，得到结果。但对于每一个企业而言，其自身的资源分配情况是不同的，因此，只有那些能够与企业资源和能力相匹配的利润点才能称为企业现实的"盈利机会"。发现盈利机会的过程是资源能力分析和匹配的过程，在工具上可以借鉴和运用资源能力分析的相关理论和方法。

第四、五步：Project——制订方案和 Action——组织实施。

发现盈利机会，对于企业而言，就意味着发现"投资机会"并通过了"可行性研究"和相关论证，接下来企业需要制订具体的"投资计划"，也就是商业模式优化的具体方案。由于优化方案是针对现有模式的调整方案，应考虑到可能产生的直接和间接影响、调整前后的变化等，涉及业务领域、收入分配、成本布局、服务模式、目标定位、组织结构等内容。方案制订不是一个独立的步骤，而是信息收集、分析、思考与经验、创新相结合的结果。

方案对于企业而言，还是纸上谈兵，若要转化为企业的行动方案，应注重企业内部的对话与沟通，并在企业内部达成一致。因此优化方案的实施需要周密部署和安排，以最大化避免风险和推动顺利实施。因此，根据方案的具体内容，企业可以采取适合企业和方案特点的试点、分阶段或其他方式推进。

第四、五步是从方案设计到实施的过程，也就是实现利润的过程。

第六、七步：Self-criticism——自检反馈和 Step by step——完善提高。

自检与反馈实际不是一个独立的步骤，而是企业的一种自我监督和改进的机制，即对企业内部和外部不断进行自我扫描和跟踪分析。自检反馈是企业在外部环境和市场迅速变化的情况下，保持自身活力和经营业绩的方式，但自检反省的内容并不局限于发现盈利机会从而优化商业模式，它还应包括所有可能影响企业效率提升、产品改进的因素。根据自检和反馈，企业重新对商业模式的结构进行优化，或在现行商业模式的基础上进行调整、改进，不断完善商业模式。

在研究商业模式的过程之中，可以深切感受到商业模式是一个既需要系统理论，更需要经验、智慧与创新的领域。因此，唯有不断探索、实践而不断充实。①

2. 多角度方案优化

1）美国 Opower 公司等能源管理公司方案优化

美国 Opower 公司依靠其公司的云数据平台和家庭能耗数据分析平台，以大数据技术为支撑，对电力公司所提供的家庭能耗数据进行进一步的挖掘分析，并结合行为科学理论，为用户提供了一整套适合于其日常生活方式的节能建议。

OPower 公司为客户提供个性化的账单服务，清晰显示电量情况，还利用云平台，结合大数据和行为科学分析，对电力账单的功能进一步拓展。一方面，具体针对用户家中制冷、采暖、基础负荷、其他各类用能等用电情况进行分类，清晰直观的图表将直接呈现在用户面前，同时，电力账单也会智能地将当月用电量与上个月进行对比。② 除此之外，Opower 公司提供的电力账单上不仅仅有本户用电数据的分析，同时还包括规定区域内节能指数最高的前 20% 的用户的耗能数据——行业中称之为的邻里能耗比较，接着根据相应数据结果提供可操作的、具有实际意义的节能方案。此外，Opower 公司的智能监测与管控对于用户的节能效果也非常明显，若节能效果好，账单上就会显示一个笑脸。当节能效果不明显时，Opower 会发邮件或以其他方式告知客户一些节能措施的具体操作方法。其在用户端的交互上，做得用心且周到（图 8-18）。③

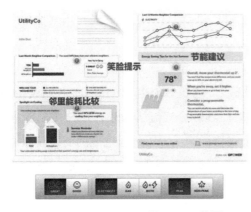
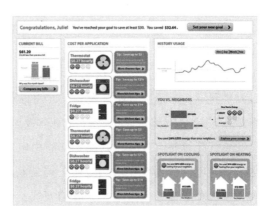

图 8-18　美国 Opower 公司的账单服务界面

（1）基于智能大数据和智能云平台。Opower 基于可延伸的 hadoop 大数据

①　毕婷婷 . 企业商业模式的优化 [EB/OL].（2017-05-12）. http://www.360doc.com/content/17/0512/22/27362060_653387843.shtml.

②　刘力铭 . 分时电价项目下负荷削峰效果的影响因子识别与分析研究 [D]. 北京：华北电力大学，2019.

③　陈明灼 .Opower：跨界融合的用能管家 [J]. 国家电网，2017（8）：62-65.

分析平台，通过云计算技术，实现对每个用户各类用电和其他相关信息的综合分析，建立每个家庭的能耗分析档案，并在与每个用户邻里之间数据进行节能综合分析比较的基础上，形成用户个性化的节能减排建议。同时将电力账单引入社交元素，与"微信运动"的模型十分类似，为广大用户提供了一种直观、冲击感更强的节能动力。

（2）建立各方合作共赢的商业合作模式。虽然 Opower 的主要发展目标之一就是为了帮助用户省钱节电，但其自身的战略定位方向是一家"公用事业云计算软件提供商"，其主要运营模式并非采用 B2C 模式，而是直接采用 B2B 的服务模式。电力企业可以选择 Opower，购买相关软件，提供给其他用户使用。Opower 为广大用户量身定制的个性化的节能建议，同时也是为公用电力企业和客户提供需求侧统计数据，帮助电力企业分析客户电力消费行为，对电力企业改善营销和服务方式提供了决策基础和依据。

根据 Opower 网站提供的动态信息，Opower 已累计帮助用户节省了 80 多亿千瓦时的电力，节省电费 10 多亿美元，减排二氧化碳 121 多亿磅（1 磅 =0.454 千克），随着能源领域的不断发展，这一数据还将不断增加。麻省理工学院研究员阿科特做过一项关于 Opower 对家庭用电量实际影响大小的研究，实验表明，Opower 的用电报告最终使用户的用电量减少了 2%；第三方研究机构的调查结果显示，Opower 公司平均帮助用户节能 1.5%~3.5%。这些好的结果都离不开 Opower 为用户所提供的节能方案。

Opower 的成功运营，证明了互联网 + 大数据 + 能源这一组合方式的正确性和可行性。但想要在中国市场复制，还面临着数据来源、盈利模式这两大关键问题。以中国实际情况看，合法地获取和使用每一个用户的日常数据只有两个途径：一是通过硬件获取，即连接智能电表（或其他智能设备），通过智能电表（或其他智能设备）将数据发送至服务器，从而得到用户数据。然而这种方式过于烦琐，用户需要给家里安装智能设备。并且家庭电表都需由电网公司招标购买。二是通过电网公司获取，这需要与电网公司合作，从电网公司处获取数据来源，该解决方案符合 Opower 公司对大量信息进行数据采集和获取的方式。[①] 但鉴于国内国网和南网的垄断地位，一般的能源服务企业想去谈合作存在一定困难。

在中国，目前还不太可能从售电端即电网公司方面收取费用。更加无法从用电终端也就是用户身上直接享受到一定的收益。另外，中国的电力消费环境也有很大的不同，我国居民电价比较便宜，对家庭用电管理的需求不明显，人们的主动节能

① 范爱军，潘垠伊 . 全球能源互联网发展潜力与关联效益探析——基于微观经济学的视角 [J]. 福建论坛（人文社会科学版），2016（7）：10-16.

意识不够。但是在碳中和背景下，伴随着我国电力市场体制改革深度推进，电力市场的激烈竞争即将拉开帷幕，电力企业需要为消费者提供全方位、综合性的能源服务，才有可能在激烈的市场竞争中获得胜利，这或许将培育类似 Opower 公司的生存土壤。

2）采用 EMC 模式的项目方案优化[①]

公共建筑节能改造的资金规模大、项目实际措施的难度大、保障和维修困难，合同能源管理模式可以有效地解决这些问题，大大降低使用者的投入和运行风险，从而也更好地促进了公共建筑节能改造工程项目的实施，是我国节能改造主要采用的一种模式。

（1）节能减排改造技术需要依据项目本身的情况进行选择。在围护结构基本达标且正常运行和维修情况良好的必要条件下，其资金投入较大，经济效益较低。对于围护结构的改造主要是对建筑物的外墙、屋面、门窗进行保温和加装遮阳措施等，应根据工程项目的实际情况选择改造技术。

（2）采用空调通风系统的节能改造技术不需要提供冷、排风热回收（其中包括显热回收及全热回收），而是有冷却塔风机变频、冷却塔直接供冷、空调热源应用式热泵等多种技术可供选择。

（3）生活热水供应系统中可以采用变频水泵、热泵及冷凝热回收机组代替燃气热源等节能改造形式。

（4）供配电与照明系统中，除采用传统节能灯具替代外，电梯自动控制、设备无功补偿等节能改造技术也是较好的选择。

（5）对于能耗监测和综合性的能耗管控设备，应该进一步加强维护，使其有效运行，从而达到精准的控制。[①]

3）用户角度方案优化

如何才能有效地服务于电力用户，如何使用户感觉到服务品质优异，如何为电力客户带来更高的利润和价值？这些问题在竞争越来越激烈的移动互联网时代中更加值得认真思考。为有效应对这种类型的问题，本书在企业运营管理中提出量身定制个性化的用户服务、风险预测和防范、配备应急装置及故障处理、客户黏性维护、建立数据特征库这五条经营策略。

（1）量身定制个性化的用户服务。这可以使我们随时了解每位用户的基本业务资讯、发展计划以及用户的能源购买需求喜好，结合基于云计算平台管理系统的数据库，为用户提供更为个性化的综合能源服务。利用用户能源特征库及大数据分析

---

① 常僮宇.基于合同能源管理模式的既有公共建筑用能系统节能改造与评估 [J].绿色建筑，2020，12（6）：97-100.

技术，融合多种综合能源服务业务，为不同用户一次性地匹配多种类型综合能源服务方案，从而充分挖掘客户的综合能源服务需求，节约业务交流和用户沟通上的时间成本，提升服务质量。

（2）风险预测与防范。对各种能源装置的故障、离线、停运情况进行风险预测，依据云服务平台中各种能源装置的历史运营数据等了解设备运行状态，结合客户行业的具体情况，在特定的时段和季节，采取自动化的风险预警措施，并对其他相关的风险因素进行防范。

（3）配备应急装置和故障处理。根据云计算平台的数据和风险防范有关信息，以及设备风险预测情况、预计流量等有关数据，在充分做好风险防范工作的基础上配置好应急装置，以确保电力稳定运行。此外，在重大故障事件发生后，及时地启用应急装置，并依据各种故障的类型、特点结合云平台的大数据，提供快速的故障诊断和解决对策，并且及时收集故障有关数据，保证未来稳定供给，提升服务质量。

（4）客户黏性维护。及时更新与用户密切相关的数据，进行数据分析和挖掘，发现用户潜在服务节点、不同的属性及行为特征，预测客户黏性的改变情况，维护与用户之间的关系，提高服务品质，增加用户黏性。在公司受理业务后，将受理业务的相关信息及时转交给客户经理，与用户进行进一步的业务沟通，并进行实地的地质勘探，采集综合能源服务所需的如地理位置、自然资源、发展情况等相关数据，并且结合实际数据情况，全面、深入地系统分析用户实际需求，然后再进行量身定制。

（5）建立数据特征库。利用云平台技术、泛在电力物联网技术及区块链技术，收集调查各类用户的能耗数据，通过对特色产业的调研，梳理多样化用能信息，分析不同类型产业的能源需求，再结合能源价格、气象条件等因素建立一个符合我国未来发展预期的用能信息数据库，为综合能源服务的未来发展提供帮助。①

8.4 本章小结

综合能源服务是面向能源系统终端，以用户需求为导向，通过能源品种组合或系统集成、能源技术或商业模式创新等方式，使用户收益或满足感得到提升的行为。随着中国经济高质量发展、能源转型加速，特别是在中国提出 2030 年前碳达峰目标

---

① 郭睿，陈金熠，陈小毅，等.基于数据驱动的乡村综合能源服务运营管理优化研究[J].企业改革与管理，2020（1）：124-125.

和 2060 年前碳中和背景下，中国综合能源服务产业发展面临新形势、新要求。通过本章对当前国内外综合能源典型案例进行分析，希望能够从能源客户需求、能源技术、能源服务模式、能源服务业态、能源政策等维度对我国现有综合能源服务市场进行分析，进而研判中国综合能源服务未来发展趋势。

即测即练8

合同能源管理项目参考合同

一、节能效益分享型合同能源管理项目参考合同

甲方	单位名称			
	注册地址			
	通信地址			
	统一社会信用代码			
	法定代表人		委托代理人	
	联系人			
	电话		传真	
	电子邮箱			
	开户行			
	账号		税号	
乙方	单位名称			
	注册地址			
	通信地址			
	统一社会信用代码			
	法定代表人		委托代理人	
	联系人			
	电话		传真	
	电子邮箱			
	开户行			
	账号		税号	

用能单位【　　】（以下简称甲方）与节能服务公司【　　】（以下简称乙方），根据《中华人民共和国节约能源法》《中华人民共和国民法典》及其他有关规定，本着平等、自愿的原则，就系统节能改造事宜，经双方协商一致，签订本合同（以下简称项目合同）。

第一条　名词解释

1.1 合同能源管理

节能服务公司与用能单位以契约形式约定节能项目的节能目标，节能服务公司为实现节能目标向用能单位提供必要的服务，用能单位以节能效益、节能服务费或能源托管费支付节能服务公司的投入及其合理利润的节能服务机制。

1.2 节能量

满足同等需求或达到相同目的的条件下，能源消耗 / 能源消费减少的数量。

1.3 能源绩效

与能源效率、能源使用和能源消耗有关的、可测量的结果。

1.4 能源绩效参数

可量化能源绩效的数值或量度。（注：能源绩效参数可由简单的量值、比率或更为复杂的模型表示。）

1.5 能源基准

用作比较能源绩效的定量参考依据。（注：特定情况下，能源费用也可以作为能源基准。）

1.6 基期

用以比较和确定节能量的，能源绩效改进措施实施前的时间段。

1.7 基准能源费用

用能单位在基期所花费的能源费用。

1.8 节能服务费

通过实施合同能源管理项目，产生相应的节能量，用能单位减少能源费用支出和增加收益，将减少的能源费用和增加收益的一部分，作为报酬支付给节能服务公司。

1.9 节能效益和节能效益分享

节能效益是节能项目实施后报告期（通常为一年 / 一个能源消耗周期）产生的节能量折合的市场价值，体现在用能单位减少的能源费用支出。节能效益根据实际节能量和能源价格计算。节能效益计算方法可选择以下三种之一：【　　】。

（1）节能效益 = 报告期（年）节能量 × 基期（年）能源价格。

（2）节能效益 = 报告期（年）节能量 × 报告期（年）能源价格。

（3）节能效益 = 报告期（年）节能量 × 固定能源价格。

当一年中的能源价格不同时，使用当年的实际加权平均价格计算节能效益。

节能效益由用能单位和节能服务公司双方在本合同规定的期限内按比例分别享有即为节能效益分享。节能项目的设备投资款、安装调试费、技术服务费、合理利润等均以项目节能效益分享的方式由用能单位从节省的能源费用中支付给节能服务公司。

第二条　项目概况

2.1 项目名称：【　　】节能项目（以下简称本项目或项目）。

2.2 节能改造的对象、节能技术、改造的范围

2.2.1 节能改造对象：【　　】。甲乙双方针对此项能源使用系统进行节能改造。

2.2.2 节能技术：【　　】。乙方通过节能改造使能源系统或设备达到本合同规定的节能能力，降低能耗，减少甲方的能源费用支出。

2.2.3 进行改造的范围包括【　　】。

2.3 项目地点：【　　】。

第三条　拟进行改造的设备系统及其耗能状况

3.1 拟进行节能改造的设备包括【　　】。

3.2 节能改造之前的能耗状况详见附件一"项目技术方案"。

第四条　能源审计和能源基准

4.1 能源审计可以选择以下任意一种方式：

（1）乙方完成。

（2）乙方和甲方共同完成。

（3）经双方认可的第三方审计机构完成。

能源审计期间为【　　】天。起始日为：【　　】年【　　】月【　　】日，完成日为：【　　】年【　　】月【　　】日。

4.2 依据 GB/T 17166《能源审计技术通则》进行能源审计。

4.3 能源审计费用由【　　】承担。

4.4 能源审计所需要的能源使用记录和数据资料：

（1）过去【　　】年的能源消费台账；

（2）拟改造的设备能源效率的即时测试数据；

（3）拟改造所有设备与用能有关的说明；

（4）相关耗能设备在合同有效期间的能耗状况和可能的变化说明；

（5）现行的能源管理的规定、办法等；

（6）能源审计机构认为需要提供的其他资料。

上述资料数据甲方应当全面如实提供，并应当在能源审计报告中逐项列明。

4.5 能源审计报告所依据的资料及报告内容应当经甲方书面确认。能源审计报告作为确定甲方能源系统能源消耗状况的依据。

4.6 经过能源审计确定能源基准：确定能源基准的基期为【　　】年【　　】月【　　】日至【　　】年【　　】月【　　】日，能源绩效参数为：能源消耗量。

第五条　项目的设计（节能）方案

5.1 乙方负责项目设计，设计方案应征得甲方同意，并由甲方签字确认。

5.2 甲方应当明确设备实际需求、技术要求，提供拟进行改造的设备系统的设计图纸、相关技术资料、运行数据等，为乙方进行设计和设备制造或采购提供依据。如甲方不能及时提供上述资料，导致乙方设计和设备制造或采购时间延误，则交货时间相应顺延，其他时间均依次顺延。

5.3 项目的设计（节能）方案详见附件一"项目技术方案"。

5.4 项目技术方案一经甲方确认，除非双方另行签署补充协议，不得修改。

第六条　项目投资

6.1 本项目的全部投资由乙方负责，乙方向甲方提供的投资全部为实物及相关的技术服务。包括：【　　】的全部设备（以下简称设备）。或者：

由甲方和乙方共同投资，投资比例为：【　　】。

投资明细见附件四"投资明细表"。

6.2 设备的技术要求

设备应符合国家有关标准、行业标准以及相关法律、法规的规定。设备的技术性能应符合本项目技术方案设计要求。应严格按设计图纸生产，主要元器件应与设计图纸规定相符。

6.3 乙方应提供设备相关技术资料，包括但不限于：【　　】。

6.4 乙方的技术服务包括【　　】。

第七条　设备采购、安装、调试

7.1 设备采购：【乙方】负责。

7.2 设备到货时间：本合同生效后【　　】个工作日内。交货与安装地点：同项目地点。

7.3 设备运到现场后，甲方应对设备数量、规格、品名、包装是否完整等进行清点并验收确认，负责妥善保管至乙方工程技术人员进场安装。设备如有与本合同规定不一致的，甲方应当在三日内向乙方提出。甲方不得打开包装，若因甲方保管不当造成设备损坏或灭失，甲方应按设备损失的实际价值向乙方承担赔偿责任。

7.4 乙方负责设备安装、调试及所需费用。

7.5 甲方应为乙方提供安装场地、施工条件和设备调试条件等便利，并指定一名项目负责人配合乙方工作，以保证安装、调试顺利进行。

7.6 安装调试期限：自设备运到现场经甲方确认后【   】日内完成安装调试，最晚应当在【   】月【   】日前完成。

7.7 设备调试、测试过程中，若因甲方的其他设备导致设备不能满足使用要求，甲方应与乙方调试人员共同对甲方的相关设备进行调整。

7.8 乙方保证设备安装的可靠性和安全性，运行后不会对甲方的生产系统造成损坏，如导致甲方生产系统损坏，乙方负责维修并承担费用。

7.9 乙方可以自行或委托具有相应资质的第三方安装、调试和施工。

第八条　项目验收

8.1 项目竣工验收由甲方负责。设备安装调试完毕，乙方应通知甲方进行验收，并共同进行节能量确认（或请第三方检测机构参加验收，对节能量作出确认）。甲方应在接到乙方验收通知后【   】日内完成验收。

8.2 验收报告应由甲、乙双方签字确认，验收报告样式作为本合同附件六附后。验收报告内容至少应当包括设备质量是否合格、安装工艺是否符合设计标准、运行状况是否正常、节能量是否达到设计标准，乙方提供的设备和服务是否符合合同约定，甲方是否同意按照合同约定付款等内容。

8.3 在甲方收到乙方的工程竣工通知后【   】天未验收且未书面提出工程不合格，则视为甲方承认工程验收合格。甲方应当按照本合同约定的节能效益分享比例和付款方式向乙方付款。

第九条　移交

9.1 本项目设备安装并验收合格后，移交甲方负责运行管理，双方应当签署移交备忘录。

9.2 项目验收合格并移交甲方后，乙方基于本合同的主要义务即全部履行完毕。

9.3 项目如果由乙方负责运行管理，验收后应由业主方（甲方）和乙方办理委托运行管理手续，签署相关的运行管理委托协议。

第十条　售后服务

10.1 项目从验收交付之日起至本合同规定的节能效益分享期间届满之日止为质量保证期。

10.2 在质量保证期间，如因设备质量问题导致系统运行故障，乙方免费负责维修及服务。如因甲方操作不当、管理不善等原因造成故障或损坏，应由甲方承担维修费用。

10.3 乙方在接到甲方的故障通知后，应在【   】小时内派人到场维修。

10.4 质量保证期结束后，乙方提供有偿维修服务，并优惠供应设备零部件。

（注：如果设备不是由节能服务公司制造，或其他成套设备，可将售后服务转移给设备供应商或设备制造商，该项服务费用包含在设备款中。签署三方协议确定售后服务责任。）

第十一条　项目的运行管理及培训

11.1 甲方负责项目的运行管理，运行管理应当遵守设备及其相关的操作规程。

11.2 甲方应对设备的参数、能耗量进行记录并保管相关数据，以备核查（也可以引入第三方监测能耗情况，做出实时检测记录）。

11.3 乙方负责对甲方的运行管理人员进行设备操作、维护等技术培训，培训人数及培训内容根据实际需要确定。甲方应指派有相应资格的人员参加培训。

11.4 培训完成后，双方应对培训人员情况、培训内容、培训结果进行书面确认，以备核查。

11.5 项目的运行管理费用由甲方（运营方）承担。

第十二条　设备所有权约定

12.1 项目交付甲方运行管理后，设备的占有、使用权即交付给甲方。

12.2 乙方对设备拥有有限所有权，即在甲方没有依照本合同约定付清乙方的全部款项之前处分权属于乙方，如果遇到征收、拆迁或甲方破产及其他必须处分设备的情形，未征得乙方的意见，甲方不得做出任何处分设备的决定，处分所得属于乙方。

12.3 项目正常运行的收益权由甲、乙双方依照本合同规定的比例分享，甲方负责将项目节能收（效）益支付给乙方。

第十三条　节能量的确定

13.1 本项目通过以下方式之一：

（1）依据 GB / T 28750《节能量测量和验证技术通则》等国家标准方法确定节能量。

（2）依据其他：【　　　】，确定节能量。

13.2 在项目验收时可以选择【　　　】对节能量进行测量，确定项目的实际节能量。

（1）乙方

（2）甲、乙双方共同

（3）经双方认可的第三方

节能量测量方法按合同附件二"项目节能量测量和验证方案"进行。

13.3 中期或周期验证：节能效益分享期限满【　　　】年的，根据项目运行情况可以进行一次中期节能量验证；超过【　　　】年的可以确定验证周期。验证方法应与项目验收中使用的测量方法一致。

13.4 如果验证的节能率在验收的平均值正负在 10% 以内，则甲方仍然按照本合同约定向乙方支付节能效益分享款（也称节能收益款）。如果验证的节能率低于验收的平均值超过 10%，首先应由乙方采取必要的技术措施使节能率提高到设计标准；如果乙方采取了措施仍然不能使节能率达到设计标准，则相应的责任由乙方承担。

[注：有些项目不需要节能量（节能率）验证的，13.3 条和 13.4 条内容可以省略。]

第十四条　节能效益的计算和分享

14.1 节能效益是项目实施后当期（指节能方案设计项目寿命期间）产生的节能量折合的市场价值。节能效益体现在甲方是减少的能源费用支出，体现在乙方则是节能项目收益。

14.2 根据本合同第 13 条确定的节能量，结合项目所在地能源供应单位向甲方的供应价格，作为甲方和乙方分享节能收（效）益的计算依据。

14.3 按照本合同附件三"项目节能收益的计算方法"计算出当期的项目节能收（效）益，再按本合同约定的比例计算出乙方应获得的节能收（效）益。

14.4 节能效益的分享期限：共计【　　】年，【　　】年【　　】月【　　】日（从项目验收报告签署之日或项目移交甲方之日）开始计算至【　　】年【　　】月【　　】日为止。

14.5 甲、乙方分享节能收益的比例：节能效益分享期间共减少能源费用支出即节能收（效）益【　　】万元，甲方分享【　　】% 即【　　】万元；乙方分享【　　】% 即【　　】万元。

14.6 经过验收的节能率超过或低于设计的平均值 10% 以上，则对本合同确定的节能收（效）益分享数据根据实际节能率进行调整，并对调整结果在验收报告中确认。

14.7 节能效益分享期届满之后项目产生的全部节能收（效）益归甲方所有。

14.8 如双方对任何一期节能收（效）益存在争议，该部分的争议不影响对无争议部分的节能效益分享款的分享和相应款项的支付。

第十五条　节能效益分享款的付款方式、付款数量、付款时间

15.1 付款方式：每次付款日之前甲方将乙方应得的节能效益分享款汇入乙方指定的银行账户（乙方指定账户系指本合同中预留的乙方账户）。

15.2 付款数量：甲方应当向乙方支付的节能效益分享款总数为【　　】万元人民币，分【　　】次汇入乙方银行账户，每次付款【　　】万元。

15.3 付款时间：项目验收合格或移交甲方以后，甲方开始向乙方支付节能效益分享款。支付时间分别为【　　】年【　　】月、【　　】年【　　】月、【　　】年【　　】月、【　　】年【　　】月。

15.4 乙方每次按实际收款金额向甲方开具【　　】：

（1）增值税专用发票。

（2）增值税普通发票。

第十六条　用能设备和其他用能项的增减

16.1 甲方的用能设备和其他用能项的增加或减少，应当通知乙方。甲乙双方应当对增加或减少的设备和其他用能项予以书面确认。其他用能项包括但不限于用能建筑面积、用能时间、用能人员等。

16.2 用能设备和其他用能项的增减应当相应地调整本合同有关的数据，但是不改变节能效益分享款的数额或分享比例。

第十七条　违约责任

17.1 本合同生效后，项目验收之前，如甲方反悔不履行合同，应按项目设计的节能效益总额的 20% 向乙方支付违约金，并赔偿乙方为实施项目产生的实际损失，该项损失包括但不限于设备价款、运输费、安装费、能源审计费、律师费等，本合同方能解除。

如果项目安装调试完毕乙方通知甲方验收，甲方无故拖延验收，每拖延一日，甲方应向乙方支付违约金【　　　】元人民币，直至验收为止，相应的节能效益分享日期顺延。

17.2 如果甲方未按本合同规定的期限和数额向乙方或乙方的受让人的指定账户支付节能效益分享款，应当按照应付未付金额每日万分之五向乙方或乙方的受让人支付违约金，直至付清为止。如果经乙方或乙方的受让人催告，甲方在 30 天内支付了相应的款项，则不视为违约。

17.3 如果乙方延误时间完成项目的建设，则应当根据延误的天数按照甲方应当分享的节能效益比例，向甲方支付违约金。但是由于不可抗力或者甲方的过错导致延误，乙方不承担责任。

17.4 设备安装完毕满 60 天仍不能正常运行或正常运行后连续 90 天达不到预期的节能效果，视为乙方违约，甲方有权要求乙方赔偿项目建设所造成的损失，并可以解除本合同。

第十八条　运行管理等原因影响节能量的处置

18.1 由于甲方的相关设备和系统自身的运行问题导致能源消耗增加，甲方应当及时进行维修保养，使其达到合理的运行状态。如因甲方相关设备效率降低，导致节能效果下降，由乙方负责维修，所需费用由甲方承担。

18.2 因为运行管理不规范导致节能量发生变化，甲方应当及时改正。甲方应当保持设备或系统的节能运行状态，不得随意将项目设备／系统从节能控制状态切换到非节能状态运行。

18.3 因为运行管理和甲方设备及其系统自身的运行问题增加的能源消耗由甲方

承担责任，不改变甲方向乙方支付节能效益分享款的数量。

第十九条 设备的更新、改进、改动、拆除、损坏、丢失

19.1 为了改善设备的运行状况，乙方可以在本合同有效期间随时更新或改进设备或修改有关程序。甲方在没有充分理由的情况下，不得拒绝乙方的改进意见。

19.2 设备的更新、改进、改动、拆除均需双方协商一致并签订书面文件方可进行。

19.3 设备如有损坏、丢失，在乙方施工管理期间由乙方负责；在甲方保管和运行管理期间，由乙方负责修理或补充，甲方负责承担费用。

19.4 如果损坏或丢失的设备已投了保险，乙方利用保险赔款修理或更换或补充损坏、丢失的设备。如果所得到的保险金额不足以支付修理、更换或补充设备而发生的费用，则仍然按照前款的规定由甲方或乙方承担责任。

19.5 如果因为发生本条规定的情况而影响设备正常运行，停止运行超过【　　】天，双方应以书面方式认可延长同等期间，以弥补效益分享期限。如果甲方未经乙方书面同意而拆除设备或进行实质改动，无论是否影响项目的节能量，甲方均应按本合同规定向乙方支付节能效益分享款。

19.6 结算周期内，甲方有义务保留计量设备的记录资料，供查证核算；更换计量仪表，需经甲乙双方确认表底读数及记录更换具体时间，新更换的计量仪表需有检验合格证。

第二十条 设备的停止运行／关闭

20.1 在本合同有效期间，如果因甲方对项目有关的能源系统进行大修或因建筑物改造，或甲方的其他原因致项目设备停止运行／关闭，甲方应至少提前 60 天通知乙方，对设备作出妥善安排。

20.2 因甲方的土地或建筑物被征收征用或因其他原因导致设备停止运行，甲方应至少提前 60 天通知乙方，但遇紧急情况除外，遇有紧急情况应及时和尽可能全面地向乙方通报情况。

20.3 任何停止或关闭行为都不能减轻或影响甲方的付款义务。如果因甲方关闭或停止设备运行而导致合同终止，甲方应向乙方支付本合同规定的全部款项。

第二十一条 合同的变更和转让

21.1 经双方协商一致可以变更合同内容。

21.2 在本合同履行期间，如甲方将项目设备的所有权（或物业管理权）转移给第三方，则甲方应负责协调乙方与第三方的关系，保证本合同能继续履行。如甲方协调不成功，则按照本合同规定向乙方全额支付节能效益分享款。

21.3 乙方获得节能效益分享款的权利在项目竣工验收合格并移交甲方后，乙方有权转让给任何第三方，转让之前乙方应当书面通知甲方，甲方应出具书面确认回函，并按照乙方的通知向节能效益分享款的受让人付款。乙方亦可将本合同中的节能收益权（或称未来收益权）设定质押担保或向银行贴现，用于节能项目的融资。

21.4 乙方分享节能效益分享款的权利转让，仍应履行本合同相应的义务。

第二十二条　合同的终止

22.1 由于一方不履行本合同规定的义务或者有《中华人民共和国民法典》第九十四条规定的情形之一的，导致项目无法进展，另一方有权解除合同。

22.2 在项目建设竣工验收合格之前，如果甲方违约导致合同不能履行或者甲方以自己的行为表明不履行合同，乙方有权解除合同；如果乙方违约导致合同不能履行或者乙方以自己的行为表明不履行合同，甲方有权解除合同。

合同解除后，尚未履行的，终止履行；已经履行的，根据履行情况，可以要求恢复原状、采取其他补救措施，并有权要求赔偿损失。

22.3 项目验收合格后，甲方不得以任何理由提出解除合同。

22.4 在本合同履行期间，甲方可以随时选择购买项目，一次性付清乙方节能效益分享款，此后所有节能收益转归甲方（注明算账方法），本合同终止。

22.5 本合同生效后满120天未实际履行，本合同终止履行，任何一方欲启动履行，应当取得对方书面认可，本合同可继续履行。

22.6 经双方协商一致，本合同可以提前终止。

第二十三条　保密和知识产权

23.1 甲方不得对第三方泄露本合同内容及乙方所提供的相关技术资料，若因泄露本合同内容及乙方所提供的相关技术资料给乙方带来的经济损失，由甲方负责向乙方进行赔偿。乙方对知悉甲方的相关技术资料承担对等保密义务。

23.2 因执行本合同的需要，乙方提供的与本合同有关的设备、材料、工序工艺及其他知识产权，应保证在使用时不会发生侵犯第三方专利权、商业机密等情况。若发生侵害第三方权利的情况，乙方应负责与第三方交涉，并承担由此产生的全部法律和经济责任，并对因为该侵权行为给对方造成的损失承担赔偿责任。

23.3 乙方应保证交付的工作成果不侵犯第三方的权利。若发生侵害第三方权利的情况，乙方应负责与第三方交涉，并承担由此产生的全部法律和经济责任，并对因为该侵权行为给甲方造成的损失承担赔偿责任。

23.4 在本合同执行过程中，乙方相关人员因履行义务或者主要利用甲方的物质技术条件所产生的智力开发成果的知识产权归乙方所有，包括但不限于国内外申请专利的权利，商标和标识设计，科技论文及其他作品的著作权，商业秘密的权利，商品名称和商品的专用权。乙方允许甲方无偿在其业务范围内充分自有地利用这些专利、版权、商标、商业秘密进行生产、经营。乙方应根据甲方的要求，提供一切必要的信息和采取必要的行动以协助甲方行使前述权利。

第二十四条　保险

24.1 投保种类：投保未来收益权保险.节能量保险。

24.2 投保人为节能服务公司，受益人为【　　　】。

第二十五条　担保

甲方应为履行本合同向乙方提供必要的第三方保证担保或财产抵押，如甲方不能按期如数向乙方支付节能收益款，由担保方承担连带付款责任，乙方亦可行使抵押权。担保合同另行签订作为本合同的附件五。

第二十六条　不可抗力

26.1 地震、水灾、战争、暴乱及其他不能预见并且对其发生和后果不能避免并不能克服的不可抗力事件，直接导致本合同及附件的全部或部分不能履行时，遇有不可抗力事件的一方应立即将详细情况通知另一方，并随后提供事件详情的有效证明文件。按照不可抗力事件对履行合同的影响程度，由甲、乙双方协商确定：延期履行或终止合同，或部分免除责任。

26.2 延期履行，遇有不可抗力事件的一方中止履行，直至不可抗力事件结束，但中止最长时间不超过 60 天，超过 60 天终止合同。

26.3 遇有不可抗力事件的一方在通知另一方后 10 天内终止合同，任何一方将不对另一方继续承担义务，但甲方应向乙方支付款项的义务除外，仅发生不可抗力事件并不能必然减轻或影响甲方向乙方付款的义务。

26.4 遇有不可抗力事件的一方应采取措施，避免损失的扩大。如果因为未采取相应的措施而导致损失扩大，应向另一方承担赔偿责任。

第二十七条　法律适用和争议的解决

27.1 本合同的订立、履行和解释，应遵守中华人民共和国法律、法规，并应遵守行业惯例。

27.2 因本合同的履行、解释等引起的争议，双方应友好协商解决。如在一方提出书面协商请求后 15 日内双方无法达成一致，任何一方均可选择【　　　】：

（1）依法向项目所在地有管辖权的人民法院提起诉讼。

（2）将争议提交仲裁委员会，按照该会的仲裁程序和规则进行仲裁。

27.3 无论采用仲裁还是诉讼，由此产生的律师代理费、交通差旅费、举证费、鉴定费及其他与仲裁或诉讼相关的费用，均由败诉方承担。

第二十八条　合同的生效及其他

28.1 本合同的附件为本合同不可分割的组成部分，与本合同具有同等法律效力。本合同与附件及附件之间规定不一致时，以规定详细的文件为准。

附件共【　　】份：

附件一：项目技术方案；

附件二：项目节能量测量和验证方案；

附件三：项目节能收益的计算方法；

附件四：投资明细表；

附件五：担保合同；

附件六：验收报告格式内容。

28.2 甲、乙双方发出的通知，如用电话、微信、传真、电子邮件发送，凡涉及各方权利、义务的，应随之以书面方式特快专递给对方。本合同中所列甲、乙双方的地址即为甲、乙双方的收件地址。

28.3 本合同一式六份，双方各执三份，具有同等法律效力。本合同于【　　】年【　　】月【　　】日经双方签字，并加盖公章生效。

甲方（盖章）：　　　　　　　　　　乙方（盖章）：

法定代表人 / 授权代表签字：　　　　法定代表人 / 授权代表签字：

日期：　　　　　　　　　　　　　　日期：

二、节能量保证型合同能源管理项目参考合同

<table>
<tr><td rowspan="13">甲方</td><td>单位名称</td><td colspan="3"></td></tr>
<tr><td>注册地址</td><td colspan="3"></td></tr>
<tr><td>通信地址</td><td colspan="3"></td></tr>
<tr><td>统一社会信用代码</td><td colspan="3"></td></tr>
<tr><td>法定代表人</td><td></td><td>委托代理人</td><td></td></tr>
<tr><td>联系人</td><td colspan="3"></td></tr>
<tr><td>电话</td><td></td><td>传真</td><td></td></tr>
<tr><td>电子邮箱</td><td colspan="3"></td></tr>
<tr><td>开户行</td><td colspan="3"></td></tr>
<tr><td>账号</td><td></td><td>税号</td><td></td></tr>
<tr><td rowspan="13">乙方</td><td>单位名称</td><td colspan="3"></td></tr>
<tr><td>注册地址</td><td colspan="3"></td></tr>
<tr><td>通信地址</td><td colspan="3"></td></tr>
<tr><td>统一社会信用代码</td><td colspan="3"></td></tr>
<tr><td>法定代表人</td><td></td><td>委托代理人</td><td></td></tr>
<tr><td>联系人</td><td colspan="3"></td></tr>
<tr><td>电话</td><td></td><td>传真</td><td></td></tr>
<tr><td>电子邮箱</td><td colspan="3"></td></tr>
<tr><td>开户行</td><td colspan="3"></td></tr>
<tr><td>账号</td><td></td><td>税号</td><td></td></tr>
</table>

用能单位【   】（以下简称甲方）与节能服务公司【   】（以下简称乙方），根据《中华人民共和国节约能源法》《中华人民共和国民法典》及其他有关规定，本着平等、自愿的原则，就系统节能改造事宜，经双方协商一致，签订本合同（以下简称项目合同）。

第一条　名词解释

1.1 合同能源管理

节能服务公司与用能单位以契约形式约定节能项目的节能目标，节能服务公司为实现节能目标向用能单位提供必要的服务，用能单位以节能效益、节能服务费或能源托管费支付节能服务公司的投入及其合理利润的节能服务机制。

1.2 节能量

满足同等需求或达到相同目的的条件下，能源消耗 / 能源消费减少的数量。

1.3 能源绩效

与能源效率、能源使用和能源消耗有关的、可测量的结果。

1.4 能源绩效参数

可量化能源绩效的数值或量度。（注：能源绩效参数可由简单的量值、比率或更为复杂的模型表示。）

1.5 能源基准

用作比较能源绩效的定量参考依据。（注：特定情况下，能源费用也可以作为能源基准。）

1.6 基期

用以比较和确定节能量的，能源绩效改进措施实施前的时间段。

1.7 基准能源费用

用能单位在基期所花费的能源费用。

1.8 节能服务费

通过实施合同能源管理项目，产生相应的节能量；用能单位减少能源费用支出和增加收益，将减少的能源费用和增加收益的一部分，作为报酬支付给节能服务公司。

1.9 节能量保证

节能服务公司向用户提供节能服务并承诺保证项目节能量。项目实施完毕，经双方确认达到承诺的节能量（率），用户一次性或分次向节能服务公司支付节能服务费，如果达不到承诺的节能量（率），差额部分由节能服务公司承担相应的费用。

第二条　项目概况

2.1 项目名称：【　　】节能项目（以下简称本项目或项目）。

2.2 节能改造的对象、节能技术、改造的范围

2.2.1 节能改造对象：【　　】。甲乙双方针对此项能源使用系统进行节能改造。

2.2.2 节能技术：【　　】。乙方通过节能改造使能源系统或设备达到本合同规定的节能能力，降低能耗，减少甲方的能源费用支出。

2.2.3 进行改造的范围包括：【　　】。

2.3 项目地点：【　　】

第三条　拟进行改造的设备系统及其耗能状况

3.1 拟进行节能改造的设备包括【　　】。

3.2 节能改造之前的能耗状况详见附件一"项目技术方案"。

第四条　能源审计和能源基准

4.1 能源审计可以选择【　　】：

（1）乙方完成。

（2）乙方和甲方共同完成。

（3）经双方认可的第三方审计机构完成。

能源审计期间为【　　】天。起始日为：【　　】年【　　】月【　　】日，完成日为：【　　】年【　　】月【　　】日。

4.2 依据 GB/T 17166《能源审计技术通则》进行能源审计。

4.3 能源审计费用由【　　】承担。

4.4 能源审计所需要的能源使用记录和数据资料：

（1）过去【　　】年的能源消费台账；

（2）拟改造的设备能源效率的即时测试数据；

（3）拟改造所有设备与用能有关的说明；

（4）相关耗能设备在合同有效期间的能耗状况和可能的变化说明；

（5）现行的能源管理的规定、办法等；

（6）能源审计机构认为需要提供的其他资料。

上述资料数据甲方应当全面如实提供，并应当在能源审计报告中逐项列明。

4.5 能源审计报告所依据的资料及报告内容应当经甲方书面确认。能源审计报告作为确定甲方能源系统能源消耗状况的依据。

4.6 经过能源审计确定能源基准：确定能源基准的基期为【　　】年【　　】月【　　】日至【　　】年【　　】月【　　】日，能源绩效参数为：能源消耗量。

第五条　项目的设计（节能）方案

5.1 乙方负责项目设计，设计方案应征得甲方同意，并由甲方签字确认。

5.2 甲方应当明确设备实际需求、技术要求，提供拟进行改造的设备系统的设计图纸、相关技术资料、运行数据等，为乙方进行设计和设备制造或采购提供依据。如甲方不能及时提供上述资料，导致乙方设计和设备制造或采购时间延误，则交货时间相应顺延，其他时间均依次顺延。

5.3 项目的设计（节能）方案详见附件一"项目技术方案"。

5.4 项目技术方案一经甲方确认，除非双方另行签署补充协议，不得修改。

第六条　项目投资

6.1 本项目的全部投资由乙方负责，乙方向甲方提供的投资全部为实物及相关的技术服务。包括：【　　】的全部设备（以下简称设备）。或者：

由甲方和乙方共同投资，投资比例为：【　　】

投资明细见附件四"投资明细表"。

6.2 设备的技术要求

设备应符合国家有关标准、行业标准以及相关法律、法规的规定。设备的技术性能应符合本项目技术方案设计要求。应严格按设计图纸生产，主要元器件应与设计图纸规定相符。

6.3 乙方应提供设备相关技术资料，包括但不限于：【　　　】。

6.4 乙方的技术服务包括：【　　　】。

第七条　设备采购、安装、调试

7.1 设备采购：【乙方】负责。

7.2 设备到货时间：本合同生效后【　　】个工作日内。交货与安装地点：同项目地点。

7.3 设备运到现场后，甲方应对设备数量、规格、品名、包装是否完整等进行清点并验收确认，负责妥善保管至乙方工程技术人员进场安装。设备如有与本合同规定不一致的，甲方应当在三日内向乙方提出。甲方不得打开包装，若因甲方保管不当造成设备损坏或灭失，甲方应按设备损失的实际价值向乙方承担赔偿责任。

7.4 乙方负责设备安装、调试及所需费用。

7.5 甲方应为乙方提供安装场地、施工条件和设备调试条件等便利。并指定一名项目负责人配合乙方工作，以保证安装、调试顺利进行。

7.6 安装调试期限：自设备运到现场经甲方确认后【　　】日内完成安装调试，最晚应当在【　　】月【　　】日前完成。

7.7 设备调试、测试过程中，若因甲方的其他设备导致设备不能满足使用要求，甲方应与乙方调试人员共同对甲方的相关设备进行调整。

7.8 乙方保证设备安装的可靠性和安全性，运行后不会对甲方的生产系统造成损坏，如导致甲方生产系统损坏，乙方负责维修并承担费用。

7.9 乙方可以自行或委托具有相应资质的第三方安装、调试和施工。

第八条　项目验收

8.1 项目竣工验收由甲方负责。设备安装调试完毕，乙方应通知甲方进行验收，并共同进行节能量确认（或请第三方检测机构参加验收，对节能量作出确认）。甲方应在接到乙方验收通知后【　　】日内完成验收。

8.2 验收报告应由甲、乙双方签字确认，验收报告样式作为本合同附件六附后。验收报告内容至少应当包括设备质量是否合格、安装工艺是否符合设计标准、运行状况是否正常、节能量是否达到设计标准，乙方提供的设备和服务是否符合合同约定，甲方是否同意按照合同约定付款等内容。

8.3 在甲方收到乙方的工程竣工通知后【　　】日未验收且未书面提出工程不合格，则视为甲方承认工程验收合格。甲方应当按照本合同约定的节能服务费数额和付款方式向乙方付款。

第九条　移交

9.1 本项目设备安装并验收合格后，移交甲方负责运行管理，双方应当签署移交备忘录。

9.2 项目验收合格并移交甲方后，乙方基于本合同的主要义务即全部履行完毕。

9.3 项目如果由乙方负责运行管理，验收后应由业主方（甲方）和乙方办理委托运行管理手续，签署相关的运行管理委托协议。

第十条　售后服务

10.1 项目从验收交付之日起至【　　】年内为质量保证期。

10.2 在质量保证期间，如因设备质量问题导致系统运行故障，乙方免费负责维修及服务。如因甲方操作不当、管理不善等原因造成故障或损坏，应由甲方承担维修费用。

10.3 乙方在接到甲方的故障通知后，应在【　　】小时内派人到场维修。

10.4 质量保证期结束后，乙方提供有偿维修服务，并优惠供应设备零部件。

（注：如果设备不是由节能服务公司制造，或其他成套设备，可将售后服务转移给设备供应商或设备制造商，该项服务费用包含在设备款中。签署三方协议确定售后服务责任。）

第十一条　项目的运行管理及培训

11.1 甲方负责项目的运行管理，运行管理应当遵守设备及其相关的操作规程。

11.2 甲方应对设备的参数、能耗量进行记录并保管相关数据，以备核查（也可以引入第三方监测能耗情况，做出实时检测记录）。

11.3 乙方负责对甲方的运行管理人员进行设备操作、维护等技术培训，培训人数及培训内容根据实际需要确定。甲方应指派有相应资格的人员参加培训。

11.4 培训完成后双方应对培训人员情况、培训内容、培训结果进行书面确认；以备核查。

11.5 项目的运行管理费用由甲方（运营方）承担。

第十二条　设备所有权约定

12.1 项目交付甲方运行管理后，设备的占有、使用权即交付给甲方。

12.2 乙方对设备拥有有限所有权，即在甲方没有依照本合同约定付清乙方的全部款项之前处分权属于乙方，如果遇到征收、拆迁或甲方破产及其他必须处分设备的情形，未征得乙方的意见，甲方不得做出任何处分设备的决定，处分所得属于乙方。

12.3 项目正常运行的收益权由甲、乙双方依照本合同规定的比例分享,甲方负责将项目节能收(效)益支付给乙方。

第十三条　节能量的确定与保证

13.1 本项目通过以下两种方式之一:

(1)依据 GB／T 28750《节能量测量和验证技术通则》等国家标准方法确定节能量。

(2)依据其他:【　　　】,确定节能量。

13.2 在项目验收时可以选择【　　】对节能量进行测量,确定项目的实际节能量。

(1)乙方

(2)甲、乙双方共同

(3)经双方认可的第三方

节能量测量方法按合同附件二"项目节能量测量和验证方案"进行。

13.3 中期或周期验证:本合同履行期限【　　】年的,根据项目运行情况可以进行一次中期节能量验证;超过【　　】年的可以确定验证周期。验证方法应与项目验收中使用的测量方法一致。

13.4 如果验证的节能率在验收的平均值正负在 10% 以内,则甲方仍然按照本合同约定向乙方支付节能服务费。如果验证的节能率低于验收的平均值超过 10%,首先应由乙方采取必要的技术措施使节能率提高到设计标准;如果乙方采取了措施仍然不能使节能率达到设计标准,则相应的责任由乙方承担。

13.5 乙方保证项目节能量达到【　　】(指电、标煤、燃气的具体量),或者保证节能率达到【　　】%。

保证节能量的前提:设备运行管理依照规范进行或者由乙方运行管理。双方应为此制定设备节能运行管理规范,见附件三"设备节能运行管理规范"。

第十四条　节能服务费

14.1 根据乙方保证的节能量,结合项目所在地能源供应价格,作为甲方向乙方支付节能服务费的计算依据。

14.2 经过双方计算并协商一致,确定节能服务费总额为【　　】万元,支付期限共计【　　】年,从【　　】年【　　】月【　　】日(从项目验收报告签署之日或项目移交甲方之日)开始至【　　】年【　　】月【　　】日为止。

甲方每年向乙方支付节能服务费【　　】万元,每年分【　　】次付款,付款时间为每年【　　】月。乙方每次按实际收款金额向甲方开具【　　】。

(1)增值税专用发票

(2)增值税普通发票

14.3 如果经过验收测量节能量超过设计值 10% 以上,则对本合同确定的节能服务费据实际节能量按比例进行调整增加，并对调整结果在验收报告中确认。

14.4 如果经过验收测量节能量低于设计值 10% 以内，则对本合同确定的节能服务费据实际节能量按比例进行调整减少，并对调整结果在验收报告中确认。

14.5 如果经过验收测量节能量低于设计值 10% 以下，甲方有权拒付节能服务费并有权解除合同，要求乙方赔偿相应的经济损失。

第十五条 用能设备和其他用能项的增减

15.1 甲方的用能设备和其他用能项的增加或减少，应当通知乙方。甲乙双方应当对增加或减少的设备和其他用能项予以书面确认。其他用能项包括但不限于用能建筑面积、用能时间、用能人员等。

15.2 用能设备和其他用能项的增减应当相应的调整本合同有关数据，但不调整节能服务费的数额。

第十六条 违约责任

16.1 本合同生效后，项目验收之前，如甲方反悔不履行合同，应按本合同第 14.2 款规定的节能服务费总额的 20% 向乙方支付违约金，并赔偿乙方为实施项目产生的实际损失，该项损失包括但不限于设备价款、运输费、安装费、能源审计费、律师费等，本合同方能解除。

如果项目安装调试完毕乙方通知甲方验收，甲方无故拖延验收，每拖延一日，甲方应向乙方支付违约金【　　】元人民币，直至验收为止。甲方拖延验收应照常向乙方支付节能服务费。

16.2 如果甲方未按本合同规定的期限和数额向乙方或乙方的受让人的指定账户支付节能服务费，应当按照应付未付金额每日万分之五向乙方或乙方的受让人支付违约金，直至付清为止。如果经乙方或乙方的受让人催告，甲方在 30 天内支付了相应的款项，则不视为违约。

16.3 如果乙方延误时间完成项目的建设，则应当根据延误的天数按照甲方应当支付的节能服务费总额每日万分之五向甲方支付违约金。但是由于不可抗力或者甲方的过错导致延误乙方不承担责任。

16.4 设备安装完毕满 60 天仍不能正常运行或正常运行后连续 90 天达不到预期的节能效果（经过验收节能量低于设计值 10% 以下），视为乙方违约，甲方有权要求乙方赔偿项目建设所造成的损失，并可以解除本合同。

第十七条 运行管理等原因影响节能量的处置

17.1 由于甲方的设备和能源系统自身的运行问题导致能源消耗增加，甲方应当及时进行维修保养，使其达到合理的运行状态。如因甲方设备效率降低，导致节能效果下降，由乙方负责维修，所需费用由甲方承担。

17.2 因为运行管理不规范导致节能量发生变化，甲方应当及时改正。甲方应当保持设备的节能运行状态，不得随意将项目设备从节能控制状态切换到非节能状态运行。

17.3 因为运行管理和甲方相关设备及其系统自身的运行问题增加的能源消耗由甲方承担责任，不改变甲方向乙方支付节能服务费的数量。

17.4 如果乙方负责运行管理，因运行管理不规范导致节能量不能达到设计标准或本合同规定的数量，相应的责任由乙方承担。甲方可以据此按比例减少支付节能服务费。

第十八条　设备的更新、改进、改动、拆除，损坏、丢失

18.1 为了改善设备的运行状况，乙方可以在本合同有效期间随时更新或改进设备或修改有关程序。甲方在没有充分理由的情况下，不得拒绝乙方的改进意见。

18.2 设备的更新、改进、改动、拆除均需双方协商一致并签订书面文件方可进行。

18.3 设备如有损坏、丢失，在乙方施工管理期间由乙方负责；在甲方保管和运行管理期间，由乙方负责修理或补充，甲方负责承担费用。

18.4 如果损坏或丢失的设备已投了保险，乙方利用保险赔款修理或更换或补充损坏、丢失的设备。如果所得到的保险金额不足以支付修理、更换或补充设备而发生的费用，则仍然按照前款的规定由甲方或乙方承担责任。

18.5 如果因为发生本条规定的情况而影响设备正常运行，停止运行超过【　　　】天，双方应以书面方式认可延长同等期间。如果甲方未经乙方书面同意而拆除设备或进行实质改动，无论是否影响项目的节能能力，甲方均应按本合同规定向乙方支付节能服务费。

18.6 结算周期内，甲方有义务保留计量设备的记录资料，供查证核算；更换计量仪表，需经甲、乙双方确认表底读数及记录更换具体时间，新更换的计量仪表需有检验合格证。

第十九条　设备的停止运行/关闭

19.1 在本合同有效期间，如果因甲方对项目有关的设备或系统进行大修或因建筑物改造，或甲方的其他原因致项目设备停止运行/关闭，甲方应至少提前60天通知乙方，对设备作出妥善安排。

19.2 因甲方的土地或建筑物被征收征用或因其他原因导致设备停止运行，甲方应至少提前60天通知乙方，但遇紧急情况除外，遇有紧急情况应及时和尽可能全面地向乙方通报情况。

19.3 任何停止或关闭行为都不能减轻或影响甲方的付款义务。如果因甲方关闭或停止设备运行而导致合同终止，甲方应向乙方支付本合同规定的全部款项。

第二十条　合同的变更和转让

20.1 经双方协商一致可以变更合同内容。

20.2 在本合同履行期间，如甲方将项目设备的所有权（或物业管理权）转移给第三方，则甲方应负责协调乙方与第三方的关系，保证本合同能继续履行。如甲方协调不成功，则按照本合同规定向乙方全额支付节能服务费。

20.3 乙方收取节能服务费的权利在项目竣工验收合格并移交甲方后，乙方有权转让给任何第三方，转让之前乙方应当书面通知甲方，甲方应出具书面确认回函，并按照乙方的通知向节能服务费的受让人付款。乙方亦可将本合同中的节能服务费（或称未来收益权）设定质押担保或向银行贴现，用于节能项目的融资。

20.4 乙方收取节能服务费的权利转让之后，仍应履行本合同相应的义务。

第二十一条　合同的终止

21.1 由于一方不履行本合同规定的义务或者有《中华人民共和国民法典》第九十四条规定的情形之一的，导致项目无法进展，另一方有权终解除合同。

21.2 在项目建设竣工验收合格之前，如果甲方违约导致合同不能履行或者甲方以自己的行为表明不履行合同，乙方有权解除合同；如果乙方违约导致合同不能履行或者乙方以自己的行为表明不履行合同，甲方有权解除合同。

合同解除后，尚未履行的，终止履行；已经履行的，根据履行情况，可以要求恢复原状、采取其他补救措施，并有权要求赔偿损失。

21.3 项目验收合格后，甲方不得以任何理由提出解除合同。

21.4 在本合同履行期间，甲方可以随时选择一次性付清乙方节能服务费，本合同终止。

21.5 本合同生效后满 120 天未实际履行，本合同终止履行，任何一方欲启动履行，应当取得对方书面认可，本合同可继续履行。

21.6 经双方协商一致，本合同可以提前终止。

第二十二条　保密和知识产权

22.1 甲方不得对第三方泄露本合同内容及乙方所提供的相关技术资料，若因泄露本合同内容及乙方所提供的相关技术资料给乙方带来的经济损失；由甲方负责向乙方进行赔偿。乙方对知悉甲方的相关技术资料承担对等保密义务。

22.2 因执行本合同的需要，乙方提供的与本合同有关的设备、材料、工序工艺及其他知识产权，应保证在使用时不会发生侵犯第三方专利权、商业机密等情况。若发生侵害第三方权利的情况，乙方应负责与第三方交涉，并承担由此产生的全部法律和经济责任，并对因为该侵权行为给对方造成的损失承担赔偿责任。

22.3 乙方应保证交付的工作成果不侵犯第三方的权利。若发生侵害第三方权利的情况，乙方应负责与第三方交涉，并承担由此产生的全部法律和经济责任，并对因为该侵权行为给甲方造成的损失承担赔偿责任。

22.4 在本合同执行过程中，乙方相关人员因履行义务或者主要利用甲方的物质技术条件所产生的智力开发成果的知识产权归乙方所有，包括但不限于国内外申请专利的权利，商标和标识设计，科技论文及其他作品的著作权，商业秘密的权利，商品名称和商品的专用权。乙方允许甲方无偿在其业务范围内充分自有地利用这些专利、版权、商标、商业秘密进行生产、经营。乙方应根据甲方的要求，提供一切必要的信息和采取必要的行动以协助甲方行使前述权利。

第二十三条　保险

23.1 投保种类：投保未来收益权保险、节能能力保险。

23.2 投保人为节能服务公司，受益人为【　　】。

第二十四条　担保

甲方应为履行本合同向乙方提供必要的第三方保证担保或财产抵押，如甲方不能按期如数向乙方支付节能服务费，由担保方承担连带付款责任，乙方亦可行使抵押权。担保合同另行签订作为本合同的附件五。

第二十五条　不可抗力

25.1 地震、水灾、战争、暴乱及其他不能预见并且对其发生和后果不能避免并不能克服的不可抗力事件，直接导致本合同及附件的全部或部分不能履行时，遇有不可抗力事件的一方应立即将详细情况通知另一方，并随后提供事件详情的有效证明文件。按照不可抗力事件对履行合同的影响程度，由甲、乙双方协商确定：延期履行或终止合同，或部分免除责任。

25.2 延期履行，遇有不可抗力事件的一方中止履行，直至不可抗力事件结束，但中止最长时间不超过 60 天，超过 60 天终止合同。

25.3 遇有不可抗力事件的一方在通知另一方后 10 天内终止合同，任何一方将不对另一方继续承担义务，但甲方应向乙方支付款项的义务除外，仅发生不可抗力事件并不能必然减轻或影响甲方向乙方付款的义务。

25.4 遇有不可抗力事件的一方应采取措施，避免损失的扩大。如果因为未采取相应的措施而导致损失扩大，应向另一方承担赔偿责任。

第二十六条　法律适用和争议的解决

26.1 本合同的订立、履行和解释，应遵守中华人民共和国法律、法规，并应遵守行业惯例。

26.2 因本合同的履行、解释等引起的争议，双方应友好协商解决。如在一方提出书面协商请求后 15 日内双方无法达成一致，任何一方均可选择【　　】：

（1）依法向项目所在地有管辖权的人民法院提起诉讼。

（2）将争议提交【　　】仲裁委员会，按照该会的仲裁程序和规则进行仲裁。

26.3 无论采用仲裁还是诉讼，由此产生的律师代理费、交通差旅费、举证费、鉴定费及其他与仲裁或诉讼相关的费用，均由败诉方承担。

第二十七条　合同的生效及其他

27.1 本合同的附件为本合同不可分割的组成部分，与本合同具有同等法律效力。本合同与附件及附件之间规定不一致时，以规定详细的文件为准。

附件共【　　】份：

附件一：项目技术方案；

附件二：项目节能量测量和验证方案；

附件三：设备节能运行管理规范；

附件四：投资明细表；

附件五：担保合同；

附件六：验收报告格式内容。

27.2 甲、乙双方发出的通知，如用电话、微信、传真、电子邮件发送，凡涉及各方权利、义务的，应随之以书面方式特快专递给对方。本合同中所列甲、乙双方的地址即为甲、乙双方的收件地址。

27.3 本合同一式六份，双方各执三份，具有同等法律效力。本合同于【　　】年【　　】月【　　】日经双方签字，并加盖公章生效。

甲方（盖章）：　　　　　　　　　　乙方（盖章）：

法定代表人／授权代表签字：　　　　法定代表人／授权代表签字：

日期：　　　　　　　　　　　　　　日期：

三、能源费用托管型合同能源管理项目参考合同

	单位名称		
甲方	注册地址		
	通信地址		
	统一社会信用代码		
	法定代表人		委托代理人	
	联系人		
	电话		传真	
	电子邮箱		
	开户行		
	账号		税号	
乙方	单位名称		
	注册地址		
	通信地址		
	统一社会信用代码		
	法定代表人		委托代理人	
	联系人		
	电话		传真	
	电子邮箱		
	开户行		
	账号		税号	

用能单位【　　】（以下简称甲方）与节能服务公司【　　】（以下简称乙方），根据《中华人民共和国民法典》《政府采购法》《招标投标法》《公共机构节能条例》及有关节能、环保、供热、供电、供水等法律、法规，本着平等、自愿的原则，就甲方的能源费用及其相应的能源供用系统（以下简称托管项目）按"能源费用托管型合同能源管理"模式进行托管的事宜，经双方协商一致，签订本合同（以下简称项目合同）。

第一条　名词解释

1.1 合同能源管理

节能服务公司与用能单位以契约形式约定节能项目的节能目标，节能服务公司

为实现节能目标向用能单位提供必要的服务，用能单位以节能效益、节能服务费或能源托管费支付节能服务公司的投入及其合理利润的节能服务机制。

1.2 节能量

满足同等需求或达到相同目的的条件下，能源消耗/能源消费减少的数量。

1.3 能源绩效

与能源效率、能源使用和能源消耗有关的、可测量的结果。

1.4 能源绩效参数

可量化能源绩效的数值或量度。（注：能源绩效参数可由简单的量值、比率或更为复杂的模型表示。）

1.5 能源基准

用作比较能源绩效的定量参考依据。（注：特定情况下，能源费用也可以作为能源基准。）

1.6 基期

用以比较和确定节能量的，能源绩效改进措施实施前的时间段。

1.7 基准能源费用

用能单位在基期所花费的能源费用。

1.8 节能服务费

通过实施合同能源管理项目，产生相应的节能量，用能单位减少能源费用支出和增加收益，将减少的能源费用和增加收益的一部分，作为报酬支付给节能服务公司。

1.9 能源费用托管

合同能源管理的一种形式。由用能单位委托节能服务公司进行能源系统的运行、管理、维护或（和）节能改造。用能单位根据能源基准确定的能源系统运行、管理、维护和能源使用的费用，支付给节能服务公司作为托管费用。节能服务公司通过科学的管理运行和节能技术的应用达到节约能源、减少费用支出或增加收益、获取合理的利润等目的。托管范围可包括：电、气、煤、油、市政热力、水等项所发生的费用，能源系统的运行、管理、维护维修费用（含人工、消耗性材料、工具）。

第二条　托管项目基本情况

2.1 托管项目的房屋建筑设施系甲方的经营办公场所，位于【　　】，由甲方依法投资建设，项目的建设运营等手续合法、有效。

托管项目区域内的供暖及制冷系统各项申报、批准、验收手续齐全。如果上述手续尚不齐备，由甲方负责完善。

2.2 托管项目的能源系统设备设施

2.2.1 供能设备包括供暖设备、制冷设备、配电室设备。

2.2.2 用能设备包括冬季取暖供热、夏季空调供冷的建筑设施，生活、生产、工作用电等设施。

2.3 托管项目的用能建筑面积和设备数量

2.3.1 建筑面积为【　　　】平方米，其中：地下室【　　　】平方米。需要供暖和供冷的建筑面积【　　　】平方米，其中仅需要供暖的【　　　】平方米，仅需中央空调供冷的【　　　】平方米，新风系统【　　　】平方米。

2.3.2 用电设备（或用电器）共计【　　　】台（套），合计功率【　　　】千瓦。

照明电灯【　　　】盏，合计功率【　　　】千瓦。

燃气设备：【　　　】。

蒸汽设备：【　　　】。

新风设备：【　　　】。

用水终端：【　　　】。

2.4 甲方的用能状况

2.4.1 甲方【　　　】区域／房间照度低于【　　　】勒克斯（1 x）时，开启该区域内【　　　】型号照明灯具，每天使用时长为【　　　】小时。

2.4.2 乙方托管的甲方动力设备，包括：【　　　】，数量：【　　　】；动力设备每天使用时间：【　　　】小时。

2.4.3 其他电器使用时间：【　　　】。

2.4.4 甲方供暖期为每年【　　】月【　　】日至次年【　　】月【　　】日，在此期间【　　】区域室内温度不低于【　　】℃，区域室内温度不低于【　　】℃。

2.4.5 甲方供冷期为每年【　　】月【　　】日至次年【　　】月【　　】日，在此期间【　　】区域室内温度不高于【　　】℃，【　　　】区域室内温度不高于【　　】℃。

2.4.6 甲方【　　　】区域生活热水供水源头管路出水温度供暖期不低于【　　】℃，供冷期不低于【　　】℃，其他时间不低于【　　】℃。

2.4.7 新风使用时间：【　　　】。

2.5 甲方委托乙方对本条所述的能源供应和使用系统（【　　　】系统）管理运营。

2.6 托管项目区域内的供能设备（2.2.1）和用能设备（2.2.2），由双方进行逐一登记造册，形成"用能设备设施、用水设施清单"作为本合同附件一。

2.7 托管范围包括【　　　】。

第三条　能源审计和能源基准

3.1 能源审计可以选择【　　　】：

（1）乙方完成。

（2）乙方和甲方共同完成。

（3）经双方认可的第三方审计机构完成。

能源审计期间为【　　】天。起始日为：【　　】年【　　】月【　　】日，完成日为：【　　】年【　　】月【　　】日。

3.2 依据 GB／T 17166《能源审计技术通则》和《公共机构能源审计管理暂行办法》等进行能源审计。

3.3 能源审计费用由【　　】承担。

3.4 能源审计所需要的能源使用记录和数据资料：

（1）过去【　　】年的能源消费台账；

（2）相关耗能设备在合同有效期间的能耗状况和可能的变化说明；

（3）现行的能源管理的规定、办法等；

（4）能源审计机构认为需要提供的其他资料。

上述资料数据甲方应当全面如实提供，并应当在能源审计报告中逐项列明。

3.5 能源审计报告所依据的资料及报告内容应当经甲方书面确认。能源审计报告作为确定甲方能源系统能源消耗状况的依据。

3.6 经过能源审计确定托管项目的能源基准：确定能源基准的基期为【　　】年【　　】月【　　】日至【　　】年【　　】月【　　】日，能源绩效参数为：能源消耗量。基准能耗费用为：【　　】。

基准能耗费用包括的分项费用分别为：1 电费（照明、动力等）：【　　】；2 采暖费：【　　】；3 空调制冷费：【　　】；4 燃气费：【　　】；5 水费：【　　】；6 人工及维护维修费：【　　】。

3.7 基准能耗费用的调整：双方可以根据用能设备的增减、用能区域的变更或其他重大变化对能源基准作出调整，重新确定能源基准和基准能耗费用。基准能耗费用的调整双方应以补充协议确定。

如果托管项目客观上没有变化，或者双方同意不做调整，可以继续沿用已经确定的基准能耗费用。

3.8 基于甲方提供的数据错误导致能源消耗基准值错误，可以据实修正能源基准和基准能耗费用，但是相应的责任应当由甲方承担：（1）甲方据此能源基准已经多支付给节能服务公司的节能服务费不得要求返还。（2）甲方据此能源基准少支付给节能服务公司的节能服务费在总费用的【　　】% 以内的，应在下次支付费用时补偿给节能服务公司。（3）甲方据此能源基准少支付给节能服务公司的节能服务费在总费用的【　　】%（含）以上的，应在下次支付费用时除补偿外，还应按照【　　】%支付错误发生期间的利息给节能服务公司。

第四条　节能目标

4.1 在满足同等需求或达到同等目标的前提下，托管期间的年节能量与能源基准之比应达到【　　】%（节能率）。

4.2 如果在托管期间需要进行中期评估或托管结束时进行节能效果评估，可以委托第三方评估。节能效果评估和能源审计原则上由同一个机构进行，该项费用由委托方承担。

4.3 节能目标（根据项目实际情况列举）：【　　】。

4.4 达到节能目标的节能奖励：【　　】。

第五条　托管期限

5.1 托管期限为【　　】年，自项目移交之日起至托管期限届满（即【　　】年【　　】月【　　】日开始，至【　　】年【　　】月【　　】日为止）。

（注：托管期限一般不低于 5 年，十年一个合同周期比较适宜。）

5.2 托管期限届满，乙方将托管的能源系统设备、设施移交给甲方或甲方指定的单位。

5.3 本合同期限届满，乙方如约完成节能目标并且达到本合同约定的服务标准，如果甲方继续采用能源费用托管的形式进行能源系统的管理，在同等条件下，乙方享有优先续约的权利。

第六条　乙方的管理和服务标准

6.1 托管期限内，托管区域内的供暖（冷）、用电、用水、用气等系统的经营及管理权归乙方，由乙方自主经营，自负盈亏。

6.2 托管的设备及设施的维护、保养由乙方负责。

6.3 乙方应有专门的人员负责托管事宜，建立专业管理团队提供服务。乙方管理团队成员应当统一着装挂牌上岗，管理团队成员名册、相应的资质资格证书应提交甲方备案。

6.4 乙方提供的服务范围和项目包括：用电、供暖、供冷、燃气、用水系统。

（注：服务范围和内容应当具体全面。）

6.5 乙方的服务标准

6.5.1 供暖期间的室内温度标准【　　】，供冷期间的室内温度标准【　　】。地下室仅有供暖。（注：按功能要求室内温度不低于【　　】℃。医院、学校、机关供冷供热的时间不同。）生活热水的出水温度【　　】。

6.5.2 故障维修、例行检修、定期巡查的要求：【　　】。

6.5.3 使用的材料要求：【　　】。

6.5.4 人员要求：【　　】。

6.5.5 乙方应当遵循的标准和规范：城镇供热服务标准。

6.5.6 乙方的服务标准应当体现文明、高效、及时、优质的服务，"乙方的服务标准"应当制作专门文件，作为本合同的附件二。

第七条　双方责任

7.1 甲、乙双方应当建立健全能源管理使用制度，各方人员应当切实遵守。相关的能源管理使用制度应当由双方签字确认。

7.2 甲方应当配合乙方做好原有设备操作人员安排，或者由乙方接收、管理原有相关人员。

7.3 甲方应当提供必要的资料，协助、配合第三方机构开展节能量测量和验证。在托管期间积极配合政府主管部门对托管项目进行核查和监督，并提供有关证明材料。

7.4 甲方应当将与托管项目有关的其内部规章制度和特殊安全规定提前告知乙方并书面提交给乙方。

7.5 甲方应当协助乙方向有关政府机构或者组织申请与项目相关的补助、奖励或其他可适用的优惠政策。

7.6 甲方应当为乙方的管理服务工作提供必要的方便条件，包括但不限于提供必要的场所、通信、水电等便利。

7.7 乙方应当配合甲方建立和完善能源管理和使用规章制度。甲方应当组织有关用能岗位的人员学习能源管理适用的规章制度并切实遵守。

7.8 乙方管理人员进入甲方的相关场所，应当遵守甲方的规章制度。乙方的维修维护管理等项工作，应当不影响甲方的正常工作。必须要甲方停止相关工作时，乙方应当提前通报甲方的负责人，协调、安排好相应的工作。

7.9 其他需要互相配合的事项：【　　　】。

7.10 甲方的项目负责人为：【　　　】；乙方的项目负责人为：【　　　】。

任何一方更换项目负责人应以书面形式通知对方。

项目负责人可以就本合同的履行过程中的事项签署相关洽商文件，该洽商文件对双方具有约束力，其他相关人员无权签署此类洽商文件。

第八条　项目移交事项

8.1 乙方在接管项目之前，甲、乙双方应当完成附件一的全部工作，并应将用能设备编号贴牌。

在移交之前由甲方主导，乙方参与，双方共同对用能系统进行一次全面检修。检修费用由甲方承担。用能系统移交时甲方应保证设备和设施的完整性和能够正常运行。

8.2 移交过程中，甲方需要向乙方提供项目审批、验收、备案、行政许可等相关手续的复印件，供暖、供电、供水、燃气系统及消防系统申报、批准验收等手续；供暖及供冷系统相关资料等。

8.3 移交相关的文件资料包括设备、设施的购买、维修、使用文件、能源管理的规章制度、行政许可证照及其他全部有关文件。

8.4 其他移交事项：【　　】。

8.5 针对移交的设备、设施、物品及有关事项，双方应当签署移交清单。

8.6 本合同约定的托管期限届满，甲乙双方凭前款的移交清单，由乙方将项目设备、设施移交给甲方。

移交之前由乙方主导，甲方参与，双方共同对用能系统进行一次全面检修。检修费用由乙方承担。用能系统移交时乙方应保证设备和设施的完整性和能够正常运行。

8.7 本合同第 5.1 款约定的托管期限开始日的 30 日之前，甲方向乙方的移交事项应当办理完毕，以便于乙方进行准备工作。

第九条　托管费用的标准及支付

9.1 托管费用包括能源系统的日常运营、维修维护管理费，消耗性材料费，能源费。支付标准以能源基准为依据计算出每年的费用标准为【　　】元，每年支付【　　】次。支付时间为：【　　】。

甲方首次付款时间为本合同生效之日起 15 日之内。

向供电、供热、燃气、供水等机构交纳的能源费、水费等，根据项目当地的实际情况，优先选择以乙方的名义交纳，从托管费用中由乙方代为支付；不能以乙方名义交纳时，也可以以甲方名义交纳。如果有关机构对于支付上述费用有规定的，按照规定方式支付。

9.2 供能设备（包括供暖设备、制冷设备、配电室、变压器、风机盘管、管道等设备）的更新改造和大修费用不包括在托管费用之内，列入甲方的固定资产投资计划，由甲方另行承担。日常维修保养的费用由乙方承担。

9.3 上述能源托管费用由乙方包干使用，通过能源系统管理运营节约的能源费用作为乙方的合理利润。

9.4 托管期间如果能源费用价格调整，甲方支付给乙方的托管费用亦应按比例调整。调整的时间为价格调整后的同步时间。

9.5 托管期间，用能设备的增加、减少或变化应当由甲、乙双方书面确认，并相应地据实增加或减少托管费用。

第十条 用能设备和其他用能项的增减

10.1 甲方的用能设备和其他用能项的增加或减少，应当通知乙方。甲、乙双方应当对增加或减少的设备和其他用能项予以书面确认。其他用能项包括但不限于用能建筑面积、用能时间、用能人员等。

10.2 因用能设备和其他用能项的增减，应当调整基准能源费用，并相应增减托管费用。

第十一条 节能改造

11.1 托管项目范围内，如需进行节能改造，乙方应当制订专项或者综合节能改造方案。甲、乙双方应当就改造的范围，拟使用的节能技术、产品，投资数额，投资形成的资产所有权，施工时间等问题进行协商，乙方在前述基础上就节能改造事项制订专项方案，并经甲方签字、盖章确认方可实施。

11.2 节能改造所需投资和收益由甲、乙双方本着经济合理性的原则协商确定。

"节能改造方案"详见本合同附件三。

第十二条 安全生产和环境保护

12.1 乙方在运营管理过程中应当严格遵守能源管理使用的法律、法规、规章制度，因违章操作或不尽职尽责导致在运行期间出现安全事故和经济损失由乙方负责。

11.2 乙方进行的节能改造部分，由于乙方原因导致改造自身存在系统缺陷或施工质量导致安全事故和经济损失由乙方负责。

12.3 甲方先期建设的能源供应和使用系统，由于系统缺陷或施工质量导致的安全事故和经济损失由甲方负责。

12.4 针对安全生产和环境保护，甲、乙双方应当制定专项规范，划分相关的责任。

"安全生产和环境保护规范"详见本合同附件四。

第十三条 禁止商业贿赂

甲、乙双方应当遵守廉洁从政、廉洁经商的有关规定，禁止一方向另一方提供实物、现金、有价证券、超标准宴请、高消费娱乐活动等违反"廉洁协议书"约定的行为。

"廉洁协议书"详见本合同附件五。

第十四条 合同变更、中止、解除

14.1 出现需要变更合同内容的客观情形，或者一方提出合理的诉求，经双方协商一致可以变更合同内容。

14.2 本合同的权利义务不可转让，特殊情况下，如乙方确需转让本合同权利义务，须经甲方书面同意，并另行签署合同约定。

14.3 甲方发生必须停止办公或经营的情况，例如房屋大修或者部分拆除，可以中止合同履行。导致合同中止的事由消除后，恢复合同履行。

14.4 双方协商一致可以解除本合同。

14.5 一方严重违约，导致合同不能继续履行或者使合同履行成为不必要，守约方有权解除合同，守约方应当书面通知对方，书面通知到达违约方时即产生解除合同的效力。

14.6 本合同经双方签字并盖章之日起 90 天内没有实际履行，任何一方均可书面通知对方解除合同。

第十五条　违约责任

15.1 甲方违约责任

15.1.1 如甲方未能按时足额支付托管费用经乙方催告后仍不支付，按照拖延支付的金额每日万分之五向乙方支付违约金。

15.1.2 如甲方未遵守能源使用规章制度导致浪费，浪费的费用由甲方自行承担。

15.1.3 如甲方未遵守本合同附件及其他条款约定，导致乙方经济损失，甲方应当按照乙方的实际损失额向乙方赔偿。

15.2 乙方违约责任

15.2.1 乙方未能按照服务标准提供服务，违反操作规章制度、违反相关的服务标准，经甲方催告仍不能改正的，按照对甲方的实际影响，向甲方支付违约金不少于【　　　】。

15.2.2 如乙方未能遵守能源使用的规章制度导致浪费，浪费的费用乙方自行承担。

15.2.3 如乙方未遵守本合同附件及其他条款规定，导致甲方经济损失，乙方应当按照甲方的实际损失额向甲方赔偿。

第十六条　不可抗力

16.1 地震、水灾、战争、暴乱及其他不能预见并且对其发生和后果不能避免并不能克服的不可抗力事件，直接导致本合同及附件的全部或部分不能履行时，遇有不可抗力事件的一方应立即将详细情况通知另一方，并随后提供事件详情的有效证明文件。按照不可抗力事件对履行合同的影响程度，由甲、乙双方协商确定：延期履行或终止合同。

16.2 延期履行，遇有不可抗力事件的一方可以中止履行，直至不可抗力事件结束，但中止最长时间不超过 90 天，超过 90 天，终止本合同的履行。

16.3 遇有不可抗力事件的一方可以在通知另一方后 10 日内终止合同，任何一方将不对另一方继续承担义务，但甲方和乙方应当据实结算托管费用。仅发生不可抗力事件并不能必然减轻或影响具有付款义务的一方向另一方付款。

16.4 遇有不可抗力事件的一方应采取措施，避免损失的扩大。如果因为未采取相应的措施而导致损失扩大，应向另一方承担赔偿责任。

第十七条　法律适用和争议解决

17.1 本合同的订立、履行和解释，应遵守中华人民共和国法律、法规，并应遵守行业惯例。

17.2 因本合同的履行、解释等引起的争议，双方应友好协商解决。如在一方提出书面协商请求后 15 日内双方无法达成一致，任何一方均可选择【　　】：

（1）依法向项目所在地有管辖权的人民法院提起诉讼。

（2）将争议提交＿＿＿仲裁委员会，按照该会的仲裁程序和规则进行仲裁。

17.3 无论采用仲裁还是诉讼，由此产生的律师代理费、交通差旅费、举证费、鉴定费及其他与仲裁或诉讼相关的费用，均由败诉方承担。

第十八条　合同的生效及其他

18.1 本合同适用于能源费用托管形式的合同能源管理项目，包括但不限于政府机关、政府投资的医院、学校、社团组织及其他事业单位的办公和经营场所。

18.2 本合同一式六份，甲、乙双方各执三份，具有同等法律效力。本合同经双方法定代表人或授权代表签字并加盖公章之日起生效。

18.3 本合同的附件为本合同不可分割的组成部分，与本合同具有同等法律效力。本合同与附件及附件之间规定不一致时，以规定详细的文件为准。

附件共【　　】份：

附件一：用能设备设施、用水设施清单；

附件二：乙方的服务标准；

附件三：节能改造方案；

附件四：安全生产和环境保护规范；

附件五：廉洁协议书。

18.4 甲、乙双方发送给对方的通知，如用电话、微信、传真、电子邮件等形式发送通知，凡涉及各方权利、义务的，应随之以书面形式通知对方。本合同中所列甲、乙双方的地址即为甲、乙双方的收件地址。如果任何一方地址发生变化，应在 15 日内书面通知对方。

甲方：（盖章）　　　　　　　　　　乙方：（盖章）

法定代表人／授权代表签字：　　　　法定代表人／授权代表签字：

日期：　　　　　　　　　　　　　　日期：

教师服务

感谢您选用清华大学出版社的教材！为了更好地服务教学，我们为授课教师提供本书的教学辅助资源，以及本学科重点教材信息。请您扫码获取。

▶▶ 教辅获取

本书教辅资源，授课教师扫码获取

▶▶ 样书赠送

企业管理类重点教材，教师扫码获取样书

 清华大学出版社

E-mail: tupfuwu@163.com
电话：010-83470332 / 83470142
地址：北京市海淀区双清路学研大厦 B 座 509

网址：http://www.tup.com.cn/
传真：8610-83470107
邮编：100084